HEYNE BÜCHER



HEYNE KOCHBÜCHER

# ASIENS kulinarische Köstlichkeiten

Die 350 schönsten Rezepte
der fernöstlichen Küche

gesammelt von
Pearl S. Buck

WILHELM HEYNE VERLAG
MÜNCHEN

HEYNE KOCHBUCH
07/4596

Titel der amerikanischen Originalausgabe:
PEARL S. BUCK'S ORIENTAL COOKBOOK
Deutsche Fassung und Nachwort von Sybil Gräfin Schönfeldt

3. Auflage
(1. Auflage dieser Ausgabe; früher lieferbar unter der Nr. 07/4240)

Printed in Germany 1990
Umschlaggestaltung: Atelier Ingrid Schütz, München
Umschlagfoto: Reinhart Wolf
Satz: Schaber, Wels
Druck und Bindung: Ebner Ulm

ISBN 3-453-03858-4

# INHALT

# Einleitung

Als erstes möchte ich unumwunden bekennen, daß ich die Küche Asiens für die beste der Welt halte. Das bedeutet nichts anderes, als daß mir asiatische Gerichte besser als westliche schmecken, und das war seit meiner Kindheit in China so. Damals habe ich lieber mit von dem gegessen, was sich unsere chinesischen Dienstboten in ihren Hütten kochten, als an unserem Familientisch, wo es amerikanische Mahlzeiten gab. Meine Mutter machte sich immer über meine Appetitlosigkeit Sorgen, und ich gestand ihr nie, daß ich schon satt war. Vielleicht hat sie es vermutet, aber sie hat ihren Verdacht nie laut werden lassen, und die getreuen Diener, die immer auf der Seite des Kindes waren, haben mich niemals verraten.

Als nächstes muß ich sagen, daß viele zu dieser Sammlung asiatischer Rezepte beigetragen haben — doch wäre es ganz unmöglich, in einem einzigen Buch eine vollständige Sammlung asiatischer Gerichte zu präsentieren. So ist dieses Buch kein Kompendium der Küche Asiens und will es auch gar nicht sein. Meine Absicht bestand vielmehr darin, typische Beispiele für die unendliche Vielfalt der asiatischen Kochkunst zu geben.

Die Länder des Fernen Ostens unterscheiden sich wesentlich mehr voneinander als die der westlichen Welt. Sie haben eine jahrtausendealte Geschichte, und vielleicht ist eine so lange Zeit nötig, damit der erlesene Geschmack hat ausreifen können.

Was die asiatische Küche vor allem von der westlichen

unterscheidet, ist, daß man in Asien stärker als bei uns würzt. Auch wenn es andere Länder gibt, für die kräftig gewürzte Gerichte typisch sind, wie zum Beispiel für Mexiko, so kann man sicher sein, daß dies auf frühe asiatische Einflüsse zurückgeht. Es ist wohl ganz verständlich, daß man im Osten mehr Gewürze als bei uns verwendet, denn dort sind sie schließlich beheimatet. Außerdem braucht man in heißen Klimazonen ein stärker gewürztes Essen, um den Appetit zu reizen. In den kühlen Zonen Nordchinas und im frischen Klima der japanischen Inseln werden die Gerichte zum Beispiel viel nüchterner als in Südchina oder in Indien zubereitet. Aber mehr oder weniger Schärfe ändert nichts an dem ursprünglichen Wohlgeschmack eines Gerichtes.

Hier ist ein Wort über die Eßgewohnheiten der Länder angebracht, in denen die Gerichte dieses Buches entstanden sind. Die japanische Kochkunst spiegelt zum Beispiel den Charakter des japanischen Volkes. Ästhetisch perfekt, selbst wenn es sich um die einfachsten Zutaten handelt, geben die Gerichte den Geist derer wieder, die sie geschaffen haben. Bei den japanischen Gerichten spielt das Material eine ebenso große Rolle wie der Geschmack. Aromen treten in der Einzahl auf. Sie sind rein und unvermischt und werden nie durch eine Vielzahl von Gewürzen überdeckt oder verändert. Die Simplizität der Sojasauce, die Steigerung der Eindrücke durch Dekorationen und Tafelarrangements, die mehr auf das Auge als durch einander steigernde Zutaten oder kontrastierende Aromen auf die Zunge wirken, entsprechen den gleichen Prinzipien, die die Japaner in der Kunst, in der Inneneinrichtung und Architektur befolgen: Einfachheit, Reinheit und erlesene Zusammenstellungen.

Chinesische Gerichte zeigen dagegen die gleiche Üppigkeit, den gleichen Reichtum und die Vielfalt der chinesischen Kultur. Ihre klassische alte Küche hat alle Merkmale und Charakteristika dieser individualistischen Völkergruppen wiedergegeben. Jeder Landstrich, jede Provinz besaß ihre eigenen Spezialitäten. Der Feinschmecker reiste nach Szetschuan oder Honan, um Paprikagerichte zu essen. Den besten Schinken gab es dort, wo ich gelebt habe, in der Provinz Kiangsu. Hammelgerichte aß man in mohammedanischen Gasthäusern. Die Enten waren eine Spezialität von Peking, wo man ihnen viele Stunden des Abends gewidmet hat, denn wenn man sich dort eine Ente bestellte, so wurde sie frisch geschlachtet und gerupft und dem Gastgeber und seinen Gästen zur Begutachtung gebracht. Entsprach sie allen Erwartungen, so wurde sie über einem offenen Feuer so lange gebraten, bis sie ganz knusprig war. Die krosse Haut stellte den ersten Gang dar, wurde in flachen Scheiben abgeschnitten und mit dünnen Pfannkuchen und Berberitzen-Marmelade serviert. Der geschickte Feinschmecker mußte die Hautstückchen nun samt der Marmelade in den Pfannkuchen einwickeln. Das Ergebnis war köstlich und der Mühe wert. Danach folgte eine Reihe von Gerichten, für die das zu Ende gegarte Entenfleisch verwendet worden war, und zum Schluß wurde der aufgebrochene Schädel serviert, so daß dem Ehrengast der letzte Leckerbissen, nämlich das Entenhirn, angeboten werden konnte. Das Zeremoniell spielt bei jeder östlichen Mahlzeit eine große Rolle. Jedes Gericht wird besprochen, kritisiert und gepriesen. Der Koch wird aus der Küche hereingerufen und muß Lob oder Tadel und manchmal auch beides hinnehmen. Dem entziehen sich jedoch weder Gastgeber noch Koch, denn ein vollkommenes Mahl wird als Kunstwerk betrachtet, und ein Künstler kann keine Rücksicht auf seine Gefühle erwarten. Er hat nichts als die Vollendung seiner Kunst im Sinn. Gegensätze werden in der asiatischen Küche stark betont — Farbkontraste, Geschmacksunterschiede und Gegensätze im Material der Zutaten. Die brennend scharfen indischen Gerichte werden zum Beispiel von der blassen weißen Kühle des Joghurt gemildert. Japanisches Essen wird wie ein Blumenarrangement aus Kräutern, kleinen Rettichen, Gurkenscheiben und ähnlichem serviert. Man muß jede Einzelheit bewundern, ehe man sie verzehrt. Nur Alltagsgerichte werden in gewöhnlichen Schüsseln auf den Tisch gebracht. Reis ist natürlich die Grundlage der ganzen östlichen Küche. Selbst nach einer Pekingente gibt es noch einen kräftigen Reisgang mit Beilagen von Fleisch und viererlei Gemüsen. Manchmal wird der Reis durch Hirse ersetzt, die als Brei auf den Tisch kommt, den man aus der Schüssel löffelt.

Desserts tauchen auf der östlichen Speisekarte kaum auf. Es gibt allerdings ein nordchinesisches Prachtexemplar, das ›Acht-Köstlichkeiten-Pudding‹ heißt. Es besteht aus Reis und acht verschiedenen süßen getrockneten Früchten, und es wird nicht nach, sondern mitten während der Mahlzeit serviert. Die Inder haben eine Mandelcreme, die sehr stark gesüßt wird. Aber in den meisten Fällen besteht der Nachtisch aus Früchten, geschälten Tangerinenstücken, die auf ein Hölzchen gespießt werden, damit man sie leichter essen kann, oder gewürfeltem süßen, aber festen Birnenfleisch, das ähnlich angerichtet wird, oder auch aus Melonen. Süßigkeiten und Konfekt sind dagegen zum Knabbern zwischen den Mahlzeiten gedacht.

Man könnte Bände damit füllen, die asiatische Küche zu beschreiben. Asiaten genießen ihr Essen. Für sie ist es nicht nur eine Lebensnotwendigkeit, sondern ein Vergnügen und ebenso ein Anlaß für Geselligkeiten wie eine künstlerische Beschäftigung. Mir kam es bei der hier zusammengetragenen Sammlung vor allem darauf an, Beispiele für Gerichte zu geben, die man in Asien selber gern ißt und die außerdem ohne Schwierigkeiten in westlichen Küchen nachgekocht werden können. Ich möchte allen jenen meinen Dank aussprechen, die mir geholfen haben, dieses Buch so zu schreiben, wie es mir vorschwebte.

**Vorbemerkung:**

Da von Land zu Land große Unterschiede in den Essensgewohnheiten wie auch in den jeweils verzehrten Mengen bestehen, wurden die meisten Rezepte dieses Buches für zwei bis vier Personen berechnet, sofern die betreffende Mahlzeit nur aus einem Gang besteht. Werden jedoch vier bis fünf Gänge gereicht, so gelten die Mengen für sechs bis acht Personen.

**Abkürzungen:**

EL = Eßlöffel
TL = Teelöffel
Msp = Messerspitze
g = Gramm
l = Liter
dl = Deziliter (1/10 l)

Das in den Rezepten verwendete Maß von 1 Tasse entspricht einer Flüssigkeitsmenge von 1/4 l.

# Indonesien

Wenn je ein Land die Bezeichnung Inselparadies verdient hat, dann ist es Indonesien. Es besteht nicht nur aus einer, sondern aus 3000 Inseln, die sich längs des Äquators zwischen Asien und Australien bis zum Süden der Philippinen erstrecken. Mit Bali, Java, Sumatra, Borneo, Celebes, West-Neuguinea und zahllosen weiteren Inseln stellt Indonesien den größten Archipel der Welt dar und wird von den verschiedensten Volksgruppen bewohnt. Die Indonesier sind im Grunde genommen Malayo-Polynesier, aber auf die zahlreichen Eingeborenenrassen — die Bataks und Sasaks, Javaner und Balinesen, Papuas und viele andere — haben auch noch Chinesen, Holländer, Inder und Portugiesen eingewirkt und sich mit ihnen vermischt. So entstand in Indonesien eine faszinierende Mischung aus Völkern und Kulturen und eine Küche, deren Würze gerade in dieser Vielfalt liegt.

Indonesische Gerichte sind stark gewürzt. Die indonesische Küche ist jedoch nicht nur scharf, sondern überaus vielfältig und voller Überraschungen. Sie reicht von einfachen Eingeborenengerichten bis zu den erlesenen und komplizierten javanisch-europäischen Speisen und von der milden Würze bis zur feurigen Schärfe. Einige Rezepte auf den folgenden Seiten sind für den noch nicht an die klassische Schärfe gewöhnten Geschmack etwas abgemildert. Die Inseln sind reich mit natürlichen Nahrungsquellen gesegnet, und nichts geht verloren. Bananen und Kokosnüsse gibt es im Überfluß, das gleiche gilt für Sojabohnen und Erdnüsse, Kaffee, Reis und Maniok,

sie meinen, das lindere die Schärfe. Dieses Durcheinandermischen entspricht jedoch nicht der indonesischen Sitte. Jedes Gericht auf der Reistafel soll für sich gegessen werden. Die kluge Hausfrau hält jedoch Eiswasser, kaltes Bier und Papaya- und Bananenscheiben parat, mit denen man sich die Zunge kühlen kann.
Auf die folgende Weise wird die Reistafel serviert: Als erstes wird in der Regel *sajur,* die dicke, heiße und würzige Gemüsesuppe aufgetragen, die zu den Lieblingsgerichten der Indonesier gehört. Kurz danach wird der Reis auf den Tisch gestellt, falls man sich etwas davon in seine Suppe nehmen will. Dann folgen meistens die Rissolen, die die Rolle eines appetitanregenden Zwischengerichtes spielen. Darauf beginnt die Parade der Hauptgerichte und ihrer verlockenden Beigaben: *satés,* gegrillte Fleischspießchen, *oppor daging,* dünne Scheibchen Rindfleisch, die in Kokoscreme gegart werden, *goreng ati,* gebratene Rindsleber. Dann folgt meistens Schweinefleisch: *daging ketchap,* gebratenes Schweinefleisch, das in Sojasauce und Knoblauch gebeizt worden ist, oder Schweinehacksteaks. Danach ein Hühnergericht: *ajam abon-abon,* kleingeschnittenes Hühnerfleisch, oder *por ajam,* Huhn mit Ananas, und vielleicht *nasi goreng,* gebratener Reis mit Curry und Huhn. Dazu kommen ein paar Fischgerichte: *oedang masak,* gekochte Krabben, und *smoor djawa,* würziger gebratener javanesischer Fisch, oder auch *iekan bandang panggang,* mit Kräutern gewürzter gebackener Fisch, serviert mit Zitronensaft und Butter.
Dann kommen Überraschungen für den nichtindonesischen Gast: entweder *telor besengkek* oder *telor asin. Telor besengkek* entpuppt sich als gewürzte Eier von unnachahmlichem Aroma, und *telor asin* sind gesalzene Enteneier, die wochenlang in Lehm und Kräutern gereift sind.
Danach braucht man eine kleine Atempause, während man den Aufmarsch der *sambals* beobachtet, von denen es verschiedene Arten gibt. Im allgemeinen ist ein

*sambal* eine Beilage, die sehr würzig und kräftig schmeckt und mit Chillies gewürzt ist. Die meisten *sambals* sind sehr scharf. Eins davon wird sicher ein Krabbensambal sein, *sambal oedang,* und ein anderes, eins mit Leber, *sambal ati.* Man entdeckt sicher auch ein *sambal tomat,* das Tomaten enthält, und *sambal boontjies,* das aus grünen Bohnen zubereitet worden ist. Den Kontrast bilden jetzt die federleichten delikaten Fladen, die nach Krabben schmecken und *krupuk* oder *kroepoek* genannt werden. Dazu gibt es Gerichte aus gebratenen Zwiebeln und Erdnüssen und Bananenküchlein, die *pisang goreng* heißen. Auf jeden Fall wird ein Gewürz auf dem Tisch stehen, das *seroendeng* heißt und eine Paste aus gebratenem Kokosnußfleisch ist. Es verstärkt das Aroma aller Hauptgerichte. Auch *atjar* fehlt nicht, Gemüsepickles, und *ketchap,* eine Sojasauce, die in etwa unserem Ketchup entspricht.
Jetzt kann man probieren, bis man das entdeckt, was der Stimmung und dem Appetit entspricht. Es ist ein verschwenderisches Mahl, und mit ihm hat uns Indonesien ein überaus reichhaltiges Menü beschert, eine unvergeßliche kulinarische Erfahrung und ein Festgericht, das Göttern munden würde.

# Reis

## Gekochter Reis

*2 Tassen Reis · 3 Tassen Wasser*

Reis und Wasser in einen Schmortopf füllen, rasch zum Kochen bringen. Wenn der Reis die Flüssigkeit aufgesaugt hat, wird die Hitze gemindert. Der Reis sollte dann in 20 Minuten gar sein.

## Gedämpfter Reis

*450 g Reis · 2 Tassen Wasser*

Den Reis im Wasser kochen, bis die Flüssigkeit aufgesaugt ist. Den Reis in ein Sieb oder in einen Durchschlag schütten und in einen Topf mit kochendem Wasser hängen oder stellen. Zudecken und etwa 20 Minuten dämpfen, bis der Reis gar ist.
Reis zu dämpfen ist nicht so einfach wie Reis zu kochen, dafür vermeidet man beim Dämpfen die Gefahr, daß der Reis im Topf anhängt. Die Dämpfmethode wird auch angewandt, wenn man den Reis vor dem Servieren wieder erhitzen will.

## Nasi Wuduk

***In Kokosmilch gekochter oder gedämpfter Reis***

Genauso verfahren wie beim Reiskochen oder Reisdämpfen, jedoch statt Wasser Kokosmilch verwenden (siehe Anhang) und einen halben Teelöffel Salz und ein Lorbeerblatt mitkochen.

## Nasi Kuning

***Gelber Reis***

Er wird genau wie Nasi wuduk zubereitet, aber man gibt noch 1 TL gemahlenen Kurkuma dazu. Nasi wuduk und Nasi kuning werden oft an Geburtstagen oder zu besonderen Festen gekocht.

# Suppen

## Sajur Bening

### *Gemüsesuppe*

*2 Maiskolben · 2 EL gehackte Zwiebeln · 1—2 Knoblauchzehen (nach Belieben) · 2 EL Zucker · 1 TL Salz · 3 Tassen Wasser · 2 Bouillonwürfel (nach Belieben) · 120 g Spinat*

Die Maiskörner vom Kolben lösen und mit allen anderen Zutaten, außer dem Spinat, gar kochen. Dann werden die feingewiegten Spinatblätter hinzugefügt, umgerührt und weitere 2 Minuten gekocht. Heiß servieren.
Statt der frischen Maiskörner kann man auch solche aus der Dose verwenden.

## Sajur Bobor

### *Milchsuppe*

*2 EL gehackte Zwiebeln · 1 TL gehackte Knoblauchzehen · 2 EL Butter oder Margarine · 1 Lorbeerblatt · 1 Msp gemahlener Koriander · Salz nach Geschmack · 2 Tassen Hühnerbrühe · 1 feingeschnittener Kopf Chinakohl · 1 Tasse Kokosmilch*

Das Fett heiß werden lassen und Zwiebeln und Knoblauch darin andünsten. Die Gewürze und die Fleischbrühe hinzufügen und aufkochen. Den Kohl dazugeben und auf schwacher Hitze garen, bis er weich ist. Das dauert etwa 15 Minuten. Dann wird die Milch dazugegossen; die Suppe unter ständigem Umrühren zum Kochen bringen. Vom Herd nehmen und sofort servieren.

## Sajur Tjampur

***Bunte Suppe***

*1 TL gehackte Knoblauchzehen · 4 EL gehackte Zwiebeln · 2 EL Butter oder Margarine · ½ Tasse geschnetzeltes Rindfleisch oder kleingeschnittenes rohes Hühnerfleisch · 1 Lorbeerblatt · 1 Msp Ingwerpulver · Pfeffer und Salz nach Geschmack · 4 Tassen Hühnerbrühe · ½ Tasse Nudeln · ½ Tasse feingeschnittenes Kraut · ½ Tasse grüne Bohnen · 1 EL feingeschnittener Bleichsellerie · ¼ Tasse gewürfelter Tofu (siehe Anhang) · ½ Tasse geraspelte Mohrrüben · 1 EL Tomatenmark oder gewürfelte frische Tomaten*

Die Butter oder Margarine heiß werden lassen und Knoblauch und Zwiebeln darin andünsten, bis sie gar sind. Fleisch und Gewürze hinzufügen, den Topf zudekken und 10 Minuten schmoren, die heiße Hühnerbrühe dazugießen und aufkochen. Kraut, Bohnen, Bleichsellerie und Mohrrüben dazugeben und so lange kochen, bis das Gemüse weich ist, was etwa 30 Minuten dauert. Dann werden die Nudeln, der Sojabohnenquark und die Tomaten oder das Tomatenmark hinzugefügt. Alles heiß werden lassen und sofort servieren.

## Sajur Lodeh

### *Dicke Gemüsesuppe*

*½ Tasse rohes Rind- oder Hühnerfleisch (nach Belieben) · 1 Lorbeerblatt (nach Belieben) · 1½ Tassen Hühnerbrühe · 4 Tassen feingeschnittenes Gemüse (Weißkraut, grüne Bohnen, Blumenkohl, Mohrrüben und Limabohnen) · 1 EL gehackte grüne Paprikaschote · 1 EL gehackte Zwiebeln · Salz nach Geschmack · 1½ Tassen Kokosmilch*

Das Fleisch in Würfel schneiden und mit dem Lorbeerblatt in der Brühe 10 Minuten kochen. Gemüse und Salz hinzufügen und 20 bis 30 Minuten leise weiterköcheln lassen, bis das Gemüse weich ist. Die Kokosmilch hinzufügen und gelegentlich umrühren. Die Milch soll nur heiß werden, aber nicht mitkochen. Vom Herd nehmen und heiß servieren.

## Lodeh Terong

### *Auberginensuppe*

*1 mittelgroße Aubergine · 2 EL Butter oder Margarine · 1 EL gehackte Zwiebeln · 1 TL gehackte Knoblauchzehen · 2 EL gehacktes Krabbenfleisch oder feingeschnittenes rohes Hühnerfleisch · 1 EL gehackte Paprikaschoten · 1 EL Tomatenmark oder frische gewürfelte Tomaten · ½ TL Zucker · 1 Lorbeerblatt · 2 Tassen Hühnerbrühe · 1 Tasse Kokosmilch*

Die Aubergine schälen und in kleine Würfel schneiden, in eine Schüssel mit Wasser schütten und beiseite stellen.

Das Fett heiß werden lassen, Zwiebeln und Knoblauchzehen darin andünsten, Paprikaschoten, Hühnerfleisch, Tomaten, Zucker, Lorbeerblatt und Hühnerbrühe hinzufügen. Aufkochen und die Auberginenwürfel hinzufügen. In 20 bis 30 Minuten weich kochen, dann die Kokosmilch hinzufügen. Unter gelegentlichem Umrühren nochmal aufkochen und heiß servieren. Werden statt des Hühnerfleisches Krabben verwendet, diese mit der Milch in die Suppe geben und nur erhitzen.

## Sajur Kare

***Currysuppe***

*1 TL Erdnußbutter oder gemahlene Wasserkastanien oder Cashewnüsse · ½ Tasse in Würfel geschnittenes Fleisch oder Hühnerfleisch · 2 EL Butter oder Margarine · ¼ TL Currypulver · 2 Tassen Gemüsebrühe (oder Fleischbrühe) · ½ Tasse geschälte gewürfelte Kartoffeln · ½ Tasse kleingeschnittene grüne Bohnen · ½ Tasse gewürfelte Mohrrüben · 1 Lorbeerblatt · 1 Tasse Kokosmilch · Salz nach Geschmack · 1 EL getrocknete Zwiebelflocken, in 2 EL Öl angedünstet*

Nüsse und Fleisch in heißem Fett mit dem Currypulver anbraten. Die Brühe hinzufügen und aufkochen lassen. Gemüse und Lorbeerblatt hinzugeben, den Topf zudekken und die Suppe kochen lassen, bis das Gemüse weich ist, was 20 bis 25 Minuten dauern wird. Die Milch hinzugießen und gelegentlich umrühren. Abschmecken und nach Bedarf salzen, aufkochen lassen und mit den frisch gerösteten Zwiebelflocken bestreuen und servieren.

# Beilagen

## Krupuk Udang

***Ausgebackene Krabbenfladen***

Man kann den fertigen, aber nicht gebackenen Fladen in manchen Spezialitätengeschäften oder in den Lebensmittelabteilungen der großen Kaufhäuser bekommen.
So werden sie ausgebacken: 2 Tassen Öl in einer großen Pfanne heiß werden lassen, dann die Hitze etwas vermindern. Große Krupuks werden nacheinander ausgebacken. Kleine Krupuks kann man zu mehreren auf einmal ins Ausbackfett geben. Sie werden häufig umgewendet, damit sie weder verbrennen noch sich aufrollen. Wenn sie blond und knusprig sind, werden sie aus dem Fett genommen und zum Abtropfen auf Küchenkrepp gelegt.

## Bregedel Djagung

***Maisküchlein***

*3 Maiskolben · 2 Eier · 1 EL Mehl · 4 EL gehacktes Hühnerfleisch oder Krabben · 2 EL gehackte Zwiebeln · ½ EL gehackte Knoblauchzehen · 1 EL feingewiegter Bleichsellerie · 1 EL feingeschnittene Paprikaschote · ¼ TL gemahlener Koriander · Salz nach Geschmack · Ausbackfett*

Die Maiskörner vom Kolben schälen, alle Zutaten außer dem Öl in einer Schüssel verrühren, mit einem Eßlöffel zu Küchlein formen und auf beiden Seiten in heißem Öl golden ausbacken. Mit einem Schaumlöffel herausnehmen und auf Küchenkrepp abtropfen lassen. Heiß servieren.

Wer keine frischen Maiskolben verwendet oder sich die Arbeit ersparen will, nimmt statt dessen Maiskörner in Dosen. Die angegebene Menge entspricht dem Inhalt einer 340-g-Dose.

# Bami Goreng

***Trockenes Nudelgericht***

*½ TL Knoblauchpulver oder 1 TL gehackte Knoblauchzehe · 1 Msp Ingwerpulver · ½ TL Salz · ¼ TL Pfeffer · 1 Tasse rohes, kleingeschnittenes Hühnerfleisch · 125 g Butter oder Margarine · 4 feingeschnittene Krautblätter · 2 geraspelte Mohrrüben · 1 EL feingeschnittener Bleichsellerie · 1 EL gewürfelte Tomate · 250 g gekochte Eierfadennudeln · 1 Tasse Krabbenfleisch · 2 Tassen Fleischbrühe · 2 EL getrocknete Zwiebelflocken*

Die Gewürze mischen und das Fleisch darin wälzen. Das Fett in einem Schmortopf zerlassen und das Fleisch darin anbraten. Den Topf zudecken, das Fleisch gelegentlich umrühren und etwa 10 Minuten dünsten. Das Gemüse hinzufügen und umrühren, die Fleischbrühe hinzugießen, aufkochen, dann die Hitze vermindern. Den Topf wieder zudecken und das Gericht so lange leise kochen lassen, bis die Mohrrüben gar sind. Das dauert 20 bis 30 Minuten. In den letzten 10 Minuten die Nudeln und das Krabbenfleisch hinzufügen, umrühren und die Zwiebelflocken in 1 EL heißem Öl kroß braten. Den Schmortopf vom Feuer nehmen, das Gericht mit den knusprigen Zwiebelflocken bestreuen. Dieses Gericht kann ohne Vor- und Nachspeisen mit Pickles und Chilisauce serviert werden.

# Tofu Goreng

***Ausgebackener Bohnenquark mit Sauce***

*6 Stück Tofu, in Würfel geschnitten · Öl zum Ausbacken · 1 Tasse gekochte Bohnensprossen · ½ Tasse feingeschnittenes Weißkraut · 1 EL Zwiebelflocken · 1 TL feingewiegte Sellerieblätter*

Frischer Sojabohnenquark wird in Stücken von 150 bis 200 g verkauft. Diese mit dem Messer in Würfel schneiden und im heißen Öl von allen Seiten ausbacken. Die Würfel auf Küchenkrepp etwas abtropfen lassen, auf eine Platte häufen und mit den Bohnensprossen und dem Kraut bedecken. Die Zwiebelflocken in 2 EL Öl golden werden lassen und samt den Sellerieblättern über alles streuen. Die Sauce wird darüber gegossen oder extra dazu serviert.

Für die Sauce:

*½ TL gehackte Knoblauchzehen · 1 EL Erdnußbutter · 3 EL Zucker · ¼ TL Paprikapulver · ¼ Tasse Sojasauce · ½ Tasse Wasser · Salz nach Geschmack*

Die Knoblauchzehen in Erdnußbutter andünsten, den Zucker, das Paprikapulver und die Sojasauce hinzufügen. Unter ständigem Umrühren das Wasser hinzugießen und auf Mittelhitze dick einkochen lassen. Abschmecken und wenn nötig nachsalzen.

## Dadar Iris

### *Eierschmarren*

*3 Eier · ½ TL Salz · 1 Msp Pfeffer · Butter oder Margarine · ¼ Tasse gehackte Zwiebeln*

Die Eier in einer Schüssel verquirlen, Salz und Pfeffer dazugeben, das Fett in einer Bratpfanne heiß werden lassen, die Zwiebeln 2 Minuten lang darin andünsten, die Eiermischung darübergießen. Die Pfanne schräg halten, so daß sich die Eiermischung gleichmäßig auf dem Pfannenboden verteilt. Wenn die Eier zu stocken beginnen, das Omelett einmal umwenden, dann auf einen Teller befördern und mit zwei Gabeln dünn zerreißen oder zerschneiden.

## Nasi Goreng

### *Gebratener Reis*

*2 gehackte Zwiebeln · 1 gehackte Knoblauchzehe · ½ TL Paprikapulver oder ¼ TL gemahlener schwarzer Pfeffer · 1 EL Tomatenketchup · 4 EL Butter oder Margarine · 4 Tassen gekochter Reis · 2 EL feingewiegtes Krabbenfleisch · 1 Würfel Hühnerbrühe, in einer ½ Tasse kochendem Wasser aufgelöst · Dadar Iris (siehe oben)*

Das Fett heiß werden lassen, Zwiebeln und Knoblauchzehe darin andünsten, Pfeffer und Ketchup hinzufügen. Wenn die Zwiebeln glasig sind, Reis, feingewiegte Krabben und Fleischbrühe hinzufügen und gründlich verrühren, 3 bis 5 Minuten durchkochen, dann von der Kochstelle nehmen. Heiß servieren und mit Dadar Iris, gerösteten Erdnüssen und eingelegten Gemüsen garnieren. Nasi Goreng wird außerdem noch mit anderen trockenen Beilagen oder Gerichten serviert, aber nie mit Saucen.

## Ikan Goreng

### *Gebackener Fisch*

*1 Makrele von 500 g oder ein anderer gleichschwerer Salzwasserfisch · 1 EL Zitronensaft · Pfeffer und Salz nach Geschmack · 1 Ei · 2 EL Mehl · Öl zum Ausbacken*

Den kochfertig vorbereiteten Fisch auf beiden Seiten mit Querschnitten versehen, gut abtupfen, so daß die Oberfläche nicht mehr feucht ist. Zitronensaft, Pfeffer und Salz verrühren und den Fisch auf beiden Seiten damit einpinseln. In einem anderen Gefäß Ei, Mehl und Salz verrühren und den Fisch durch diese Mischung ziehen. Auf beiden Seiten im heißen Öl ausbacken. Mit Tomatenscheiben und Petersilie servieren.

## Sambal Goreng Telor

### *Eier in Chilisauce*

*1 EL gehackte Zwiebeln · 1 TL gehackte Knoblauchzehen · 2 EL Öl oder Margarine · 1 EL feingewiegte Tomaten · 1 Lorbeerblatt · 1 TL im Mörser zerriebene Chilischoten · 1 Tasse Gemüsebrühe · 1 Tasse Milch · Salz nach Geschmack · 4 hartgekochte Eier · ½ Tasse feingewürfelte Bratkartoffeln*

Das Öl heiß werden lassen und Zwiebeln und Knoblauchzehen darin andünsten. Alle übrigen Zutaten außer den Eiern und Kartoffeln hinzufügen. Aufkochen lassen und gelegentlich umrühren. Dann die halbierten Eier und die Kartoffeln dazugeben und so lange weiterkochen, bis beides mit erhitzt ist. Vom Herd nehmen und heiß servieren.

## Udang Bumbu Dendeng

***Gebackene Gewürzkrabben***

*1 TL gemahlener Koriander · ¼ TL Knoblauchpulver · 1 TL Essig · 1 Msp gemahlener Ingwer · 1 TL Zucker · Salz nach Geschmack · ¼ TL Laospulver (siehe Anhang) · 1 Tasse Krabbenfleisch · Öl zum Ausbacken*

Alle Zutaten außer den Krabben und dem Öl in einer Schüssel gründlich verrühren. Die Krabben darin sorgfältig wälzen und 2 Stunden ziehen lassen. Im Sommer breitet man die gewürzten Krabben auf einem Sieb aus und läßt sie in der Sonne trocknen. Sie werden dann im heißen Öl ausgebacken.

## Lapis Daging

***Rindfleischscheiben***

*3 EL gehackte Zwiebeln · 2 EL feingewiegte Tomaten · 2 Pfefferkörner · 1 Msp gemahlener Muskat · ½ Zimtrinde · 1 EL Sojasauce · 2 Eier · 1 EL Margarine oder Öl · 500 g Rindfleisch aus der Keule*

Zwiebeln, Tomaten, Gewürze und Sojasauce in einer Schüssel verrühren. Die Eier in einer anderen Schüssel verquirlen und dann mit den Gemüsen mischen. Das Fett in einer Bratpfanne erhitzen, das in feine Scheiben geschnittene Rindfleisch hineinlegen. Zudecken und auf Mittelhitze von der Unterseite braun werden lassen. Dann werden die Fleischscheibchen umgedreht. Wenn sie auf beiden Seiten braun sind, wird die Hitze abermals vermindert. Die Gemüsemischung hinzugeben und etwas Wasser, damit nichts anbrennt. Schmoren, bis alles gar ist. Das kann je nach Fleischart 30 bis 50 Minuten dauern. Vom Herd nehmen, die Zimtrinde und die Pfefferkörner herausholen und heiß servieren.

## Ati Bumbu Bali

***Balinesische Kalbsleber***

*1 TL getrocknete Zwiebelflocken · ½ TL Knoblauchpulver oder 1 EL gehackte Knoblauchzehen · 2 EL Margarine oder Butter · ¼ TL gemahlener Kurkuma · 1 Lorbeerblatt · 1 TL zerriebene Chilischoten · 1 Msp gemahlener schwarzer Pfeffer · ½ TL Zucker · 1 EL Sojasauce · Salz nach Geschmack · 1 EL gemahlene Erdnüsse, Cashewnüsse oder Wasserkastanien (Dose) · 1 EL feingewürfelte Tomaten · 500 g Kalbsleber · 1 Tasse Milch*

Das Fett heiß werden lassen und die Zwiebelflocken und den Knoblauch darin andünsten. Alle Zutaten außer Leber und Milch hinzufügen und gut umrühren. Die Leber in dünne Scheibchen schneiden, dazugeben und unter ständigem Rühren so lange mitschmoren, bis sie überall braun geworden sind. Die Hitze vermindern und die Milch hinzufügen. Unter ständigem Rühren weiterkochen, bis die Mischung dicklich ist. Vom Herd nehmen und heiß servieren.

## Sati Ajam

***Hühnerspießchen***

*3 Tassen in daumendicke Würfel geschnittenes rohes Hühnerfleisch · 20 bis 25 Grill- oder Holzspieße · ½ TL Essig · 2 zerdrückte Knoblauchzehen · ½ Tasse Wasser*

Auf jeden Spieß werden fünf Hühnerfleischwürfel gesteckt. Die restlichen Zutaten in einer flachen Schale verrühren und die Hühnerspieße 1 Stunde lang darin ziehen lassen. Die Spießchen werden danach über dem offenen Holzkohlengrill oder im auf 200°C vorgeheizten Ofen 15 Minuten gegrillt oder gebraten, bis sie gar sind. Heiß mit der folgenden Sauce servieren.

Für die Sauce:

*4 EL Erdnußbutter · ½ TL gehackte Knoblauchzehen · ½ Tasse Milch · ½ Tasse Hühnerbrühe · 1 TL Chilipulver · 1 TL Sojasauce · 1 TL Zucker · 1 Lorbeerblatt · Salz nach Geschmack*

Alle Zutaten in einer Kasserolle auf milder Hitze und unter ständigem Umrühren zum Kochen bringen und so lange simmern lassen, bis die Sauce dick wird. Vom Herd nehmen und über die Hühnerspießchen gießen.

## Sambal Ketchap

***Scharfe Sojasauce***

*½ Tasse Sojasauce · ¼ TL gehackte Knoblauchzehen · 1 EL Chilipfeffer · 1 EL beliebiger Sirup*

Alle Zutaten in einer Schüssel verrühren und zu gebakkenem Fisch oder gebackenem Hähnchen aus Java servieren.

## Sambal Djelantah

***Scharfe Knoblauchsauce***

*¼ TL gehackte Knoblauchzehen · 1 EL zerdrückte Chilischoten · ½ TL Salz · 1 TL Krebs- oder Sardellenpaste · 1 EL Öl*

Das Öl heiß werden lassen und Knoblauch, Chillies, Salz und Sardellenpaste darin verrühren und durchschmoren. Vom Herd nehmen und heiß servieren.

## Sambal Ebi

***Scharfe Sauce mit getrockneten Krabben***

*2 EL zerdrückte Chilischoten · 1 EL Wasser · 2 EL getrocknete Krabben (siehe Anhang) · 1 EL Öl · 2 EL feingewürfelte Tomaten · 1 TL Krebs- oder Sardellenpaste · ½ TL Salz*

Die Chilischoten 10 Minuten lang in Wasser einweichen, die vorbereiteten getrockneten Krabben in Öl andünsten. Krabben und übrige Zutaten zu den Chilischoten tun und im Mörser fein zerreiben.

## Sambal Badjag

***Scharfe Chilisauce***

*2 EL gehackte Zwiebeln · 1 EL Öl oder Margarine · 1 EL gehackte Knoblauchzehen · 2 EL zerdrückte Chilischoten · 3 EL feingewürfelte Tomaten · 1 TL Salz · 2 TL Zucker · 1 TL Krebs- oder Sardellenpaste · ½ TL Glutamat*

Das Öl heiß werden lassen und die Zwiebeln darin andünsten. Den Knoblauch zugeben und weiterdünsten, bis beides goldbraun ist. Die übrigen Zutaten hinzufügen, unter ständigem Umrühren schmoren, bis sie gar sind, was ungefähr 10 Minuten dauert. Vom Herd nehmen, nach Belieben noch durch feingewiegtes, in Butter gebratenes Krabbenfleisch ergänzen.

## Sambal Kelapa

***Scharfe Sauce mit Kokosflocken***

*1 EL zerdrückte Chilischoten · 1 TL Krebs- oder Sardellenpaste · ½ TL Salz · 2 EL ungesüßte Kokosflocken*

Alle Zutaten mischen und im Mörser fein zerreiben.

Wer zum Reisessen in ein thailändisches Haus geladen wird, erlebt ein völlig neues Eßgefühl. Die Thaiköchin — »die Mutter in der Küche«, wie sie genannt wird — setzt ihren ganzen Ehrgeiz darein, ein Essen zu servieren, das den Appetit ihrer Gäste lockt und steigert, denn in dem heißen und feuchten Klima des Landes stumpft die Eßlust immer wieder ab. Sie bereitet also alle möglichen Kleinigkeiten vor, eine Schüssel Reis, eine Schüssel mit knusprigen Fischbällchen, hier ein exquisites Aroma, dort eine scharfe Sauce, etwas Curryfleisch und etwas Süß-Saures als Beilage, eine gebundene oder eine würzige Suppe, ein cremiges Dessert, eine kühle und saftige Frucht. Ihr Ziel ist es, den Reis als Hauptbestandteil der Hauptmahlzeit durch Kontraste zu beleben und zu umspielen.
Als Gast in einem typisch thailändischen Heim kann man damit rechnen, daß einem eine große Schüssel Reis mit vier oder fünf Beilagen aus Fisch, Fleisch, Gemüsen und einem Salat mit zwei oder drei Saucen, einer klaren oder einer dicken Suppe und schließlich ein Dessert mit drei oder vier verschiedenen Saisonfrüchten vorgesetzt wird.
Man wird zu einer Reihe von Sitzkissen geführt, die um den niedrigen Tisch gelegt sind; auf jedem Platz findet man einen Suppenteller, einen Löffel, eine Gabel und einen Löffel aus Porzellan. Ein Messer wird nicht gebraucht, weil alle Nahrungsmittel schon in der Küche mundgerecht kleingeschnitten worden sind. Außer dem Nachtisch und dem Obst werden alle Gerichte auf einmal auf den Tisch gestellt. Nachtisch und Früchte folgen, wenn Schüssel und Geschirr des Hauptganges abgetragen worden sind. Jeder Gast bedient sich selbst nach Hunger und Geschmack. Es wird einem auf jeden Fall eine üppige Portion Reis auf den Teller gehäuft, zu dem man sich aus den kleinen Schüsselchen und Schalen, die um die Hauptschale herum angerichtet sind, das aussucht, was einem verlockend erscheint. Dabei ist es die Regel, daß man

sich von jeder Sauce etwas über das Fleisch oder den Fisch gießt, diese Mischung unter den Reis hebt und ihn wiederum abwechselnd mit einem Löffel Suppe oder einem Bissen frischem Gemüse ißt.
Wer noch nicht an die kleinen roten Chillies, an den frisch gemischten Curry oder an Pfeffersaucen gewöhnt ist, sollte etwas zurückhaltend sein.
Bei den Beilagen, die den Reis begleiten und die in der westlichen Küche sehr wohl ein Hauptgericht darstellen könnten, findet man fast immer Fisch oder ein anderes Gericht aus Meerestieren. Das kann ein Korallenfisch in Ingwersauce sein, Krabbensalat, Rotbarsch in Curry oder eine süß-saure Seezunge. Manchmal erkennt man nicht auf den ersten Blick, ob ein Gericht Fisch enthält, aber selbst wenn es fehlen sollte, so taucht das Meeresaroma mindestens in einer oder mehreren der überwältigend gewürzten thailändischen Saucen auf, wie zum Beispiel in *nam pla, nam pirk* und anderen. *Nam pla* ist fast eine Allerweltssauce, die entweder pur und unverhüllt in einer extra Sauciere auf den Tisch kommt oder sich in einer Reihe von Gerichten versteckt. Das gelingt freilich nur andeutungsweise, denn ihr spezielles Aroma ist unverkennbar. Es gibt verschiedene Versionen von *nam pla,* aber das Grundrezept dieser sehr beliebten Fischsauce enthält immer Krabben, die zuerst eingesalzen und getrocknet und dann fein verrieben werden. Diese Substanz wird mit Limonensaft, Zucker und Knoblauch zu einer Paste verarbeitet, die zu frischem Fisch oder in Curry- und allen anderen Gerichten, die ein thailändischer Koch auf den Tisch bringt, verwendet wird.
Ein anderes Gericht aus Meerestieren sind die Fisch-Knusperbällchen, delikate kleine ausgebackene Nocken aus Schalentieren, die federleicht sind und meistens aus dem Fleisch von Tiefseehummern oder Langustenschwänzen zubereitet werden. Sie werden meistens so gegessen, man würzt sie höchstens mit einer süß-sauren Sauce, die die Thais als mittelscharf bezeichnen, was für jeden an-

deren Esser schon superscharf bedeutet. Diese kleinen Bällchen, die man *tord mun gung* nennt, werden manchmal auch dazu benutzt, um gebratenen Reis zu würzen, und man kann sie auch mit Limonensaft beträufelt essen.

Die thailändischen Köche beherrschen die Kunst des Ausbackens in höchster Vollendung. Dünne Nudeln aus Reis werden zum Beispiel mit kleinen Fleischstückchen, Zwiebeln und Eierausbackteig leicht vorgebacken, dann mit Zucker und *nam pla* gewürzt und ein zweites Mal so lange gebacken, bis sie golden sind. Auf ähnliche Weise wird feingewiegtes Fleisch in Reismehl paniert und dann golden ausgebacken. *Mee krob* ist ein Lieblingsgericht der Thais; es besteht aus knusprig ausgebackenen Nudeln mit feingewiegtem Fleisch von Krabben und Krebsen, Schwein, Huhn und Sojabohnenquark (Tofu).

Auf jeden Fall wird es ein Curry geben, denn in einem thailändischen Menü enthalten die Fleischgerichte immer jene aufregende Gewürzmischung, die man mit einer Sammelbezeichnung Curry nennt, weil es dafür kein anderes Wort gibt. Die Thais kennen mindestens 24 verschiedene scharfe Fleischgerichte, von denen jedes seinen eigenen Namen besitzt, aber immer in die große Gruppe der Curries fällt, weil es für die speziellen Bezeichnungen einfach keine Übersetzung gibt. Auf jeden Fall besteht ein Curry niemals aus einem Gericht, zu dem ein fertiggemischtes Currypulver im Laden gekauft worden ist.

Jedes der in Thailand bekannten Currygerichte wird mit anders gemischten Gewürzen zubereitet. Die Paste, die die Basis für all diese echten Currygerichte darstellt, wird von einer fleißigen Hausfrau jeden Tag frisch im Mörser zerrieben. Je nach Gericht kann diese Currymischung scharf sein, pfefferheiß oder fast blaß und zurückhaltend, sie kann süß oder sauer sein oder süßsauer oder bitter. Jede Currypaste enthält zwölf, dreizehn und manchmal noch mehr Ingredienzen, wozu Chilischoten gehören, Pfefferkörner, Kreuzkümmel, Koriander, Zimt, gebratene Zwiebeln, Kardamom, Muskat, Muskatblüte, Knoblauch, Kurkuma, Senfkörner, Safran. Und wenn der Moment des Zubereitens gekommen ist, so wird nicht einfach Fleisch geschmort und dann mit einem Löffel dieser Paste verrührt, nicht im geringsten! Mundgerecht gewürfeltes Fleisch wird langsam in Wasser oder vielleicht auch Kokosmilch mit einer Messerspitze *nam pla* gedünstet, bis es fast gar ist, und dann wird die Currypaste mit frischer Kokosnußcreme hinzugefügt. Wenn der Koch oder die Köchin etwas Tamarindensaft zur Hand hat, so gießt sie ihn zum Säuern dazu. Man kann auch ein paar Makrut- oder Horapablätter dazugeben. Beim Kochen wird immer probiert, vielleicht muß noch etwas Zucker dazu, etwas mehr *nam pla,* vielleicht noch eine Prise Kardamom und ein paar Tropfen Limonensaft. Ist das Fleisch weich und zur Zufriedenheit der Köchin gewürzt, so wird es in eine Schüssel gefüllt und mit Tamarindenblättern, frischen Pfefferminzblättern oder ein paar roten und grünen Chilischoten dekoriert, damit es noch farbiger und schöner aussieht und noch besser schmeckt.

Das ist also ein thailändisches Curry.

Diese ganze Gruppe von Gerichten kann auf der thailändischen Tafel zum Beispiel Masaman Curry sein, das immer aus Rind- oder Hühnerfleisch besteht, Erdnüssen, Kokosnußcreme und einer Currypaste, deren Rezept folgendermaßen beginnt: »Man nehme, je nach Geschmack, 7 bis 10 getrocknete scharfe Chilischoten ...« Der europäische Gaumen ist meist mit weniger zufrieden, aber wie gesagt: die Köchin ist die Mutter ihrer eigenen Küche.

Schweinefleisch wird viel verwendet, auch in Currygerichten, aber man verwendet es in den meisten Fällen in kleinen Mengen zur Bereicherung eines Fischgerichtes oder zur geschmacklichen Abrundung einer Suppe. Manchmal wird es feingewiegt, mit zerdrückten hartgekochten Eidottern vermischt, nach Geschmack schwach oder stark gewürzt, in die hartgekochten Eierhälften gefüllt, golden ausgebacken und als Halbmondeier serviert. Süßes Schweinefleisch taucht auch oft auf der thailändischen Speisekarte auf. Dieses Gericht besteht aus kleinen zarten Schweineschnitzeln, die in Wasser gar gekocht worden sind, das mit einer Fischsauce gewürzt wurde, zu der man am Schluß eine Karamelsauce aus Palmzucker gibt. Das Fleisch kocht langsam in dieser Sauce ein, die dann wie Samt glänzt und dem Fleisch einen ganz außergewöhnlichen Geschmack verleiht.

Sehr beliebt ist auch *kai priew wan,* ein süß-saures Hühnergericht, das aus Hühnerbrüsten und Lebern besteht, aus Gurken, Mohrrüben, Nudeln, Tomaten und Zwiebeln, die mit Zucker, Sojasauce und Essig gewürzt werden. Die Thais essen außerdem sehr gern Salat und grünes Gemüse, obwohl die wenigsten Salate das enthalten, was bei uns traditionellerweise üblich ist. *Yam koong* ist zum Beispiel ein Krabbensalat mit Paprikaschoten, Knoblauch, Nüssen, Sojasauce und Kokosnußcreme.

Und immer wieder gibt es Reis, denn er wird nicht nur zum Hauptgang, sondern zu jeder sich bietenden Gelegenheit serviert. Eins der bekanntesten thailändischen Reisgerichte heißt *khao pad,* gebratener Reis mit kleingeschnittenem Schweinefleisch, Krebsfleisch und Knoblauch.

Vielleicht bekommen Sie eine Beilage serviert, die *ma haw* heißt: galoppierende Pferde. Das sind Zwillingspflaumen oder Orangen, die mit feingewiegtem Schweinefleisch und Erdnüssen gefüllt werden. Wenn Sie sich von der Suppe bedienen, so kann es *tom yum* sein, Schweinsfußsuppe, oder Krebs- und Pilzsuppe oder eine Tapiokasuppe, die man *kaeng chud saku* nennt.

Denn Suppen werden immer serviert. Auf jedem thailändischen Eßtisch steht eine Terrine, meist auf einem Holzkohleöfchen, damit die Suppe die ganze Mahlzeit hindurch schön heiß bleibt. Wenn die Mahlzeit sehr üppig ist, werden milde oder klare Suppen serviert; sind die

Hauptgerichte jedoch leicht und mager, so werden die Suppen reichhaltiger und sättigender. Alle Suppen, selbst die Tapiokasuppen, werden mit Hühnerbrühe gekocht, aber die thailändischen Köchinnen verstehen es, dieses Grundelement durch die verschiedensten Würzen und Beigaben immer wieder zu variieren. Eine Abwandlung entsteht zum Beispiel schon, wenn man etwas Chilisauce dazugibt, es macht die einfachste Suppe scharf. Kleine, kräftig gewürzte Bällchen aus Fleisch, Nieren, Leber, Hühner- oder Entenfleisch machen den Geschmack schon interessanter. Frische Pilze, Krabben, Reisnudeln und Sojabohnen lassen wieder andere Geschmackskombinationen entstehen. Eine von den köstlichsten und ungewöhnlichsten thailändischen Suppen wird aus frischem Ananasfleisch hergestellt.

Dabei wären wir bei den Desserts und Früchten. Wenn das Hauptgericht vorbei ist, werden die süßen Nachspeisen auf den Tisch gestellt. Typisch für die Thaiküche sind Zuckerwerk, Konfekt, kandierte Früchte, ein Pudding oder eine Creme, ein mildes Obstgelee oder ein Sorbet.

Thailändisches Konfekt und Süßigkeiten enthalten sehr oft Kokosnußfleisch. Das ist für die westliche Hausfrau schwer nachzuahmen, denn für einen Nachtisch mit Kokosnuß braucht man eine saftige junge Nuß, die gerade erst aus ihrer äußeren Hülle herausgeschlagen worden ist. Eins der köstlichsten Desserts dieser Art verlangt nach beidem, nach dem Inhalt und nach der Umhüllung der Kokosnuß. Dazu schneidet man einer jungen Kokosnuß den Deckel ab, gießt die Milch heraus und verquirlt sie mit Eiern und Zucker. Diese Mischung füllt man wieder in die Nuß, verschließt sie mit ihrem Deckel und schiebt sie zum Backen in den Ofen. Dabei durchdringen die Aromen des zarten Nußfleisches und der cremigen Füllung einander, und die fertige gebackene Eiercreme ist so leicht und delikat, das Nußfleisch so zart, daß man es wie Eischnee mit dem Löffel herausholen kann. Die westliche Köchin, die die dazu notwendige frische Ko-

kosnuß nicht käuflich erwerben kann, tröstet sich vielleicht mit der Möglichkeit, ein ähnliches Gericht herstellen zu können, indem sie die Kokosnußhülle durch einen jungen Kürbis ersetzt und ihn mit einem selbstgemachten Kokosnußeierstich füllt.
Ein anderes berühmtes Dessert von ambrosianischem Wohlgeschmack soll hier noch erwähnt werden, obgleich man es seiner Zutaten wegen auch nicht nachkochen kann. Die berühmte grüne Reiscreme soll der Überlieferung nach Buddha serviert worden sein, nachdem er wochenlang gefastet hatte. Sie wird aus den frischen grünen Knospen von unreifem Reis zubereitet, gesüßt und in mit Jasminblüten parfümiertem Wasser gekocht. Wenn die Reisknospen weich sind, wird die Creme durch ein feines Sieb gestrichen, und das Ergebnis ist eine glatte, geleeartige Speise, die eine wunderschöne jadegrüne Farbe besitzt. Sie wird mit dicker Kokoscreme serviert, die im Gegensatz zu ihrer Süße leicht gesalzen wird. Das ist tatsächlich ein Nachtisch für Götter. Es gibt jedoch noch ein anderes süßes Gericht, das die Thais so köstlich finden, daß sie es »Das-vergißt-man-zu-schlucken« genannt haben. Es besteht nur aus Kokosmilch, Reis, Mehl und Sahne, aber sein Geschmack rechtfertigt den Namen.
Thailändische Spezialitäten sind die fast flüssigen Desserts. Eins davon kann man ohne Schwierigkeiten überall nachkochen. Es ist ein süßer Sagobrei, der mit Sahne verrührt wird. Ein anderes besteht aus Bananen, die in Kokosmilch gekocht worden sind, und andere einfach aus durchpassierten Früchten. Eine thailändische Gastgeberin könnte eins dieser Gerichte servieren, sie könnte aber genausogut auch nur Obst anbieten. Das wäre eine genau kalkulierte Mischung aus den verschiedensten Farben, Gerüchen, Aromen und Strukturen, und alle Häute, Kerne und Steine wären vor dem Servieren entfernt worden, so daß sich der Gast nur bedienen muß und das Fruchtfleisch genießen kann.
Im Gegensatz zu einigen ihrer Nachbarn essen die Thai-

länder dreimal am Tag zu festgesetzten Zeiten und halten Pünktlichkeit für eine Tugend. Das ist zumindest etwas Vertrautes inmitten all der anderen fremden Gerichte und Gebräuche.

# Reis

## Gekochter Reis

*4 Tassen Reis · 6 Tassen Wasser*

Den Reis in einen großen Topf schütten und das genau abgemessene Wasser darübergießen. Aufkochen, abschäumen und 10 Minuten kochen lassen. Den Topf fest zudecken und auf schwächster Hitze weitergaren, bis der Reis alles Wasser aufgesaugt hat. Das dauert etwa 20 Minuten. Gut gekochter Reis sieht trocken und locker aus und fühlt sich weich an, wenn man ein Reiskorn zerdrückt.

## Khao pad

***Gebratener Reis***

*1 EL feingewiegte Knoblauchzehen · 60 g Schweineschmalz oder ausgelassenes Speckfett · 1 Tasse feingewürfeltes gebratenes Schweinefleisch · 1 Ei · Sojasauce · 1 Tasse Krabben oder Krebsfleisch · 4 Tassen gekochter Reis · Pfeffer nach Geschmack*

In einer großen Bratpfanne das Fett heiß werden lassen, den Knoblauch darin andünsten und das Schweinefleisch hinzufügen. Das Ei verquirlen, über das Fleisch und den Knoblauch gießen und rasch umrühren, damit das Ei nicht stockt. Die Sojasauce, das Krabbenfleisch und den Reis hinzufügen, gut umrühren und umschwenken. Vom Herd nehmen und in eine vorgewärmte Schüssel füllen. Nach Geschmack mit frischgemahlenem Pfeffer würzen und sofort servieren.

# Vorspeisen

## Fleischtoasts

*1 Tasse grobes Schweine- oder Beefsteakhack oder feingewiegtes Krabbenfleisch · 2 EL gehackte Zwiebeln · 1 TL Salz · ½ TL Pfeffer · 2 Eier · 7 dünne Scheiben Weißbrot ohne Rinde · Öl oder Schweineschmalz*

Das Hack oder die Krabben mit Zwiebeln, Salz, Pfeffer und Eiern vermengen, die Weißbrotscheiben in Viertel schneiden und mit dem Fleischteig bestreichen. Das Fett in einer Pfanne heiß werden lassen und die Brotviertel mit der Fleischseite nach unten hineingeben. Wenn der Fleischteig golden ist, umdrehen und von der anderen Seite bräunen. Aus der Pfanne heben, auf Küchenkrepp abtropfen lassen, auf eine vorgewärmte Platte legen und heiß servieren.

## Ma haw

***Galoppierende Pferde***

*5 Knoblauchzehen · 2—3 EL Schweineschmalz · 1,2 kg Schweinemett · 3 EL grobgemahlene geröstete Erdnüsse · 2 EL Zucker · Nam pla nach Geschmack (siehe Anhang) · 2 kleine frische Ananas oder 8 große Orangen · Korianderblätter (oder Petersilie) · Chilischoten*

Die Knoblauchzehen im Mörser zerreiben und im heißen Schmalz anbraten. Das Schweinemett, die Erdnüsse, Zucker und Nam pla hinzugeben und durchgaren. Die Ananas schälen, in Scheiben und dann in mundgerechte Würfel schneiden. Wenn Orangen verwendet werden, schälen und zerteilen, jede Scheibe vom Rücken her der Länge nach einschneiden, aufklappen und mit der Haut nach unten auf eine Platte legen. Auf jeden Ananaswürfel oder auf jede Orangenscheibe 1 TL Hack füllen und mit Korianderblättern (Petersilie) und den in dünne Streifen geschnittenen Chilischoten dekorieren.

## Masaman Curry

***Rinder- oder Hühnercurry***

*1 Brathähnchen von 1,5 kg oder 1,5 kg Rindfleisch · 4 Tassen Kokosnußcreme (siehe Anhang) · 1 Tasse ungesalzene Erdnüsse · Nam pla (siehe Anhang) nach Geschmack · Masaman Currypaste (siehe Seite 50) nach Geschmack · 1 Stück Zimtrinde · 15 Kardamomkörner · der Saft von 3 Tamarindenschoten (siehe Anhang) · 1 Limone oder Zitrone · brauner Zucker*

Das Hühner- oder Rindfleisch in daumengroße Würfel schneiden, in einem zugedeckten Schmortopf mit Kokosnußcreme, Erdnüssen und Nam pla leise köcheln lassen, bis es weich ist. Das Fleisch herausheben und beiseite stellen, die cremige Sauce auf schwacher Hitze um ein Drittel einkochen. Dann die Currypaste hineinrühren, das Fleisch, die Zimtrinde und die Kardamomkörner hinzufügen. Zudecken und leise köcheln lassen, bis die Mischung glatt und etwas angedickt ist. Mit noch etwas Nam pla, dem Tamarindensaft, Limonen- oder Zitronensaft und Zucker abschmecken. Gut umrühren und vom Herd nehmen. Auf heißem Langkornreis servieren, der entweder gekocht oder gebraten wurde.

## Masaman Currypaste

*7 bis 10 getrocknete scharfe Chilischoten · ½ TL schwarze Pfefferkörner · 1 TL Kreuzkümmel · 2 EL Koriandersamen · 1 Stück Zimtrinde · 5 Kardamomkapseln · 1 EL abgeriebene Zitronenschale · 5 Nelken · ½ TL gemahlener Muskat · 1 Msp Muskatblüte · 2 EL Erdnußöl · 1 TL Salz · 8 oder 9 feingewiegte Schalotten · 5 feingewiegte Knoblauchzehen · ½ TL Krabben- oder ¼ TL Anchovispaste*

Die Chillies entkernen und fein wiegen. Chillies, Pfefferkörner, Kreuzkümmel, Koriandersamen, Zimt, Kardamomkapseln, Zitronenschale, Nelken, Muskat und Muskatblüten in eine Kasserolle geben und über schwacher Hitze dünsten, bis die Mischung hellbraun ist. In einen Mörser füllen und verreiben. Das Öl in die Kasserolle gießen, Salz, Schalotten und Knoblauch sowie die Anchovispaste dazugeben und gar dünsten.

## Kaeng karee kai

***Gelbes Hühnercurry***

*1 Poularde · 6 Tassen Kokosnußcreme aus 2 Kokosnüssen (siehe Anhang) · Currypaste nach Geschmack · 1 EL Nam pla (siehe Anhang) · 1 TL Glutamat · 1 TL feingewiegte Makrutblätter (siehe Anhang) · 1 TL Salz · 2 Tassen feingewiegte frische grüne Chilischoten · 1 Tasse feingewiegte Horapablätter (siehe Anhang)*

Alle Zutaten in einer Kasserolle rund 20 Minuten auf schwacher Hitze unter gelegentlichem Umrühren leise kochen. Die Kartoffeln dürfen nicht zerfallen. Heiß oder kalt servieren. Für dieses Rezept werden süße Kartoffeln verwendet.

## Pisang Goreng

***Bananenküchlein***

*4 zerdrückte reife Bananen · ¾ Tasse Mehl · ½ Tasse Salz · 3 EL Zucker · Öl · Zimtzucker (1 TL Zimt auf ⅓ Tasse Zucker)*

Bananen, Mehl, Salz und Zucker in einer Schüssel gut verrühren und leicht schlagen. Eßlöffelweise ins heiße Fett geben und auf beiden Seiten golden braun ausbacken. Auf Küchenkrepp abtropfen lassen und im Zimtzukker gewälzt servieren.

## Nanas Goreng

***Gebackene Ananas***

*2 EL Mehl · 1 Ei · 1 Prise Salz · 6 bis 8 Scheiben Ananas · Öl · Zimtzucker*

Mehl, Ei und Salz verquirlen, die gut abgetropften Ananasscheiben durch diese Mischung ziehen und im heißen Ausbacköl von beiden Seiten golden ausbacken. Auf Küchenkrepp abtropfen lassen und mit Zimtzucker servieren.

# Thailand

»Kommt zum Reis!« Das ist die wörtlich übersetzte Einladung zum Essen in Thailand. Reis ist *das* Essen, und alle anderen Gerichte, mögen sie noch so würzig und charakteristisch sein, sind immer nur seine Beilagen. »Sie begleiten den Reis«, wie man in Thailand sagt. Viele Feinschmecker halten den Reis aus Thailand für den besten der Welt, der wohl den Ehrenplatz auf allen Tischen verdient.

Der Reis ist aber nicht das einzige Nahrungsmittel Thailands. Das verhältnismäßig kleine Land verfügt über eine Fülle von natürlichen Vorräten. Da ist das Vieh auf den Feldern, die Fische in den Flüssen und Seen. Karpfen, Muscheln, Austern, Krabben, Langusten und Makrelen gehören zu den Hauptbestandteilen der thailändischen Küche. Die Marktstände an den Ufern der Flüsse bieten eine erstaunliche Vielfalt an Mango-Arten, Guaven, Granatäpfeln, etwa 20 verschiedene Bananensorten, Ananas, Papayas, Litschis, Orangen, Pampelmusen und andere so exotische Früchte, daß es für ihren Namen gar keine Übersetzung gibt. Dazwischen liegen frische junge Kokosnüsse, die noch grün und saftig sind, Erdnüsse, die für Salate und Fleischgerichte fein gewiegt werden, Cassaven, aus denen das Tapiokamehl gewonnen wird, das man für Suppen und Nachtische braucht; dazu kommen Pflanzensprossen und andere knackig frische Gemüsesorten, Pfefferschoten, Sojabohnen, Sesam, höllenscharfe rote und grüne Chilischoten und alle Gewürze, die man für die Curries, die klassischen Beigaben zum Reis, gebraucht.

## Pilus

***Süße Kartoffelbällchen***

*2 Tassen Kartoffelmus aus süßen Kartoffeln · 1 EL Mehl · 2 EL Zucker · 1 Ei · Öl zum Ausbacken · nach Belieben Puderzucker*

Kartoffelmus, Mehl, Zucker und Ei gut in einer Schüssel vermischen und verkneten, zu kleinen Bällchen formen und im heißen Öl golden ausbacken. Auf einem Stück Küchenkrepp abtropfen lassen, heiß oder kalt in Puderzucker gewälzt servieren.

## Bubur Delima

***Sagopudding***

*250 g Tapiokasago · ½ Tasse Zucker · 3 Tassen Wasser · 1 TL Vanilleextrakt · ein paar Tropfen rote Speisefarbe · 1 Prise Salz*

Den Sago über Nacht in Wasser einweichen, am nächsten Tag abgießen und mit den übrigen Zutaten in eine Kasserolle füllen. Aufkochen, dann die Hitze klein stellen und den Sago gar quellen lassen, was 10 bis 15 Minuten dauert. In eine Schüssel füllen, abkühlen lassen und eiskalt mit Milch servieren.

## Serikaja

***Gedämpfter Bananenpudding***

*3 Eier · 1 Tasse Zucker · 1 Tasse Kokosmilch (siehe Anhang) · 1 TL Vanilleextrakt · 3 in Scheiben geschnittene Bananen*

In einer Schale die Eier verquirlen, Zucker, Milch und Vanilleextrakt hinzufügen und kräftig verrühren. Die Bananenscheiben unter die Mischung ziehen, den Pudding in eine Schüssel füllen und 30 Minuten lang im Wasserbad garen, bis die Puddingmasse fest geworden ist. Heiß auftragen.

## Rodjak Tegal

***Obstsalat***

*2 Tassen Honig · 2 EL Erdnußbutter · 1 TL Essig · 1 TL Salz · 1 TL Chilipulver · 4 Tassen geraspelte Mohrrüben, Äpfel, Birnen und Gurken*

Honig, Erdnußbutter, Essig, Salz und Chilipulver gut verrühren, dann Gemüse und Früchte dazugeben, durchschwenken und ein paar Stunden im Kühlschrank durchziehen lassen. Sehr kalt servieren.

## Kolak Ubi

***Süße Saucenkartoffeln***

*2 Tassen rohe Kartoffelwürfel · 3 Tassen Kokosmilch (siehe Anhang) · ½ Tasse Zucker · 1 Stück Zimtrinde · 1 Nelke · 1 Prise Salz*

### Gebackenes Huhn aus Java

*1 Brathähnchen · 1 TL Essig · 1 TL Knoblauchsalz · ¼ TL gemahlener Pfeffer · 1 Tasse Wasser · Öl oder anderes Ausbackfett*

Das Hähnchen in mundgerechte Stücke schneiden und in eine Schüssel legen. In einer anderen Schüssel Essig, Knoblauchsalz und Pfeffer mit dem Wasser verquirlen und über das Hühnerfleisch gießen. Das Fleisch 2 Stunden lang in der Beize liegen lassen und gelegentlich umrühren. Danach aus der Beize nehmen, gut trockentupfen und im heißen Fett ausbacken. Die fertigen Stücke auf Küchenkrepp abtropfen lassen und heiß servieren.

## Saucen

### Sambal Tomat

***Scharfe Sauce aus frischen Tomaten***

*2 EL zerdrückte Chilischoten · 1 EL Wasser · 2 EL feingehackte Tomaten · 1 TL Krebs- oder Sardellenpaste · ½ TL Salz*

Die Chillies 10 Minuten lang im Wasser einweichen, dann mit den anderen Zutaten vermischen und verreiben, was am besten in einem Mörser gelingt. Zu ausgebackenem Fisch, Krabben oder Huhn.

## Gado-Gado

### *Gekochter Salat*

*½ Tasse feingeschnittenes gekochtes Weißkraut · ½ Tasse gekochte Mohrrübenwürfel · ½ Tasse gekochte grüne Bohnen · 1 mittelgroße in Scheiben geschnittene Tomate · einige Salatblätter · 1 mittelgroße in Scheiben geschnittene Salatgurke · ½ Tasse Bratkartoffeln · 2 hartgekochte Eier*

Die verschiedenen Gemüse werden in eine flache Schale geordnet und mit den gebratenen Kartoffelscheiben und den in Scheiben geschnittenen hartgekochten Eiern garniert. Man kann außerdem eine Tasse Sojabohnenquark würfeln und in heißem Erdnußöl golden ausbacken und dazulegen. Der Salat wird mit der folgenden Sauce angerichtet.

Für die Salatsauce:

*2 zerdrückte Knoblauchzehen · 6 EL Erdnußbutter · 1 TL Zucker · 1 TL zerdrückte Chilischoten · 1 Lorbeerblatt · 1 kleines Stück Zitronenschale · 1 Tasse Wasser · ½ Tasse Kokosmilch (siehe Anhang) · Salz nach Geschmack*

Die Erdnußbutter erhitzen und den Knoblauch darin anbraten. Zucker, Chilischote, Lorbeerblatt und Zitronenschale hinzufügen, nach und nach das Wasser und die Milch. Wenn es nötig ist, salzen. Auf schwacher Hitze unter ständigem Rühren so lange simmern lassen, bis die Sauce dick ist. Vom Herd nehmen und heiß verwenden.

Tee und Zucker, Pfeffer, Gewürze und Kräuter aller Art. Die reiche Vegetation der grünen Inseln liefert außerdem eine Fülle von Gemüsen und frischen Früchten, Mangos, Papayas, Ananas und Orangen.
Auch Fleisch aller Arten ist reichlich vorhanden. Dagegen taucht, obwohl es sie gibt, in den indonesischen Rezepten fast keine Milch auf, jedenfalls keine Kuhmilch. Nach altem Brauch wird statt dessen Kokosnußmilch verwendet. Auf den Kokosnüssen basiert fast die ganze indonesische Küche. Sie ersetzen nicht nur die notwendige Milch, sondern auch Butter und andere Fettarten. Wenn man selber wie die Eingeborenen oder echt indonesisch kochen will, so ist es nicht schwer, selber Kokosmilch herzustellen. (Siehe Rezept im Anhang.)
Für Reis gibt es keinen Ersatz. In irgendeiner Form wird Reis dreimal am Tag gegessen, zum Frühstück, als Mittagessen und Abendbrot. Das indonesische Frühstück besteht aus Reis mit einem gekochten oder einem Spiegelei oder Reis mit gebratenem Fisch oder Fleisch, die mit Sojasauce und Chili gewürzt worden sind. Das Mittagessen und das Abendessen besteht aus Reis mit verschiedenen anderen Beilagen. Diese Beilagen sind so aufeinander abgestimmt, daß sie eine kulinarische Harmonie bilden. Jedes bildet den Gegensatz des anderen und ergänzt es zugleich. Eine durchschnittliche warme Mahlzeit würde z. B. aus einer Gemüsesuppe bestehen, dann folgt gebratener Fisch oder ein Eiergericht, ein Hühnercurry, ein Fleischgericht und rohe, in Scheiben geschnittene oder geraspelte Gurken und Mohrrüben. Zum Fleisch wird meistens eine scharfe Pfeffersauce gereicht, die bei keinem indonesischen Gericht fehlen darf. Die Suppe wird meistens gleichzeitig mit den anderen Gerichten serviert, und man kann sie zuerst essen, genausogut aber nach oder zu dem Reis, der in einer Extraschüssel serviert wird. Wenn es sich um ein Gericht handelt, bei dem man sich den Reis zusammen mit den anderen Beilagen auf einen Teller tut, so kann man sich die Suppe

auch über den Reis gießen und das Ganze mit dem Suppenlöffel essen, statt daß man die Suppe aus der Suppenschale schlürft. Der Nachtisch besteht in Indonesien genauso wie in den anderen orientalischen Ländern fast immer aus frischen Früchten. Man kennt freilich eine große Anzahl von süßen Kleinigkeiten, die zu allen Zeiten des Tages zwischen den Mahlzeiten serviert werden. Sie ähneln sehr den westlichen Desserts und können bei einem nachgekochten indonesischen Mahl ruhig als Nachtisch verwendet werden.

Bei der ersten Bekanntschaft mit der indonesischen Küche finden die meisten sofort an solchen Gerichten wie *soto ajam* Gefallen, einer Suppe mit Hühnerfleisch und Bohnensprossen, oder an den verschiedenen Reisgerichten wie *nasi goreng, nasi rames, nasi gudek* und *nasi opor.* Sehr beliebt ist auch *gado-gado,* gemischte Gemüsesorten mit einer Sauce aus Knoblauch und Erdnüssen, die balinesische Spezialität *babi guling,* leckeres gebratenes Schweinefleisch, außerdem überbackene fleischgefüllte Pfannkuchen, die Rissolen genannt werden und von der holländischen auf die indonesische Speisekarte hinübergewandert sind. Aber das Gericht, das Indonesien am typischsten repräsentiert, ist sicher die Reistafel.

Obwohl das Wort *rijstafel* aus dem Holländischen stammt, ist das Gericht indonesisch. Die klassische Reistafel besteht aus Reis und etwa 20 bis 30 verschiedenen Beilagen, die nacheinander in einer duftenden und das Auge bestechenden Parade hereingebracht werden. Der Gast, der sich noch nicht darüber schlüssig ist, was er sich nehmen soll, oder der nicht weiß, wie die verschiedenen Sachen schmecken, nimmt meistens einen Löffel von jedem, probiert und prüft, bis er herausgefunden hat, was ihm am besten schmeckt. Dann nimmt er sich von seinen Lieblingsspeisen, soviel das Herz begehrt. Manche nehmen sich von jedem etwas — oder auch viel —, stellen fest, daß das meiste außergewöhnlich scharf auf der Zunge brennt, und vermischen alles mit dem Reis, weil

Das Hühnerfleisch von den Knochen lösen und fein würfeln oder in dünne Scheiben schneiden. Beiseite stellen. Die Knochen zerschlagen und beiseite stellen. Die Kokosnußcreme in eine Kasserolle füllen und unter ständigem Rühren zum Kochen bringen. 5 Minuten kochen. Die Hälfte der Creme abfüllen und beiseite stellen. Die restliche Creme weitere 15 Minuten leise köcheln lassen. Hühnerfleisch und Knochen in die kochende Creme geben und 10 Minuten kochen. Die Currypaste, Glutamat, Makrutblätter und den Rest der Kokosnußcreme hinzugeben. Umrühren und auf Mittelhitze so lange zugedeckt kochen, bis das Fleisch gar ist. Den Topf wieder aufdecken, das Gericht nach Belieben abschmecken. Die grünen Chilischoten und die Horapablätter hinzufügen, vom Herd nehmen, die Knochen aus dem Curry nehmen und heiß servieren.

## Currypaste

*7—9 große getrocknete Chilischoten · 1 TL Pfefferkörner · 1 TL Kreuzkümmel · ½ TL feingewiegte Limonenschale · 1 TL gemahlener Koriander · 2 EL gehackte Zwiebeln · 1 TL Salz · 1 EL feingewiegte Zitronenschale · 1 TL Kurkuma · 2 EL feingewiegte Knoblauchzehen*

Alle Zutaten in einen Mörser füllen und glatt zerstoßen. Wenn man einen elektrischen Mixer verwendet, muß man etwas Wasser zugeben. Frisch oder getrocknet verwenden. Die angegebene Menge reicht für 1 kg Fleisch. Kann in einem zugedeckten Glas aufgehoben werden.

# Suppen

## Bambussuppe mit Schweinefleisch

*1¼ kg Bambussprossen · 1¼ kg mageres Schweinefleisch · je 10 Knoblauchzehen und Pfefferkörner · Koriandersamen · Fleischbrühe · Nam pla (siehe Anhang) nach Geschmack · Palmzucker (siehe Anhang) oder brauner Zucker nach Geschmack*

Die Bambussprossen fein schneiden. Frische Sprossen in Salzwasser 10 bis 15 Minuten vorkochen, bis der bittere Geschmack vergangen ist und das Gemüse eine hellgelbe Farbe annimmt. Dann gut abtropfen lassen und beiseite stellen. Bambussprossen aus der Dose abtropfen lassen, der Länge nach in dünne Scheiben schneiden und in 2 bis 3 Minuten in kochendem Salzwasser erhitzen. Das Schweinefleisch in kleine Würfel schneiden und in eine Kasserolle geben. Knoblauchzehen, Pfefferkörner und Koriandersamen im Mörser verreiben und mit dem Fleisch gründlich vermischen, Bambussprossen, Nam pla und Zucker hinzufügen und so viel Fleischbrühe dazugießen, daß Fleisch und Gemüse bedeckt sind. Die Kasserolle zudecken und das Gericht kochen, bis das Schweinefleisch weich ist. Vom Herd nehmen und heiß servieren.

## Tom yum

***Schweinefußsuppe***

*1 Schweinefuß · 2—3 Knoblauchzehen · 1 EL Koriandersamen · Pfefferkörner · Nam pla (siehe Anhang) · 1 Halm Zitronengras · Chilischoten · 2 Limonen · Korianderblätter (Petersilie)*

Vom Schlachter den Schweinefuß entbeinen lassen. Das Fleisch waschen und die Haut eventuell noch nachputzen. Fleisch und Fett von den Knochen schaben, fein wiegen und mit den Knoblauchzehen, dem Koriandersamen und den Pfefferkörnern vermischen, die zusammen im Mörser zerrieben worden sind. Mit Nam pla oder Glutamat würzen, die Mischung wieder in den entbeinten Schweinefuß füllen und die Öffnung zuklammern oder zunähen. Mit dem zweimal oder dreimal durchgeschnittenen Zitronengras in Fleischbrühe gar kochen, dann wieder aus der Brühe nehmen, abkühlen lassen, in dicke Scheiben schneiden und auf eine Platte legen. Die Brühe durchseihen, wieder erhitzen und mit Glutamat, kleinen Chillies und Limonensaft würzen. Eine Limone schälen, in Scheiben schneiden und in die Brühe geben. Die Brühe über das Fleisch gießen. Nach Belieben kann man noch ein paar zerdrückte Knoblauchzehen hineingeben. Mit Korianderblättern oder Petersilie dekorieren und heiß auftragen.

## Kaeng chud saku

### *Sagosuppe*

*4½ Tassen Hühnerbrühe · 1 Tasse feingewiegtes rohes Schweinefleisch · 1 Msp Nam pla (siehe Anhang) oder Sojasauce nach Geschmack · ½ Tasse Perlsago · ¾ Tasse Krebs- oder Krabbenfleisch · Pfeffer nach Geschmack · 5—6 feingewiegte Salatblätter*

Die Hühnerbrühe in einem großen Topf aufkochen und das Schweinefleisch hineingeben. Mit der Fisch- oder Sojasauce würzen, den Sago hineinrinnen lassen, umrühren und leise kochen, bis das Fleisch gar ist. Das Krebsfleisch mit einer Gabel auseinanderteilen oder das Krabbenfleisch fein wiegen, in die Suppe rühren und wieder heiß werden lassen. Mit Sojasauce und Pfeffer abschmekken, vom Herd nehmen, in Suppentassen oder -schüsseln füllen und mit dem feingewiegten Salat bestreuen. Sofort auftragen.

## Hühner- und Pilzsuppe

*2 Tassen frische oder 1½ Tassen Dosenpilze · 1 Hähnchen · Fleischbrühe · Knoblauchzehen · Pfeffer · Koriandersamen · Schweineschmalz oder Hühnerfett · Nam pla (siehe Anhang)*

Die frischen Pilze putzen und in Scheiben schneiden, beiseite stellen. Das Hähnchen oder die Poularde in Fleischbrühe gar kochen, dann herausnehmen und entbeinen. Das Fleisch in kleine Würfel schneiden und beiseite stellen. Die Hühnerknochen in die Brühe zurückgeben und 2 bis 3 Stunden leise kochen lassen. Die Brühe durchseihen und beiseite stellen. Die Knochen herausnehmen. Knoblauch, Pfeffer und Koriander zusammen im Mörser zerstoßen und diese Gewürzmischung in heißem Fett anschmoren. Das Hühnerfleisch und etwas Nam pla dazugeben und gut verrühren. Mit Hühnerbrühe auffüllen und wieder kochen lassen. Die in Scheiben geschnittenen Pilze hinzufügen, den Topf zudecken und ein paar Minuten kochen. Vom Herd nehmen, in Suppentassen füllen und heiß servieren.

# Beilagen

## Tord mun gung

***Gebackene Krabbenbällchen***

*4 große Knoblauchzehen · ¾ TL Salz · ½ TL Pfeffer · 500 g feingewiegtes Krabbenfleisch · Maiskeimöl zum Ausbacken · 1 Tasse Tomatensauce*

Knoblauchzehen, Salz und Pfeffer im Mörser zerstoßen, das Krabbenfleisch dazugeben und abermals gut durchreiben. Wenn ein elektrischer Mixer verwendet wird, muß etwas Wasser hinzugegeben werden. Aus dem Krabbenteig kleine Bällchen formen und im heißen Fett unter gelegentlichem Umwenden in etwa 10 Minuten ausbakken oder bis die Bällchen braun sind. Mit dem Schaumlöffel herausheben, gut abtropfen lassen und heiß mit Tomatensauce übergossen servieren. Wenn die Krabbenbällchen bis zum Servieren warten müssen, hält man sie in einer zugedeckten Schüssel warm.

## Gebackenes Gemüse

*250 g Bohnensprossen oder Weißkraut oder Broccoli · 6 Knoblauchzehen · 3 EL Schweineschmalz oder Speckfett · 125 g Schweinsfilet · 125 g Krabbenfleisch · Nam pla (siehe Anhang) nach Geschmack · Zucker und Pfeffer*

Frische Bohnensprossen waschen, gut abtropfen lassen und beiseite stellen. Bohnensprossen aus der Dose in ein Sieb füllen, abbrausen und trockenschwenken. Beiseite stellen. Kraut klein schneiden und blanchieren, ebenfalls gut abtropfen und beiseite stellen. Broccoli in Röschen zerteilen. Den Knoblauch zerdrücken und in einer Pfanne in heißem Fett anbraten. Das Schweinsfilet in dünne Scheibchen schneiden, dazugeben und unter ständigem Umrühren ein paar Minuten auf Mittelhitze mitbraten, bis es gar ist. Das Krabbenfleisch hinzufügen, nach Belieben würzen, die Hitze sehr hoch stellen und die Bohnensprossen hinzufügen, die auf starker Hitze nicht so viel Flüssigkeit ausschwitzen wie auf schwächerer. Wer die Bohnensprossen lieber weichgekocht mag, gart sie zugedeckt auf Mittelhitze. Die Pfanne vom Herd nehmen, das Gericht in eine Schüssel füllen und mit frischgemahlenem Pfeffer würzen. Sofort servieren.

## Nam priew wan

***Ingwersauce***

*8—10 getrocknete chinesische Pilze · 2 EL feingeschnittener Lauch · ¾ Tasse Wasser · 4 EL weißer oder roter eingelegter Ingwer · 3 EL Zucker · 3 EL weißer Essig · 1 EL Sojasauce · 1 EL Speisestärke · 1½ EL Wasser*

Die Pilze 15 Minuten lang in warmem Wasser einweichen, bis sie gequollen sind. Ausdrücken und fein wiegen. Mit Lauch, Wasser, Ingwer, Zucker, Essig und Sojasauce in eine Kasserolle geben und 5 Minuten kochen. Die Speisestärke mit Wasser verrühren und die Sauce damit binden. Unter ständigem Rühren aufkochen und vom Herd nehmen.

## Pla priew wan

***Süß-saurer Fisch***

*1 ganzer Rotbarsch von 1 kg · 1 Tasse Mehl · 1 TL Salz · 1 EL Olivenöl · ⅓ Tasse Wasser · Maiskeimöl zum Ausbacken · Petersilie oder in Streifen geschnittene grüne Chilischoten*

Den Fisch säubern und trockentupfen, auf beiden Seiten schräg und parallel nebeneinander bis zur Mittelgräte einschneiden. In einer Schüssel das Mehl, Salz und Olivenöl gründlich verrühren, nach und nach das Wasser hinzugeben, so daß ein dicker, glatter Teig entsteht. Das

Ausbackfett heiß werden lassen, den Fisch durch den Teig ziehen und goldbraun ausbacken. Vorsichtig umwenden und auf der anderen Seite braun backen. Mit einem Schaumlöffel aus dem Fett heben und auf Küchenkrepp abtropfen lassen. Auf eine vorgewärmte Platte legen und mit Nam priew wan (Ingwersauce, siehe vorhergehendes Rezept) übergießen. Mit Petersilie oder Chilischotenstreifen garnieren.

## Hae gun

***Krabbenrollen***

*2 Blätter Bohnenquarkhaut (siehe Anhang) • 4—5 EL Würfelspeck • 1 kg Krabbenfleisch •3 Knoblauchzehen • 2 TL Salz • 1 TL gemahlener Pfeffer • 4 EL Mehl • 2 Eier • Öl zum Ausbacken*

Die Bohnenquarkhaut gut mit Wasser besprengen und beiseite stellen, bis sie weich ist. Speck, Krabbenfleisch und Knoblauchzehen verreiben und durch den Fleischwolf drehen, mit Salz, Pfeffer und Mehl verrühren, die Eier verquirlen und dazugeben. Den Teig gut durcharbeiten, in zwei Hälften teilen und jede Hälfte zu einer Rolle formen. Jede Rolle in die aufgeweichte Bohnenquarkhaut einwickeln und etwa 10 Minuten in kochendem Wasser gar ziehen lassen. Auf einem Rost abkühlen lassen, dann schräg in Scheiben schneiden. In heißem Öl von beiden Seiten braun und knusprig ausbacken. Mit dem Schaumlöffel aus dem Fett heben und auf einem Stück Küchenkrepp abtropfen lassen. Mit süß-saurer Sauce (siehe folgendes Rezept) servieren.

## Süß-saure Sauce

*5 EL feingewiegte chinesische Pilze · 5 EL feingewiegter roter eingelegter Ingwer (siehe Anhang) · 3 EL feingeschnittener Lauch · 1 Tasse Zucker · 1 Tasse Essig · 1 Tasse chinesische Sojasauce · 1 Tasse Wasser · 4 EL Speisestärke*

Die Pilze einweichen, gründlich waschen und dann fein wiegen. Mit Ingwer, Lauch, Zucker, Essig, Sojasauce und einer halben Tasse Wasser in eine Kasserolle geben, aufkochen, die restliche halbe Tasse Wasser mit der Speisestärke verquirlen und in die Sauce gießen. Unter ständigem Rühren wieder aufkochen und nach Geschmack salzen. Vom Herd nehmen und heiß servieren.

## Gebackene Fleischbällchen

*3 Koriandersamen · 5 Knoblauchzehen · 5 Pfefferkörner · $\frac{1}{3}$ TL gemahlener Muskat · 250 g gemischtes Hack oder je 125 g Beefsteakhack und Schweinemett · 1 Ei · $\frac{1}{3}$ Tasse feingewürfelter Speck · je 1 TL feingewiegte Korianderblätter oder Petersilie und Lauch · 2 TL Nam pla (siehe Anhang) · Mehl · Ausbackfett*

Koriandersamen, Knoblauch und Pfefferkörner fein zerreiben oder mit etwas Wasser im Mixer zerkleinern, Muskat und Hack hinzufügen und mit dem verquirlten Ei, dem Würfelspeck, Petersilie, Lauch und Nam pla gut zu einem festen Fleischteig verarbeiten. Kleine Bällchen formen, in Mehl wälzen und in heißem Fett von allen Seiten golden ausbacken. Mit einem Schaumlöffel aus dem Fett heben, auf Küchenkrepp abtropfen lassen und heiß servieren.

## Gebratener Schweinerücken

*Alltagsküche:* 1 Kotelettstück von 1—2 kg in kochendes Wasser geben und leise gar simmern lassen. Koriandersamen, Knoblauchzehen und Pfefferkörner im Mörser zerstoßen und das gut abgetropfte Fleisch großzügig damit einreiben. In den vorgeheizten Ofen schieben und bei 220°C noch so lange braten, bis das Fleisch braun und knusprig ist.

*Sonntagsküche:* Mit einem scharfen Messer das Fleisch so weit von den langen Rippenknochen lösen, wie man schneiden kann, so daß das Fleisch noch fest auf den kurzen Knochen sitzt. Zwei oder drei Hölzchen zwischen Fleisch und ausgelösten Knochen schieben, so daß beide voneinander getrennt sind. Eine frische Ananas schälen und Schale und Fleisch beiseite stellen. In einem Mörser Koriander, Knoblauch und Pfefferkörner zerstoßen und das Fleisch damit großzügig bestreichen. Das Fleisch mit den losen Rippen nach oben in eine flache Bratform stellen und mit der Ananasschale bedekken. 1 Stunde lang in dem auf 200°C vorgeheizten Ofen braten, die Ananasschale abnehmen, helle Sojasauce, Essig und etwas Zucker in einer Schüssel verrühren und den Braten damit einpinseln. Zurück in den Ofen schieben, die Prozedur noch zweimal innerhalb der nächsten halben Stunde wiederholen. Wenn das Fleisch gar ist, wird der Braten auf eine Platte gesetzt und mit dem Ananasfleisch, in Scheiben geschnittenen Gurken und kleinen roten Chilischoten dekoriert, die wie Blumen aufgeschnitten sind.
Die restliche Sojabeize in die Backform füllen, den Fond damit abkochen und diese Sauce separat in einer Sauciere servieren.

## Pu cha

### *Gefüllte Taschenkrebse*

*4 gekochte Taschenkrebse · je 1 TL zerriebene Knoblauchzehen, Koriandersamen und Pfeffer · 1 großes Ei · 3—4 EL Kokosnußcreme (siehe Anhang) · Nam pla (siehe Anhang) · Korianderblätter (Petersilie) · Fett zum Ausbacken*

Die Krebse aufschneiden und das Fleisch herauslöffeln. Die Krebsschalen säubern, abtrocknen und beiseite stellen. Das Krabbenfleisch, Knoblauch, Koriander, Pfeffer und das steifgeschlagene Eiweiß in einer Schüssel gut vermengen und mit Nam pla würzen. Die Mischung in die Krebsschalen füllen und mit dem Eigelb bepinseln. Die vier gefüllten Krebsschalen in einen Dämpfeinsatz stellen und etwa 20 bis 30 Minuten gar dämpfen. Direkt vorm Servieren in heißem Fett ausbacken, bis die Füllung braun geworden ist. Wem dieser Vorgang zu riskant erscheint, sollte die Füllung mit Öl bestreichen und die vier gefüllten Krebsschalen rasch im heißen Backofen oder unter dem Grill gratinieren. Mit Korianderblättern dekoriert servieren.

## Yam vom Rind

*1¼ kg Rinderfilet · 10 Petersilien- oder Korianderstengel · 2 Halme Zitronengras (siehe Anhang) · abgeriebene Limonenschale · 5 Knoblauchzehen · Nam pla (siehe Anhang) · Zucker · 5 kleine zerdrückte Chilischoten · Limonensaft · feingewiegte rote Chilischoten*

Das Rinderfilet bei 220°C im vorgeheizten Ofen 40 Minuten lang braten. Petersilie oder Koriander vom Stengel pflücken, die Stengel wegwerfen und das Laub in kaltes Wasser legen. Waschen, abtropfen lassen und beiseite stellen. Das Rinderfilet abkühlen lassen, so dünn wie möglich schneiden und in eine große Schüssel legen. Das Zitronengras klein schneiden und etwa gleich viel Limonenschale abreiben. Über das Fleisch streuen. Den Knoblauch zerdrücken, mit Zucker, Nam pla, zerdrückten Chilischoten und Limonensaft gut verrühren und über das Fleisch gießen, so daß alles damit gewürzt wird. Mit Petersilie oder Koriander und roten Chilischoten dekorieren. Kalt servieren.

# Desserts

## Khanom nieo

***Reiskonfekt***

*½ Tasse Stärkereis oder Milchreis (siehe Anhang) · Kokosflocken · Zuckersirup*

Den Milchreis gar kochen, im Mixer pürieren oder durch den Fleischwolf drehen, die Reispaste etwa daumenhoch in eine Springform pressen und 5 bis 8 Minuten im Wasserbad garen. Herausnehmen, vollkommen abkühlen lassen, in Rhomben oder längliche Streifen schneiden und in Kokosflocken wälzen. Dazu: Zuckersirup oder Ahornsirup.

## Med khanoon

***Zuckerbohnen oder -erbsen***

*3 Tassen Mungobohnen oder grüne Suppenerbsen · 1 Tasse Kokosnußcreme (siehe Anhang) · etwa 1 kg Zucker*

Bohnen oder Erbsen gut waschen und dabei die Hülsen entfernen, dann über Nacht im kalten Wasser einweichen. Am nächsten Morgen in einem geschlossenen Topf aufkochen und so lange leise köcheln lassen, bis sie gar sind. Durch ein Sieb gießen, wieder in den Topf füllen und auf schwacher Hitze trockendünsten. Dann zerreiben oder durch ein Sieb streichen und mit der Kokosnußcreme und dem Zucker verrühren. Den Brei unter ständigem Rühren weiterkochen, bis er dick wird und sich vom Topf löst. Vom Herd nehmen und abkühlen lassen.

Dieser Brei ist die Grundlage für verschiedene Desserts.

Der kalte Bohnen- oder Erbsenbrei wird zu länglichen Würstchen geformt. In einer großen Kasserolle werden Zucker und Wasser zu einem dünnen Sirup gekocht, jedes Erbsenwürstchen wird durch verquirltes Eiweiß gezogen und bei Mittelhitze etwa 8 Minuten im Sirup gekocht. Gut abtropfen lassen und in eine Schüssel füllen. 2 bis 3 Eigelb verquirlen und in Fäden in den kochenden Zuckersirup rinnen lassen. Die Fäden gerinnen lassen, aus dem Sirup heben und als Dekoration auf die Erbsenwürstchen legen. Den Rest Sirup über alles gießen.

## Kluay chuam

***Zuckerbananen***

*½ Tasse Zucker · 1 Tasse Wasser · 4 mittelgroße Bananen*

Den Zucker im Wasserbad auflösen, durch ein Tuch in eine Kasserolle gießen. Die Bananen schälen und in Stükke schneiden, in das Zuckerwasser geben und langsam aufkochen. Auf schwacher Hitze leise weiterköcheln lassen, die Bananen zwei-, dreimal mit kaltem Wasser besprengen und sich eventuell bildenden Schaum abschöpfen. Wenn die Bananen anfangen, hell und durchsichtig auszusehen und der Zucker Fäden zu ziehen beginnt, sind die Bananen richtig und werden auf eine Platte gefüllt. Heiß servieren, entweder mit Kokosnußcreme (siehe Anhang) oder mit einer Prise Salz.

## Tako haeo

*¼ Tasse Reismehl · ¼ Tasse Stärkemehl · 2 Tassen Jasminwasser · 2 Tassen Zucker · ¾ TL Salz · 12 Wasserkastanien (Dose) · 3 EL Reismehl · 2 Tassen Kokosnußcreme (siehe Anhang)*

In einer Schüssel werden Reis- und Stärkemehl mit Wasser, Zucker und Salz verrührt. Durch ein Mulltuch in eine Kasserolle gießen. Die Wasserkastanien schälen, in kleine Würfel schneiden und zum Mehlteig geben. Auf schwacher Hitze unter ständigem Umrühren etwa 1 Stunde, oder bis der Brei fest ist, kochen, dann auf einen großen Teller füllen. Mit 3 EL Reismehl bestreuen und die Kokosnußcreme darübergießen. Heiß oder kalt servieren.

## Kluay kheak

***Gebackene Bananen***

*2 Tassen gekochte Taro (Wasserbrotwurzel oder Süßkartoffeln) · 3 Tassen Kokosflocken · 1 Tasse Kokosmilch (siehe Anhang) · 10 EL Mehl · 4 TL Zucker · 1½ TL Salz · 6 Bananen · Ausbackfett*

Taro gut zermusen, Kokosflocken, Kokosmilch, Mehl, Zucker und Salz hinzufügen und zu einem Teig verarbeiten. Die Bananen schälen, längs halbieren und mit dem Teig umhüllen. In heißem Fett von beiden Seiten goldbraun ausbacken. Heiß servieren.

## Thong muan

***Gerolltes Gold***

*Je 1 Tasse Mehl und Kokosmilch (siehe Anhang) · 2 Eier · ½ Tasse Zucker · ¼ Tasse Wasser · 1 EL Limonensaft*

Alle Zutaten gründlich verrühren und den Teig in einem Waffeleisen backen.

## Khanoon rua

*1 Tasse Eidotter · 2 Tassen Zucker · 4 TL Mehl*

Dotter und Zucker 1 Stunde lang in einer Richtung rühren. Bärentatzenförmchen einfetten und im Ofen vorwärmen. Direkt vorm Backen das Mehl über die Eiercreme streuen und leicht unterheben. Die Förmchen zur Hälfte mit dem Eierteig füllen und bei guter Mittelhitze goldbraun backen. Aus den Förmchen nehmen und auf einem Rost abkühlen lassen.

## Tako aus Mais

*¾ Tasse Palmzucker (siehe Anhang) · 3 Tassen Kokosmilch (siehe Anhang) · 1 EL Stärkemehl · ½ Tasse Reismehl · ½ TL Salz · 1 Tasse Maiskörner · 1 Tasse dicke Kokosnußcreme (siehe Anhang)*

Den Zucker in einer Schüssel in der Kokosmilch auflösen. Stärkemehl, Reismehl und Salz dazurühren, durch ein Mulltuch in eine Kasserolle gießen. Auf schwacher Hitze 20 Minuten lang unter ständigem Umrühren leise kochen, bis der Brei gar ist. Die Maiskörner hinzufügen und weitere 3 bis 5 Minuten weiterkochen. Auf eine Platte oder in eine Glasschüssel füllen und mit Kokosnußcreme übergießen.

## Foy tong

***Goldene Späne***

*6 Eier · 1 Tasse Zucker · ¾ Tasse Wasser*

Die Eier trennen, die Eigelb durch ein feines Sieb passieren. Nur das Eiweiß mit verwenden, das an den Dottern hängt. In einer Kasserolle Zucker und Wasser verrühren und aufkochen lassen. Das Eigelb wie zur Einlaufsuppe oder durch einen aus Aluminiumfolie geformten Trichter in das heiße Zuckerwasser tropfen oder rinnen lassen. Immer nur eine kleine Menge auf einmal verwenden. Die Eiertropfen so lange kochen, bis sie fest sind, dann mit einem Schaumlöffel oder einer Gabel aus dem Sirup nehmen, auf eine flache Platte legen und in möglichst gleichmäßige Formen zupfen. Fortfahren, bis die Eidotter aufgebraucht sind, dabei darauf achten, daß alle Späne ungefähr die gleiche Form bekommen. Sollen sie knusprig werden, wird die Hitze unter dem Sirup erhöht.

# Burma

Burma ist ein warmes und liebliches Land mit schroffen Bergen und wasserreichen Tälern, mit ausgedehnten Reisfeldern und mächtigen Teakholzwäldern, die bis weit auf die Berge hinaufreichen. Es besitzt viele Bodenschätze, Öl, Silber und Zinn sowie Edelsteine von höchster Reinheit: Saphire, Rubine und Jade. Die fruchtbare Erde ernährt Rindvieh, Schafherden, Schweine, Ziegen und Wasserbüffel und läßt in Hülle und Fülle Sesam, Erdnüsse, Hülsenfrüchte, Mais, Hirse, Zucker, Bohnen, Obst und Gemüse wachsen. Doch trotz all dieser Fülle und Üppigkeit stellt der Reis das Hauptprodukt dieses Landes dar; er ist sein wichtigster Exportartikel und seine Grundnahrung. Es mag verblüffen, daß die Küche in Burma trotz dieser großen Auswahl ziemlich bescheiden und eintönig ist. Außergewöhnliche Gerichte und komplizierte Mahlzeiten werden nur an Festtagen und bei religiösen Feierlichkeiten aufgetragen, und obgleich es manchmal eine kleine Abwechslung gibt, ist die Alltagsküche einfach und anspruchslos. Es fehlt ihr freilich nicht an Würze, und für den, der Currygerichte wahrhaft zu schätzen weiß, besitzt sie großen Reiz. Im großen und ganzen ähnelt sie denen der Nachbarländer, der indischen, der thailändischen und der malaiischen Küche, und es gibt nur wenige Feinheiten, die man als typisch burmesisch bezeichnen könnte. Buchstäblich jede Mahlzeit besteht aus Reis und Curry, noch nicht einmal Curry und Reis, sondern Reis und Curry. Diese Curries sind fast alle scharf und würzig, obwohl sie etwas milder als die indischen und thailändischen sind. Wie die meisten Bewohner der subtropischen Gegend lieben die Burmesen kräftig gewürzte bis scharfe Gerichte. Man sagt, daß Burma nur drei Jahreszeiten habe: den Sommer, die Regenzeit und die kühle Zeit. Es ist jedoch immer feucht, und während der Regenzeit, die sich vom Juni bis zum Oktober erstrecken kann, regnet es manchmal tagelang, lange, heiße, feuchte Tage. Das ist das klassische Wetter für ein Currygericht.

Die Burmesen beginnen den Tag mit einem lebenerwekkenden Kaffee und Brot. Meistens gibt es dann zwischen neun und elf Uhr noch ein ausgiebiges Frühstück, das an unseren Brunch erinnert, und dann essen sie bis zum Abendbrot, das zwischen fünf und sechs Uhr nachmittags serviert wird, bis auf eine kleine Zwischenmahlzeit nichts mehr. Über Mittag ist es einfach zu heiß.

Eine vollständige burmesische Hauptmahlzeit besteht aus verschiedenen Currygerichten, gekochtem Reis, Salat, manchmal gibt es eine Suppe und gelegentlich ein Dessert. Ihre burmesische Gastgeberin wird Sie einladen, an einem Tisch Platz zu nehmen, der buchstäblich mit kleinen Schüsseln bedeckt ist. Wenn die Deckel abgenommen sind, so kann man verschiedene Curries und eine große Anzahl von aromatischen Saucen erkennen. Es gibt außerdem eine große Reisschüssel oder verschiedene kleine. Jetzt bedient man sich von allem, was einem reizvoll erscheint, wobei man fast immer damit rechnen kann, daß es ein Fleischcurry gibt, manchmal ist es auch ein Fleisch- und Gemüsecurry, ein Hühnercurry oder eins mit Krebsfleisch, Krabben oder anderen Meerestieren. Zusätzlich kann es noch andere geben. Die Currygerichte sind immer von Saucen umgeben, die sich zwar im Geschmack unterscheiden, aber fast alle auf einer Variation der *nga-pi* basieren, die aus getrocknetem und gegorenem Fisch- und Krabbenfleisch hergestellt wird. Das ist freilich eine unzureichende Bezeichnung für eine kulinarische Zeitbombe. Man sollte sie vorsichtig versuchen und sich von diesen burmesischen Lieblingsgewürzen zuerst nur wenig nehmen. Wer sich ahnungslos und kräftig bedient, muß dagegen mit einem ziemlichen Schock rechnen. Der Geschmack von *nga-pi* ist so stark und kräftig, daß es lange dauert, bis sich ein Besucher aus dem Westen daran gewöhnt hat. Manchen gelingt es nie, manche überwinden jedoch das westliche Vorurteil gegen dieses aufdringliche, lodernde und scharfe Aroma und lernen es sogar in Grenzen zu schätzen. Das ist freilich für jeden unvermeidlich, der die burmesische Küche tatsächlich studieren will, denn *nga-pi* taucht unbarmherzig in allen heißen und kalten Saucen wieder auf, kann aber beim Nachkochen vollkommen fortgelassen oder durch Anchovispaste ersetzt werden.

Vorspeisen werden kaum serviert, dafür sind Suppen sehr beliebt. Wenn Sie die Wahl zwischen einer Suppe vom *hingyo*- oder vom *chin-ye-hin*-Typ haben, so entscheiden Sie sich unter allen Umständen für *hingyo. Chin-ye-hin*-Suppen sind kräftig und scharf, fast bitter im Geschmack, und Neulingen an burmesischen Tischen fällt es schwer, sie hinunterzubringen.

Nach der Suppe bedient man sich vom Reis, auf den man sich zwei oder drei verschiedene Curryarten häuft. Sie sind alle ziemlich scharf, denn sie sind in einer großzügig bemessenen Mischung aus Sesamöl, Pfeffer, Zwiebeln und Gewürzen gekocht worden. Wenn es sich um eine sorgfältig zusammengestellte Mahlzeit handelt, so kann man sich an den subtilen Geschmacksunterschieden der einzelnen Curries ergötzen und wird feststellen, daß die ganze Mahlzeit ein Mosaik aus sich gegenseitig steigernden und ergänzenden interessanten Aromen darstellt. Zuerst scheinen die burmesischen Curries eine große Ähnlichkeit mit den indischen zu besitzen, doch dann fällt der Unterschied in der Konsistenz auf. Das liegt daran, daß in Burma die Curries mit Kokosmilch gekocht werden, was in Indien nur selten geschieht. Dadurch erhalten die burmesischen Gerichte eine sehr schöne ab-

gerundete Glätte, die die äußerste Schärfe des Curryaromas coupiert. Zu dem Currygericht nimmt man sich dann wieder etwas Sauce, doch sollte man die Menge vorsichtig bemessen, bis man *nga-pi* wirklich mag.
Es gehören auch Gemüse zur Hauptmahlzeit, die jedoch mit einer kräftigen scharfen Sauce auf *nga-pi*-Basis serviert werden. Manche Gemüsesorten werden rasch in Öl ausgebacken, andere werden roh auf den Tisch gebracht. Es gibt vielleicht Gurken mit grünem Mango, und fast immer wird man einen gemischten grünen Salat entdekken. Die Salatsauce, die die Burmesen am meisten lieben, heißt *nga-pi-yet,* und man wird bald entdecken, daß man ihr schon vorher begegnet ist: diesmal ist die Allerweltsfischsauce mit Knoblauch, Zwiebeln und Chilischoten angereichert, und man muß ziemlich stark im Nehmen sein, wenn sie einem schmecken soll.
Für den Gast an der burmesischen Tafel ist es am besten, wenn er vorsichtig alles durchprobiert, bis er das entdeckt hat, was ihm behagt, und sich davon so viel nimmt, wie er essen möchte. Als Gastgeberin muß man darauf achten, daß man jene burmesischen Gerichte nachkocht, die in etwa dem Geschmack der westlichen Gäste entsprechen. Man wird sich wahrscheinlich auf eine nicht zu scharfe Suppe beschränken, auf ein oder zwei wirklich gut gekochte Curries mit ganz verschiedenen Zutaten, auf eine große Schüssel Reis und einen einfachen grünen Salat, den man in einer gewohnten Marinade angerichtet hat. Für den ersten Versuch könnte man zum Beispiel mit einer Suppe aus Krabben und Kürbis beginnen, dann *ne myit hin* und *chet glay hin* servieren; das eine ist ein Curry aus Krabben und Bambussprossen, das andere ein Hühnercurry. Man könnte auch *ah mahe tha hin* zubereiten, ein Curry aus Beefsteakhack, und vielleicht *sha nga boung,* ein ungewöhnliches, aber schmackhaftes Gericht, Fischkroketten in Kokosnußcreme. Dazu werden Sie Reis servieren, der ja zu jeder burmesischen Mahlzeit gehört, und entweder Gemüse oder Salat, als

Nachtisch eine Schale mit Früchten oder *ohn htamin,* das ist Kokosnußreis. In Burma kennt man nicht viele süße Desserts, aber man ißt gerne Obst, das entweder frisch serviert oder zu einem einfachen Nachtisch wie Bananen in Kokosnußcreme verarbeitet wird. Zur Abwechslung gibt es dann mal etwas Süßes, das mit Sago, Grieß oder Reis und Kokosnußmilch gekocht wird, aber frische Früchte sind der beliebteste Abschluß einer Mahlzeit. Kaffee oder Tee wird oft während der Mahlzeit serviert. In manchen Teilen von Burma rührt man sich sein liebstes gemahlenes Getreide in den Tee, bis er eine dicke Suppe geworden ist. Für mein Gefühl ist jedoch der Authentizität auch Genüge getan worden, wenn man sich nicht auf Teesuppe einläßt — oder auf *nga-pi.*

# Suppen

## Kürbissuppe

*6 Tassen Fleischbrühe · 1 große Zwiebel · 2 TL Anchovispaste · 2 Knoblauchzehen · 4 Tassen gewürfeltes Kürbisfleisch · 1 Tasse Krabbenfleisch · ¼ TL gemahlene Chilischoten · Salz nach Bedarf*

Fleischbrühe mit feingewiegter Zwiebel, Anchovispaste und zerdrückten Knoblauchzehen zum Kochen bringen, Kürbiswürfel, Chilischoten und Salz hinzufügen. Die Krabben in die Suppe geben, gut umrühren, Krabben 2 bis 3 Minuten erhitzen, Suppe vom Herd nehmen und heiß servieren.

## Fischsuppe

*1 kg Seefisch, z. B. Barsch und/oder Makrele · 2 l Wasser · 1 TL Salz · 2 kleine Zwiebeln · 4 EL Sojasauce · ¼ TL schwarzer Pfeffer · ¼ Tasse Reis · ½ Tasse feingeschnittener Bleichsellerie · ¾ Tasse feingeschnittenes Kraut · ½ TL Glutamat*

Den Fisch waschen und von Kopf, Haut und Gräten befreien. Kopf, Haut und Gräten mit Wasser, Salz und in Scheiben geschnittenen Zwiebeln aufkochen, dann auf schwacher Hitze eine halbe Stunde leise simmern lassen. Das Fischfleisch in mundgerechte Stücke schneiden, in eine Schüssel geben, mit der Sojasauce und dem frischgemahlenen schwarzen Pfeffer übergießen und bestreuen und so lange ziehen lassen, wie die Brühe kocht. Wenn die Brühe fertig ist, durch ein Sieb gießen, wieder auf den Herd stellen und nochmals aufkochen. Den Reis hineinrieseln lassen und auf Mittelhitze 20 Minuten lang kochen. Dann den Fisch samt der Sauce hineingeben, gut umrühren und 5 bis 10 Minuten leise weiterkochen. Schließlich Bleichsellerie, Kraut und Glutamat hinzugeben, weitere 10 Minuten kochen, vom Herd nehmen und heiß servieren.

# Curries

## Hühnercurry

*2 Poularden oder Brathähnchen · 2 TL Currypulver · 2 EL Sojasauce · 1 Msp Safran · 2 große Zwiebeln · ½ TL gemahlene Chilischoten · 3 Knoblauchzehen · ¼ Tasse Öl · 2½ Tassen Wasser · 1 TL Zimt · 1 TL Salz · 3 Lorbeerblätter*

Die Hühner waschen, in Portionsstücke teilen und abtrocknen. Currypulver, Sojasauce und Safran verrühren und das Hühnerfleisch damit einreiben. Beiseite stellen. Zwiebeln, Chilischoten und Knoblauch im Mörser fein zerreiben oder im elektrischen Mixer zerkleinern. Das Öl in einer Kasserolle erhitzen, die Zwiebelmischung darin anbräunen. Das Hühnerfleisch hinzufügen und leicht anschmoren. Alle anderen Zutaten hinzugeben, die Kasserolle zudecken und den Curry eine Stunde lang gar schmoren, oder bis das Fleisch weich ist. Vom Herd nehmen und heiß servieren.

## Tomatencurry

*4 EL Öl · 500 g feingeschnittene Zwiebeln · 1 TL Salz · ½ TL Kurkuma · 3 Knoblauchzehen · ½ TL gemahlene Chilischoten · 2 TL Anchovispaste · 5 EL Wasser · 6 Tassen gewürfeltes Tomatenfleisch*

Das Öl in einem Schmortopf heiß werden lassen und alle anderen Zutaten hineinrühren. Auf schwacher Hitze 20 Minuten simmern lassen, oder bis alles gar ist. Vom Herd nehmen und heiß servieren.

## Hackcurry

*3 EL Öl · 1 Tasse gehackte Zwiebeln · 3 Knoblauchzehen · ¼ TL gemahlene Chilischoten · 1 TL gemahlener Ingwer · 2 TL Salz · 1 Msp Safran · 1 kg Hack · ½ Tasse kochendes Wasser · 3 EL Sojasauce*

Das Öl im Schmortopf heiß werden lassen, Zwiebeln und zerdrückte Knoblauchzehen darin andünsten, bis sie weich sind. Chilischoten, Ingwer, Salz, Safran und Hack hinzufügen und unter ständigem Umrühren 5 Minuten lang anbraten. Das Wasser und die Sojasauce hinzugießen und vorsichtig verrühren. So lange auf schwacher Hitze weiterschmoren, bis das Wasser aufgesaugt ist. Vom Herd nehmen und heiß servieren.

## Krabbencurry

*1½ Tassen in Ringe geschnittene Zwiebeln · ¼ Tasse Öl · ½ Tasse gehackte Zwiebeln · 1 kg Krabbenfleisch · 1 TL gemahlene Chilischoten · ¾ TL Safran · 2 EL feingewiegte Knoblauchzehen · 2 EL gemahlener Ingwer · 2 TL Salz · 2 Tassen Kokosnußcreme (siehe Anhang)*

In einem Schmortopf Öl heiß werden lassen und die Zwiebelringe darin anbräunen. Die gehackten Zwiebeln, Krabben, Chilischoten, Safran, Knoblauchzehen, Ingwer und Salz hinzufügen, gründlich mischen und ein paar Minuten lang durchschmoren. Die Kokosnußcreme dazugießen und umrühren. Auf schwacher Hitze weiterkochen, bis die Kokosnußcreme heiß geworden ist, aber noch nicht kocht. Vom Herd nehmen und heiß mit Reis servieren.

## Fisch in Kokosnußcreme

*1 TL gemahlene Chilischoten · 1 kg Fischfilet · 1 mittelgroße feingeschnittene Zwiebel · 1 TL Ingwerpulver · 3 Knoblauchzehen · 2 EL Zitronensaft · 1½ TL Salz · 1 EL Speisestärke · ½ TL Kurkuma · 1 mittelgroße gehackte Zwiebel · ¾ Tasse Öl · 1 Tasse Kokosnußcreme (siehe Anhang)*

Chilischoten, Fischfleisch, Zwiebeln, Ingwer und Knoblauchzehen entweder im Mörser zerreiben, im Mixer zerkleinern oder durch den Fleischwolf drehen. Zitronensaft, Salz, Stärke und Kurkuma hinzufügen und gut verrühren. Zu kleinen Frikadellen oder Bällchen formen und beiseite stellen. In einem großen Schmortopf Öl heiß werden lassen, die Zwiebelscheiben darin anbräunen, wieder herausnehmen und beiseite stellen. Die Fischbällchen im heißen Öl von allen Seiten golden backen, dann aus dem Suppentopf nehmen. Das Öl bis auf einen Eßlöffel aus dem Schmortopf gießen, die Kokosnußcreme in den Schmortopf gießen, fast bis zum Kochen bringen und die Fischbällchen hineingeben. 10 bis 15 Minuten auf schwacher Hitze schmoren, vom Herd nehmen, mit den krossen Zwiebelringen krönen und heiß servieren.

# Beilagen

## Gurkengericht

*6 mittelgroße Gemüsegurken · ½ Tasse Essig · 2 TL Salz · ¾ Tasse Öl · 5 mittelgroße feingeschnittene Zwiebeln · 5 zerdrückte Knoblauchzehen · 1½ TL Zucker · ¾ TL frischgemahlener schwarzer Pfeffer · 1 TL Kurkuma*

Die Gurken waschen und schälen, längs halbieren und die Kerne auskratzen. In Scheiben schneiden und in eine Kasserolle füllen. So viel kochendes Wasser und die Hälfte des Essigs dazugießen, daß sie fast bedeckt sind, und kochen, bis die Gurkenstücke durchsichtig sind. Auf ein Sieb schütten, abtropfen lassen und in eine Schüssel füllen. Mit Salz bestreuen und beiseite stellen. Das Öl erhitzen, Zwiebeln und Knoblauchzehen darin anbraten, dann aus dem Öl nehmen und beiseite stellen. Zucker, Pfeffer, Kurkuma und den Rest Essig zum Öl geben, gut umrühren und über die Gurken gießen. Die Gurken schwenken, damit alle von der Sauce überzogen sind. Beiseite stellen und abkühlen lassen. Vorm Servieren mit den braunen Zwiebel- und Knoblauchringen garnieren.

## Reis mit Kokosmilch

*2 Tassen feingeschnittene Zwiebeln · 4 EL Öl · 2 Tassen Reis · 4 Tassen Kokosmilch (siehe Anhang) · 1½ TL Salz*

Das Öl in einem Schmortopf heiß werden lassen, die Zwiebeln darin langsam golden braten, die restlichen

Zutaten und so viel Wasser dazugeben, daß der Reis gerade bedeckt ist. Aufkochen, die Hitze vermindern, den Topf zudecken und 20 Minuten, oder bis der Reis weich ist, auf schwacher Hitze garen. Vom Herd nehmen und heiß servieren.

# Dessert

## Bananendessert

*2 EL Wasser · ½ Tasse Zucker · 6 feste Bananen · 1 Prise Salz · 1 Tasse Kokosnußcreme (siehe Anhang)*

Wasser und Zucker zu Sirup kochen, die Bananen schälen und in eine Kasserolle legen. Den Sirup darübergießen und aufkochen lassen. Die Kokosnußcreme mit einer Prise Salz würzen und über die Bananen gießen. So lange leise kochen lassen, bis die Flüssigkeit aufgesogen ist, wobei die Bananen öfters umgewendet werden müssen. Vom Herd nehmen und heiß servieren.

# Indien/Pakistan

Zur Küche der indisch-pakistanischen Halbinsel haben mehr als eine einzige Nation und mehr als eine Epoche beigetragen. Sie stellt eine erlesene Kunst dar, die aus altehrwürdigen Sitten, aus den Erfahrungen der Jahrhunderte, aus den Düften der verschiedensten Landschaften und Klimata, aus den individuellen Gewohnheiten und aus verschiedenen Religionen entstanden ist. Es ist selbstverständlich, daß der Einfluß der Hindus und Mohammedaner die Eßgewohnheiten der Bewohner dieses Landes mitbestimmt hat. Die überwiegende Mehrheit der Pakistani sind Moslems, die weder Schweinefleisch, Schinken, noch Speck essen dürfen. Die überwiegende Mehrheit der Inder sind Hindus, die kein Rindfleisch essen dürfen. Es ist vielleicht ein Zeichen für die Kompromißbereitschaft des Menschen, daß beide, Inder wie Pakistani, so viele köstliche Hammel- und Lammgerichte zur gemeinsamen Speisekarte beigetragen haben.
Viele schrecken davor zurück, die indisch-pakistanischen Gerichte zu probieren, weil sie fürchten, daß ihnen der berühmte Curry zu scharf ist, was jedoch nicht immer der Fall sein muß. Die indische Küche kann auch mit sehr zarten und differenzierten Geschmackswerten arbeiten. Die indischen Köche betrachten das ausgewogene Würzen als das Wichtigste überhaupt, während die Chinesen und Japaner das gründliche Hacken und Kleinschneiden und die kurze Kochzeit für mindestens genauso wichtig wie das Würzen halten. Die indische Lei-

denschaft für das Würzen hat ganz zweifelsohne die große Vielfalt und die ausgezeichnete Qualität ihrer Curries entstehen lassen.
Curry bedeutet auch hier kein fertig abgepacktes Pulver in Dosen oder Gläsern. Es ist eine Mischung aus sehr vielen Einzelgewürzen, die traditionellerweise jeden Tag frisch gerieben, gemahlen und gemischt werden. Die Zutaten und die Mengen hängen vom persönlichen Geschmack und vom Urteil des Küchenchefs oder der Köchin ab und vom Charakter des einzelnen Gerichtes. Zimt, Ingwer, Pfeffer, Nelken, Chili, Knoblauch, Kardamom, Koriander und Anis sind die am häufigsten verwendeten Gewürze und Kräuter, aber sie werden keineswegs für alle Currymischungen verwendet.
Weil Curry nicht nach dem Prinzip der Schärfe, sondern nach dem der wohlausgewogenen Mischung und der zahllosen Kombinationsmöglichkeiten zubereitet wird, kann man auch Currypulver finden, die so mild schmekken, daß selbst ein Curryfeind mit ihnen zufrieden sein kann. Viele Inder und Pakistani selbst ziehen einen milden Curry einem scharfen vor. Zahlreiche köstliche und trotzdem echte indische Curries werden mit einem Minimum von Pfeffer und vollkommen ohne Chilischoten gemischt; ein exzellentes Curry besteht zum Beispiel aus einer Kombination von Kurkuma, Salz und *Garam Masala,* was wiederum aus feingemahlenem Koriander, Kreuzkümmel, Nelken, schwarzen Pfefferkörnern, Kardamom und Zimt besteht. Diese Würzmischung wird fertig gemischt in allen indischen Lebensmittelgeschäften angeboten. Man braucht dann nur noch Salz und Kurkuma hinzuzufügen. Hier müßte vielleicht auch noch erwähnt werden, daß es viele indische Feinschmecker gibt, die nicht allzuviel von den Zwiebeln und Knoblauchzehen halten, mit denen im allgemeinen in indischen Küchen sehr großzügig umgegangen wird. Wenn ein Rezept also reichlich Zwiebeln und Knoblauch vorschreibt, so kann man diese Menge beliebig verringern, wenn man kein

Zwiebelfreund ist, und hat trotzdem noch ein indisches Gericht.
*Garam Masala* ist außerdem für alle praktisch, denen es etwas zu mühsam vorkommt, täglich frische Gewürze für das Curry mahlen und mischen zu müssen. Sie können *Garam Masala* mit allem ergänzen, was Ihnen richtig erscheint, z. B. Chili oder noch mehr Pfeffer, was selbst die gewissenhaftesten indischen Köche tun.
Insgesamt muß man vier Punkte beachten, wenn man ein korrektes Curry kochen will: die Qualität der Zutaten, die Echtheit des indischen Curry, das Fingerspitzengefühl, mit dem jedes Gericht seine ihm angemessene Portion Curry erhält, und die Sorgfalt in der Zubereitung der Sauce. Die Sauce soll ziemlich dünn bleiben, sie darf nie mit Mehl angedickt werden. Wenn sie etwas gebunden werden soll, so fügt man entweder etwas Milch hinzu, oder man läßt das Gericht im offenen Topf so lange schmoren, bis die Flüssigkeit eingekocht ist.
Sehr oft wird das Curry mit Hammelfleisch gekocht. Westliche Hausfrauen werden feststellen, daß auch Lammfleisch, das im armen Indien fast nie verwendet wird, ein ganz vorzügliches Curry abgibt. Andere ausgezeichnete Bestandteile sind Fisch oder andere Meerestiere, vor allem Krabben, Krebse und Hummer, aber auch Hühnerfleisch und Rindfleisch.
Ein sehr beliebtes scharfes und saures Curry ist *vindaloo,* das im Westen von Indien besonders beliebt ist. Seine Grundzutaten sind Hammel (oder Lamm), Schwein, Fisch oder Krabben, wobei alle Fleisch- und Fischarten gleich behandelt werden und dadurch den gleichen würzigen Geschmack erhalten: das Fleisch zieht vorm Schmoren eine Zeitlang in seinen Gewürzen, wobei es dann abermals gewürzt wird. Das Resultat ist verblüffend, eher scharf als sauer.
Die Curries aus dem Norden sind weniger scharf und weniger saftreich, sie werden also in weniger Flüssigkeit geschmort. Dafür sind sie reichhaltiger. Die verschiede-

nen *korma*-Curries gehören hierher, unter denen man ein festes, üppiges Schmorfleischgericht versteht. Sehr bekannte Currygerichte sind die *kabobs,* die aus kleinen Fleischwürfeln bestehen, abwechselnd mit Knoblauchzehen, Zwiebelscheiben, Chillies und Ingwerwurzelscheiben auf einen Spieß gesteckt und von allen Seiten gegrillt. Sehr schmackhaft sind auch die *seekh kabobs,* die aus gewürzten Hackkügelchen bestehen, durch verquirltes Ei gezogen, auf Holzspieße gesteckt und gegrillt oder gebraten werden.

Besucher in Indien und Gäste an Ihrem Tisch werden immer gerne nach den *koftas,* würzigen Fleischbällchen greifen, und auch *tandoori* werden sie kaum widerstehen können. Das ist gegrilltes, scharf gewürztes Huhn, Fleisch oder Fisch. Dann gibt es noch die *do-pyaza*-Gerichte, für die man die Fleischmenge mit der doppelten Zwiebelportion verarbeitet, und *roghan josh,* ein zartes Hammelcurry mit einer Spur Safran.

Aus Reis, Weizen, Linsen und Milch setzen sich die Speisen zusammen, die die große Gruppe der indischen Vegetarier vorzieht. Sie verstehen es, viele schmackhafte Gerichte aus Milchprodukten wie Joghurt und Quark herzustellen, sie verarbeiten Getreideprodukte und Gemüse. Ein simples aber sehr aromatisches Gericht besteht zum Beispiel aus hauchdünn geschnittenen Gemüsen, roh oder gekocht, die mit schaumig geschlagenem Joghurt übergossen und mit Salz, Pfeffer und Korianderblättern dekoriert werden. Das Gericht heißt *pachadi. Khichri* oder *kitcheree* sind eine etwas herzhaftere Mischung aus Linsen mit Reis, die auch von Nichtvegetariern geschätzt werden. *Ghee* ist ein Wort, das immer wieder in indischen Rezepten auftaucht. Mit diesem Wort wird die geläuterte Butter bezeichnet, mit der fast alle Gerichte zubereitet werden. Die indischen Köche ziehen sie der richtigen Butter vor, weil sie keine Feuchtigkeit und keine Verunreinigungen mehr enthält und während des Kochens und Bratens nicht anbrennt und nicht

schwarz wird. Öl wird manchmal auch verwendet, aber andere tierische Fette wie Schmalz und Talg sind vollkommen unbekannt.
Mit einigen Ausnahmen ist der Reis das Grundnahrungsmittel in Indien und Pakistan. Ein *pulao,* der auch *pellao* oder *pilau* genannt wird, ist ein kräftig gewürztes Reisgericht, das manchmal Fleisch oder Geflügel oder andere bevorzugte Zutaten enthält und in Butter und Gewürzen gar gedünstet wird. *Biryani* ist diesem Gericht verwandt, zeichnet sich aber durch einen größeren Reichtum der Zutaten aus. Es wird immer mit Safran oder Kurkuma gefärbt und gewürzt.
Es gibt sehr viele verschiedene Brot- und Brötchenarten. *Chapati* ist eine Art von mürbem Pfannkuchen oder Fladenbrot aus ungesäuertem Weizenteig. Es ist rund und hauchdünn. *Chapatis* werden zu Gerichten aus Fleisch, Linsen oder gekochtem Gemüse gegessen. Die *parathas* ähneln ihnen; es sind flache Brotfladen, die aus Weizenteig oder Treibmittel hergestellt und ausgebacken werden. Sie sehen wie kleine flache Teller aus, und man ißt sie so oder mit Gemüse gefüllt. *Poori* oder *puri* ist ein in Fett ausgebackenes Weizenbrot, rund, knusprig und etwas lockerer. *Locchi* ist die bengalische Version von *poori.* Es besteht aus Weizenmehl, *ghee* und Wasser, die zu einem Teig verknetet werden, der ganz ausgebacken wird. Im allgemeinen ißt man gebratene Auberginen dazu. Eine andere sehr beliebte Brotart heißt *nan,* ein trokkenes Brot aus einem leicht gesäuerten Teig, das traditionellerweise im Lehmofen gebacken wird. *Samosas* sind würzige Appetitbissen aus feingewiegtem und manchmal mit Curry gewürztem Fleisch oder Fisch oder Gemüse, die in eine dünne Teighülle gewickelt und ausgebakken werden. Dann gibt es *dosa,* eine Spezialität aus dem Süden, eine Art salziger Pfannkuchen, der aus einem Sauerteig aus Linsen, Mehl und Reis gebacken wird.
Die beliebtesten Desserts sind *halwa, kheer, doodh pak, barfi, jalebi* und *payasam. Halwa* ist ein sehr süßer und

fast konfektartiger Nachtisch, den es in den verschiedensten Spielarten gibt. Manchmal besteht *halwa* aus Linsenbrei, Grieß oder Weizen, manchmal wird er aus Mohrrüben, Kürbis, Reis, Bananen, Nüssen und anderen Dingen mit Butter, Milch und Zucker geknetet. *Kheer* ist eine flammeri-ähnliche Creme aus Milch und einem Gewürz, das sich der Koch nach Belieben aussuchen kann, und *payasam* ist ein Milchflammeri, der kleine Nüdelchen oder Linsen enthält. *Doodh pak* ist ein üppiger Reispudding, *barfi* erinnert an Karamelkonfekt, und *jalebi* ist ein goldener und knuspriger süßer Teigkringel, der mit Zuckersirup gefüllt wird.
Als heiße Getränke werden meistens Kaffee und Tee serviert, und während der Sommermonate kann man zwischen vielen frischen kalten Fruchtsäften wählen. Ein besonders angenehmes Getränk wird aus Zuckerrohrsaft, Zitronensaft und Ingwer zubereitet. *Lassi* ist ebenfalls sehr beliebt. Es besteht aus schaumig geschlagenem Joghurt, der mit Wasser verdünnt und je nach Geschmack gesüßt oder gesalzen wird.
Beim Servieren haben wir die Wahl zwischen der traditionellen oder der modernen Art. Nach althergebrachtem Brauch hat man besonders im Pandschab die Mahlzeit mit einem süßen Gericht begonnen, aber diese Sitte ist im Schwinden. In der modernen Menüfolge beginnt die Mahlzeit mit einem Currygericht, meistens mit einem sehr saftreichen, das von Reis *pulao* begleitet wird. Zum Curry wird die unvermeidliche Bombay-Ente aufgetragen; dazu gibt es *puppadums,* Chutneys und indische Pickles. Die Bombay-Ente hat nichts mit einer Ente zu tun, sondern ist ein dünner weißer Fisch. Er wird manchmal frisch serviert, taucht auch in den verschiedensten Gerichten auf, aber gesalzen und getrocknet ist er wesentlich bekannter. Er wird dann als Kontrast zum Curry und zum Reis gegessen. *Puppadums* oder *pahpahds* sind würzige kleine Waffeln, und die Chutneys sind immer ein gleichzeitig süßer und scharfer Genuß.

Die Anzahl der Chutneys ist endlos und immer schmackhaft. Die grünen Chutneys sind besonders beliebt und werden aus frischgehackten Korianderblättern, Zwiebeln, Salz und grünen Chilischoten zubereitet, manchmal werden noch Kokosfleisch oder Zitronensaft und Tamarinden hinzugefügt. Pfefferminz-, Dattel-, Mango-, Zitronen-, Dreifrucht- oder Kokosnußchutney sind nur kleine Proben der allgemeinen Auswahl. Erfreulicherweise kann man viele gute Chutneys in europäischen Geschäften kaufen.
Nach dem Curry und dem Reis kommen die anderen Gemüse- und Fleischgerichte, zu denen man eines von den verschiedenen Broten ißt, *chapatis, puris* oder *parathas.* Danach folgt das Dessert, und zum Schluß wird eine Schüssel mit frischen Früchten auf den Tisch gestellt. Das ist die moderne Art der Speisenfolge.
Die alte Art besitzt wesentlich mehr Charme und Bequemlichkeit. Jeder Gast bekommt ein *thali,* ein mittelgroßes rundes Tablett aus Messing oder Nickel. Darauf stehen drei oder mehr blanke Schüsseln mit den verschiedenen Gerichten. *Chapatis* oder anderes Brot und Reis werden direkt auf die *thalis* gegeben. Jetzt kommt allerdings das Problem. Obwohl die meisten Stadtbewohner zu Hause Messer, Gabel und Löffel benutzen und obgleich es in allen Stadtrestaurants und Hotels Bestecke gibt, ist es in Indien immer noch gebräuchlich, mit den Fingern zu essen. Das verrät weder schlechte Erziehung noch mangelnde Kultur. Es ist Tradition. Die saftreichen Speisen trinkt man direkt aus den kleinen Metallschüsseln, und wenn feste Bestandteile übrigbleiben, so fischt man sie sich mit einem Stück Brot heraus.
Für die westliche Gastgeberin ist es freilich bequemer, auf die *thalis* zu verzichten und Besteck zu servieren. Sie kann jedoch wie in Indien alle Gerichte gleichzeitig auf den Tisch bringen, so daß sich jeder Gast nach eigener Wahl die Mahlzeit zusammenstellen kann. Es sollte allerdings eine einzige Regel ganz strikt beachtet werden: es

ist nicht korrekt, das Curry vorm Servieren auf den Reis zu füllen oder ein Currygericht im Reisrand aufzutragen. Curry und Reis müssen immer in Extraschüsseln oder auf Extraplatten serviert werden, so daß man sie nach Belieben separat essen kann.

Eine indische Hausfrau besitzt einen untrüglichen Instinkt für die notwendigen Mengen. Sie benutzt nur Gewichte und Waagen, wenn sie für außergewöhnlich viele Gäste zu kochen hat. Genauso kochen Hotelköche mehr aus dem Gefühl und aus der jahrelangen Erfahrung heraus als nach festen Regeln. Sie übermitteln ihre Rezepte auch nicht nach den allgemeinen Prinzipien, an die Kochbuchleser gewöhnt sind. Und selbst wenn sie versuchen, ihre kulinarischen Geheimnisse mit etwas genauer umrissenen Begriffen zu beschreiben, so stellt man immer wieder fest, daß diese Begriffe nicht denen der westlichen Küche entsprechen. Ich habe alle Angaben so weit wie möglich in westliche Maße übertragen, aber es wird sicher so sein, daß der Leser die verschiedenen Zutaten nach seinem eigenen Geschmack abwandeln muß. Das bezieht sich nicht nur auf Butter und Gewürze; bei der ganzen indischen Küche muß man sich mehr als irgendwo sonst von dem eigenen Urteil leiten lassen.

# Grundrezepte

## Ghee

Ghee, geläuterte Butter, wird überall in der indischen Küche verwendet und kann auf die folgende Art und Weise aus Butter oder aus Margarine zubereitet werden: Die gewünschte Fettmenge in eine Kasserolle geben und auf schwacher Hitze knappe 2 Stunden simmern lassen. Durch ein Mulltuch gießen und in Glasbehältern aufbewahren. Hält sich ziemlich lange, kristallisiert oft, was aber nicht schadet.

## Garam Masala

Eine Mischung aus verschiedenen Gewürzen, die für sehr viele Rezepte erforderlich ist. Kann im vorhinein zubereitet und in einem Glas aufbewahrt werden.

*24 Kardamomkapseln · 70 g Koriandersamen · 70 g schwarze Pfefferkörner · 50 g Kreuzkümmelkörner · 20 g Nelken · 20 g Zimt*

Die Kardamomkapseln aufbrechen, Körner zu dem Koriander, Pfeffer, Kreuzkümmel und zu den Nelken geben und in der Kaffeemühle fein, aber nicht pulverfein mahlen. Den Zimt hinzufügen und alles gründlich mischen. Im luftdicht verschlossenen Glas aufheben.

## Kräuter

Für viele Gerichte werden Kräuter verlangt, wobei sich die Menge nach dem persönlichen Geschmack richten wird. Wenn getrocknete Kräuter statt der frischen benutzt werden, muß die Menge um das Drei- oder Vierfache verringert werden.

# Reisgerichte

Reis, das Grundnahrungsmittel Indiens, wird auf die mannigfaltigste Form zubereitet. Die beiden bekanntesten Gerichte sind *pulao* und *biryani.* Für den Pulao wird der Reis in Ghee oder in Öl angebraten und in heißem Wasser oder in heißer Fleischbrühe gar gekocht. Als Gewürz werden Kardamom, Lorbeerblätter und Zimt hinzugefügt. In dem meisten Fällen leitet sich der Name des betreffenden Pulaogerichtes davon ab, was für Fleisch, Gemüse, Obst oder anderes hinzugefügt wird. Es gibt einen Mischgemüsepulao, ein Fleischpulao, Eierpulao usw. Ein gut gekochter Pulao ist weder fett noch zu stark gewürzt.
*Biryani* ist ein köstliches, etwas reichhaltigeres Gericht. Der Reis wird vorgekocht, dann wird ein Curry aus Gemüse, Fleisch oder Hühnerfleisch zubereitet und mit Butter oder Ghee und Gewürzen gekocht. Der Reis und das Curry werden abwechselnd in eine große Pfanne geschichtet. Zum Schluß werden Milch und Fett darübergeträufelt. Für ein noch üppigeres Biryani erhöht sich die Ghee-Menge. Dann wird die Pfanne fest mit einem Dekkel verschlossen, und das Biryani wird 20 bis 30 Minuten lang im Ofen gebacken. Wenn es fertig ist, wird es mit knusprigen ausgebackenen Zwiebelringen, hartgekochten und in Scheiben geschnittenen Eiern und gerösteten Nüssen bedeckt serviert.

## Koftas pulao

***Würzige Fleischbällchen und Reis***

*500 g Hack · 1 gehackte Zwiebel · ¼ TL gehackte Knoblauchzehe · 1 TL Garam Masala (siehe Rezept) · Salz nach Geschmack · 1 Ei · 1 EL Mehl · 2 EL Butter oder Öl · Pulao (siehe folgendes Rezept)*

Alle Zutaten außer Butter und Pulao miteinander mischen und aus dem Fleischteig walnußgroße Bällchen formen. Langsam von allen Seiten golden braten. Den Pulao zubereiten und die Fleischbällchen unter den Reis heben. Den Topf zudecken und die Fleischbällchen mit dem Reis so lange garen, bis sie gut sind, was ungefähr 15 Minuten dauert. Heiß servieren.

## Pulao

***Gebratener Reis***

*2 mittelgroße Zwiebeln · 250 g Ghee oder Butter · 2 gehackte Knoblauchzehen · 2 Stück Zimtrinde · 12 Kardamomkapseln · ½ TL Nelkenpfeffer · 2 Tassen Reis · ½ TL Safran · ¼ Tasse warmes Wasser · 1½ TL Salz · 125 g Rosinen · 60 g blanchierte Mandeln · kochendes Wasser*

Die Zwiebeln in dünne Scheiben schneiden, in einem großen Schmortopf die geklärte Butter heiß werden lassen, die Zwiebelscheiben hineingeben und mit Knoblauch und Gewürzen so lange anbraten, bis die Zwiebeln weich, aber noch nicht braun sind. Den Reis hinzugeben, umrühren, auf schwacher Hitze etwa 5 Minuten weiterbraten, bis die Reiskörner glasig werden. Den Safran in dem warmen Wasser auflösen und mit dem Salz hinzugeben. So viel kochendes Wasser dazugießen, daß es fünf Zentimeter über dem Reis steht. Den Schmortopf zudecken und den Reis so lange auf schwacher Hitze gar quellen lassen, bis das Wasser aufgesogen und jedes Reiskorn durch und durch gar ist. Vom Herd nehmen, die gebrühten und gut abgetropften Rosinen und die leicht in Butter angebratenen Mandeln direkt vorm Servieren mit zwei Gabeln vorsichtig unterheben.

## Bhat

### *Gekochter Reis*

*2 Tassen Reis · 8 Tassen kochendes Wasser ·*
*2 TL Salz*

In einem großen schweren Topf das Wasser aufkochen, den Reis hineinrieseln lassen, das Salz hinzufügen und den Reis einmal mit der Gabel umrühren, damit er nicht am Topf kleben bleibt. Zudecken und etwa 15 Minuten kräftig kochen. Ein Reiskorn herausholen und probieren, ob es schon weich ist. Wenn der Reis gar ist, in ein Sieb schütten und nur mit einer Tasse lauwarmem oder heißem Wasser übergießen, wenn das Kochwasser noch schleimig gewesen ist. Gründlich abtropfen lassen, zurück in den Topf schütten und ein paar Minuten unter gelegentlichem Umschwenken trockendünsten. Heiß servieren.

## Mattar pulao

***Erbsen-Reis-Pilaw***

*2 EL Butter · 1 cm Zimtrinde · 4 Nelken · ½ TL Kreuzkümmel · 1 Tasse Reis · 2 TL Salz · 1 Tasse frische Erbsen · 3 Tassen kochendes Wasser*

Die Butter in einem großen Schmortopf heiß werden lassen, Zimt, Nelken und Kreuzkümmel hinzugeben, 2 bis 3 Minuten auf schwacher Hitze anbraten. Den Reis hineinschütten, umrühren und in weiteren drei bis fünf Minuten anbraten, bis die Körner glasig sind. Dann Salz und Erbsen hinzugeben, das kochende Wasser aufgießen und gut umrühren. Den Topf zudecken, die Hitze verringern und das Gericht 45 Minuten garen. Vom Herd nehmen und sofort servieren.

## Murghi chawal

***Huhn mit Reis***

*1 Poularde von ca. 1,5 kg · 1 mittelgroße, in Scheiben geschnittene Zwiebel · 2 Tassen Reis · 6 Nelken · 6 ganze Kardamomkapseln · ½ Stange Zimt · 125 g Butter · 1 TL Salz · ½ Tasse Rosinen · ¼ Tasse blanchierte geraspelte Mandeln*

Das Huhn in Portionsstücke teilen, mit den Zwiebeln in einen großen Schmortopf legen und so viel Wasser aufgießen, bis das Hühnerfleisch bedeckt ist. Leise köcheln lassen, bis das Fleisch weich ist. In einem anderen Schmortopf oder in einer großen Pfanne den Reis mit den Gewürzen in der heißen Butter 6 bis 7 Minuten lang unter ständigem Rühren anbraten. Den Reis mit Hühnerbrühe und Zwiebeln aufgießen, wobei die Flüssigkeit 5 cm über dem Reis stehen sollte. Reicht die Brühe nicht, wird kochendes Wasser hinzugegossen. Nach Geschmack salzen. Auf schwacher Hitze leise simmern lassen, bis der Reis weich und alle Flüssigkeit aufgesaugt ist. Vom Herd nehmen, vor dem Servieren die gebrühten und gut abgetropften Rosinen und die Mandeln hinzufügen. Heiß auf einer Platte servieren, die mit hartgekochten Eiern und ausgebackenen Zwiebelringen dekoriert werden kann.

## Lamm- oder Hammelbiryani

*1 kg Lamm- oder Hammelfleisch · ½ Becher Vollmilchjoghurt · ½ TL Safran · 1 EL warmes Wasser · 250 g Butter · 2 große, in Scheiben geschnittene Zwiebeln · 15 g Zimt · 30 g gemahlener frischer Ingwer · 15 g Cumin (Kreuzkümmel) · 15 g gemahlene Nelken · 15 g Kardamom · 1 kleine zerdrückte Knoblauchzehe · 3 TL Salz · 2 Tassen Reis · 5 Tassen Wasser*

Das Lammfleisch in kleine Würfel schneiden und für 30 Minuten in Joghurt legen. Den Safran im warmen Wasser aufweichen. Die Butter in einem großen Schmortopf heiß werden lassen und die Zwiebelscheiben darin anbräunen. Fleisch und Joghurt dazugeben und alle Gewürze, Knoblauch und Salz hinzufügen. Das Fleisch von allen Seiten anbraten, bis es eine kräftige braune Farbe angenommen hat. Den Reis zum Fleisch geben und mit dem Braten fortfahren. Das Wasser dazugießen und umrühren. Den Schmortopf zudecken und das Gericht leise kochen lassen, bis Reis und Fleisch gar sind. In der letzten halben Stunde den aufgelösten Safran dazugeben. Heiß servieren.

## Yakhmi pulao

***Reispilaw mit Lamm oder Huhn***

Für die Suppe:

*1 kg Lammfleisch oder 1,5 bis 1,7 kg Hühnerfleisch · 3 Tassen Wasser · 1 große, in Scheiben geschnittene Zwiebel · 1 TL Salz*

Das Fleisch in Würfel schneiden, mit allen Zutaten in einen Topf geben und aufkochen. Die Hitze verringern und so lange simmern lassen, bis Fleisch oder Huhn weich geworden sind. Das Fleisch aus der Suppe nehmen, die Brühe in einen Krug gießen und beiseite stellen, bis sie gebraucht wird. Im Topf, in dem die Suppe gekocht worden ist, folgendes zubereiten:

Für den Reis:

*125 g Butter · 1 mittelgroße in Scheiben geschnittene Zwiebel · 1 TL gemischte Kräuter und Gewürze · ½ TL Salz · ½ TL Kurkuma · 4 Nelken · 1 Tasse Reis*

Die Butter heiß werden lassen und die Zwiebel darin anbraten, bis sie braun ist. Die Gewürze, Salz, Kurkuma und Nelken hinzufügen, gut umrühren und ein paar Minuten lang anbraten. Den Reis hineinschütten und 2 bis 3 Minuten mitbraten. Mit der Brühe aufgießen und auf Mittelhitze 20 Minuten lang garen. Das Lamm- oder Hühnerfleisch hinzufügen, mit zwei Gabeln vorsichtig unterheben und zugedeckt auf schwacher Hitze so lange weitergaren, bis Fleisch und Reis weich sind. Wenn die Brühe nicht ausreicht, kann etwas kochendes Wasser hinzugegossen werden. Heiß mit Gemüse servieren.

## Machai pulao

***Fisch mit Reispilaw***

*2 EL Butter · 1 TL gemahlener Kurkuma · 2 TL Garam Masala (siehe Seite 86) · 1 kleines Bund Petersilie · ½ TL Chilipulver · 2 TL Salz · 2 TL Zitronensaft · 500 g Fischfilet · 1 mittelgroße gehackte Zwiebel · 1 Tasse Reis · 3 Tassen heißes Wasser*

1 EL Butter in eine Pfanne geben und heiß werden lassen. Die Petersilie fein wiegen, samt den Gewürzen und 1 TL Salz in das Fett geben und 3 bis 4 Minuten lang zischend und knatternd anbraten. Den Zitronensaft zugießen und umrühren. Die Hitze verringern und den in kleine Stücke geschnittenen Fisch in die heiße Mischung geben. Das Fischfleisch auf beiden Seiten anbraten und dabei immer wieder mit der Gewürz- und Kräutermischung begießen, bis das Fischfilet ganz davon überzogen ist. Den Fisch dabei aber nicht zerfallen lassen. Etwa 5 Minuten braten, dann das Fischfleisch aus der Pfanne nehmen.

Den Rest Butter in einer anderen Pfanne heiß werden lassen und die Zwiebel darin anbraten. Wenn sie weich, aber noch nicht braun ist, das restliche Salz und den Reis hinzufügen. Umrühren und 5 Minuten lang weiterbraten, bis die Reiskörner glasig geworden sind. Das Fischbratfett aus der anderen Pfanne darübergießen und gründlich mischen. Mit dem heißen Wasser ablöschen und aufkochen. Zudecken und 25 Minuten lang auf schwacher Hitze quellen lassen. Den Reis einmal umrühren, die Fischstücke darauflegen, zudecken und weitere 10 Minuten garen. Vom Herd nehmen und sofort servieren.

## Khichri

***Reis mit Linsen***

*1 Tasse Reis · ½ Tasse Linsen · 4 Tassen kochendes Wasser · 1 TL Salz · 1 Prise gemahlener Koriander · Ingwerpulver nach Geschmack · 3 Nelken · 2 EL Garam Masala (siehe Seite 86) · 4 EL Butter · 2 mittelgroße gehackte Zwiebeln*

Reis und Linsen mit dem Salz und den Gewürzen im Wasser gar kochen. Danach auf ein Sieb gießen und abtropfen lassen. Die Butter in einer Kasserolle erhitzen, die Zwiebeln darin anbraten, bis sie braun sind. Reis und Linsen hinzufügen und 5 Minuten mit durchdünsten. Vom Herd nehmen. Dies Gericht schmeckt ausgezeichnet mit Pickles oder Joghurt.

# Curries

Dieses Nationalgericht Indiens hat so viele Variationen, daß es unmöglich wäre, alle aufzuzählen. Ein Curry kann scharf, mittelscharf oder mild zubereitet werden, das hängt ab von der Zusammensetzung der Gewürze, die verwendet worden sind. Chili, Pfeffer und Salz werden immer mitgekocht und niemals nachträglich hinzugefügt.

## Murghi khasa

***Spezielles Hühnercurry***

*1 Poularde von 1,5 bis 2 kg · 2 mittelgroße Zwiebeln · 3 EL Essig · 1½ TL gemahlener Kurkuma · 1 Knoblauchzehe*

Das Huhn zerteilen, Zwiebeln und Knoblauchzehen in feine Scheiben schneiden und das Huhn in Essig, Zwiebeln, Knoblauch und Kurkuma 2 Stunden lang beizen. Inzwischen vorbereiten:

*4 EL Butter oder Margarine · 1 große Zwiebel · 6 ganze Nelken · 1 kleines Stück Zimtrinde · 6 Kardamomkapseln · 1 Knoblauchzehe · 1 Stück frischer oder eingelegter Ingwer · 1 TL Salz*

Das Fett in einem Schmortopf heiß werden lassen, die Zwiebel fein hacken und glasig andünsten. Die Nelken, den Zimt, den Kardamom, die zerdrückte Knoblauchzehe, den in dünne Scheibchen geschnittenen Ingwer und das Salz hinzugeben, gut verrühren und auf schwacher Hitze 5 Minuten lang anrösten. Dann das Hühnerfleisch samt der Beize hinzugeben. Alles mit leichter Hand, aber gründlich vermischen. Den Schmortopf zudecken und das Huhn so lange schmoren lassen, bis es gar ist. Vom Herd nehmen und heiß servieren.

## Murgh sadah

***Hühnercurry***

*2 EL Butter oder Margarine · 2 Zwiebeln · 2 Knoblauchzehen · 1 TL Kurkuma · 2 TL Garam Masala (siehe Seite 86) · ½ TL gemahlener Ingwer · ½ TL Chilipulver · 2 EL feingewiegte Petersilie · 2 TL Salz · 1 Poularde von 1,5 bis 2 kg*

Das Fett im Schmortopf erhitzen, Zwiebeln und Knoblauchzehen in feine Scheiben schneiden und dazugeben. Ein paar Minuten dünsten, dann die Kräuter, Gewürze und das Salz hinzufügen. Gut umrühren und ein paar Minuten lang mit andünsten, wobei nichts anbrennen darf. Die Poularde in 6 oder 8 Stücke schneiden und zur Currymischung geben. 5 Minuten anbraten. Etwas heißes Wasser zugießen, so daß eine ziemlich dicke Sauce entsteht. Den Topf zudecken und das Huhn leise schmoren lassen, bis es gar ist, was ungefähr 20 Minuten dauert. Vom Herd nehmen und heiß servieren. Ein sehr gutes Gericht, wenn es zu Reispilaw und Gemüse gegeben wird. Auch sehr gut, wenn man das fertige Hühnercurry mit ein paar Tropfen Zitronensaft würzt.

## Murgh masallam

***Gewürztes Huhn***

*1 Poularde von 1,5 bis 2 kg · beliebig viel zerdrückte rote Chilischoten · 5 große Tomaten · 2 mittelgroße Zwiebeln · 1 Knoblauchzehe · 1 TL gemahlener Kurkuma · 1 TL Kreuzkümmel · 4 Nelken · 1 kleines Stück Zimtrinde · 1 kleines Stück Ingwer · 2 Kardamomkapseln · 1 TL Sirup · Salz · Butter oder Margarine*

Das Huhn zerteilen und mit den zerdrückten Chilischoten einreiben. Tomaten abziehen und in kleine Stücke schneiden, Zwiebeln und Knoblauchzehen würfeln und samt dem Hühnerfleisch und den Gewürzen in einen großen Schmortopf geben. Sirup und Salz hinzufügen, so viel Wasser aufgießen, daß alles knapp bedeckt ist, und ein Stück Butter auf das Hühnerfleisch legen. Den Topf zudecken und das Gericht auf Mittelhitze kochen, bis das Hühnerfleisch weich ist. Den Deckel abnehmen, die Hitze erhöhen und ein paar Minuten lang einkochen lassen. Vom Herd nehmen und heiß servieren.

## Hühnercurry nach pakistanischer Art

*150 g Butter · 2 große Zwiebeln · 2 zerstoßene Kardamomkapseln · 1 Stück Zimtrinde, 3 cm lang · 1 EL feingehackter Ingwer · 2 EL feingemahlener Kreuzkümmel · 1 TL gemahlener Kurkuma · ¼ TL Chilipulver · ¼ TL gemahlener Koriander · 2 Tomaten · 1 Brathähnchen von 1,5 bis 1,7 kg · Salz nach Geschmack · ½ Tasse lauwarmes Wasser*

Die Butter im Schmortopf heiß werden lassen, die Zwiebeln in Scheiben schneiden und mit Kardamom und der Zimtrinde dazugeben. Auf Mittelhitze dünsten, bis die Zwiebeln braun sind, dann die restlichen Gewürze und die in Scheiben geschnittenen Tomaten hinzufügen. Unter ständigem Umrühren so lange weitergaren, bis die Tomaten weich sind. Das Hähnchen in Portionsstücke schneiden, mit Salz und Wasser dazugeben. Auf schwacher Mittelhitze dünsten, bis das Hühnerfleisch gar ist. Wird mehr Sauce gewünscht, so gießt man noch etwas Wasser hinzu und kocht das Gericht noch einmal 2 bis 3 Minuten lang durch. Vom Herd nehmen und heiß servieren.

## Murgh korma

### *Hühner-Korma*

*2 große Zwiebeln · 100 g Butter oder Öl · 2 TL gemahlener Koriander · ¼ TL Ingwerpulver · ¼ TL gemahlener Kurkuma · 1 Lorbeerblatt · ⅛ TL Chilipulver · 1 Poularde von 1 bis 1,5 kg · 1 TL Salz · ¼ TL Knoblauchsalz · 2 EL Joghurt · etwa 2 Tassen Wasser*

Die Zwiebeln in dünne Scheiben schneiden, das Fett heiß werden lassen und die Zwiebeln darin golden anrösten. Koriander, Ingwer, Kurkuma, Lorbeerblatt und Chilipulver hinzufügen und ein paar Minuten auf Mittelhitze mitdünsten. Das Huhn in Portionsstücke teilen, in den Topf geben und von allen Seiten braun anbraten. Salz, Knoblauchsalz, Joghurt und etwa 2 Tassen Wasser dazugeben, zugedeckt leise simmern lassen, bis die Sauce dicklich wird und das Hühnerfleisch weich ist. Wenn notwendig, noch ein wenig Wasser dazugießen. Vom Herd nehmen und mit Reis und Auberginen in saurer Sahne (siehe Seite 116) servieren.

## Pakistanisches Lammcurry

*100 g Butter · 2 große Zwiebeln · 6 Knoblauchzehen · 1 TL Ingwer · ½ TL Zimt · ¾ TL gemahlener Kreuzkümmel · ¾ TL gemahlener Kurkuma · 1 EL gemahlener Koriander · ¼ TL roter Pfeffer · 1 kg Lammfleisch · 2 Tassen Wasser · Salz nach Geschmack*

Das Fett im Schmortopf heiß werden lassen. Zwiebeln in Scheiben schneiden und mit den zerdrückten Knoblauchzehen hinzufügen. Auf Mittelhitze so lange andünsten, bis die Zwiebeln braun sind. Die Gewürze hinzufügen und 3 Minuten lang mitschmoren. Das Lammfleisch in kleine Würfel schneiden und 10 Minuten mitdünsten. Das Wasser dazugießen und salzen. Auf schwacher Hitze so lange leise köcheln lassen, bis das Fleisch gar ist. Eventuell noch etwas Wasser nachgießen. Vom Herd nehmen und heiß servieren.

## Tandoori murgh

***Gegrilltes Gewürzhuhn***

*3 Brathähnchen · 2 Becher Magermilchjoghurt · 2 TL Chilipulver · 6 Knoblauchzehen · 1 TL schwarzer Pfeffer · ½ TL gemahlene rote Chillies · 6 EL Essig · 1 EL Papaya · 2 TL Ingwerpulver · 2 TL gemahlener Koriander · 2 TL gemahlener Kreuzkümmel · 3 zerstoßene grüne Kardamomkapseln · Saft von 1 Limone · 3 TL Salz · 125 g Butter oder Margarine · dünne Zitronenscheiben · Korianderblätter*

Die Brathähnchen vierteln und mit einem scharfen Messer Brust und Keulen ein paarmal schräg einschneiden, ohne ein Gelenk zu verletzen. In einer großen Schüssel alle Gewürze, den Essig, die feingewiegte Papaya und den Limonensaft mischen und das Hühnerfleisch 6 bis 7 Stunden oder über Nacht im Kühlschrank darin ziehen lassen. Vor der Verwendung gut trockentupfen, das Fett zerschmelzen lassen, das Hühnerfleisch damit bepinseln und auf den heißen Holzkohlenrost legen. Von Zeit zu Zeit neu mit zerlassenem Fett bestreichen und unter ständigem Umwenden gar grillen. Mit dünnen Zitronenscheiben und Korianderblättern garniert heiß servieren.

## Budhuk korma

***Enten-Korma***

*1 Ente von 2 bis 2,5 kg · 1 Becher Joghurt · ½ TL gemahlener Kreuzkümmel · 1 EL gemahlener Koriander · 1 TL gemahlener Kurkuma · ⅛ TL Chilipulver · ¼ TL schwarzer Pfeffer*

Die Ente in Portionsstücke schneiden und mit den übrigen Zutaten in eine Schüssel geben und 3 Stunden beizen.

*2 EL Butter oder Margarine · 1 mittelgroße Zwiebel · 1 Knoblauchzehe · 3 Nelken · 3 Kardamomkapseln · 1 kleines Stück Zimtrinde · Zitronensaft nach Geschmack · Salz nach Geschmack*

Das Fett im Schmortopf heiß werden lassen, Zwiebeln und Knoblauchzehen in feine Scheiben schneiden und mit den Gewürzen zusammen 5 Minuten anbraten. Das Entenfleisch samt der Beize hinzugeben und gut umrühren. Im geschlossenen Topf über Mittelhitze langsam gar kochen lassen. Mit Zitronensaft und Salz abschmecken, vom Herd nehmen und heiß servieren.

## Kima

***Würziges Hack nach pakistanischer Art***

*1 große gehackte Zwiebel · 3 EL Butter · 500 g Beefsteakhack · 2 mittelgroße Tomaten · 1 EL Currypulver · 1 TL Paprika · ½ TL Chilipulver · ¼ TL schwarzer Pfeffer · ½ TL Knoblauchzehe · Salz nach Geschmack · 1 500-g-Dose Erbsen*

In einem Schmortopf die Butter zerlassen und die Zwiebeln darin golden anrösten. Das Hack dazugeben, die Tomaten in Viertel schneiden und beides unter ständigem Umrühren auf Mittelhitze ungefähr 15 Minuten durchschmoren. Die Gewürze hinzufügen, Salz und Erbsen samt etwas von ihrem Konservierungssaft. Zudecken und 30 Minuten lang leise köcheln lassen. Vom Herd nehmen und heiß servieren.

## Madras Eiercurry

*3 EL gehackte Zwiebeln · 1 zerdrückte Knoblauchzehe · 4 EL Butter oder Margarine · 1 EL Currypulver · 2 mittelgroße Tomaten oder 1 TL Tomatenmark · Wasser · Salz nach Geschmack · Zitronensaft nach Geschmack · 6 hartgekochte Eier*

In einer Kasserolle das Fett heiß werden lassen und Zwiebeln und Knoblauchzehen 3 bis 4 Minuten andünsten. Das Currypulver hinzufügen, gut umrühren und 3 Minuten weiterdünsten. Die Tomaten in kleine Würfel schneiden, in den Topf geben, so viel Wasser auffüllen, daß eine ziemlich dicke Sauce entsteht. Mit Salz und Zitronensaft abschmecken und 10 Minuten leise köcheln. Die Eier schälen, ganz in die Sauce geben und darin heiß werden lassen. Vom Herd nehmen und sofort servieren.

## Eiercurry mit Auberginen

*Madras Eiercurry · 1 Aubergine*

Die Sauce von Madras Eiercurry zubereiten, die Aubergine schälen, in dünne Scheiben schneiden, in die Sauce geben und darin weich kochen, dann die hartgekochten Eier hinzufügen und heiß werden lassen.

# Kabobs

## Seekh kabobs khasa

*Lammspießchen*

*500 g Lammfleisch oder Rindfleisch aus Brust oder Schulter · 1 Stück Ingwer · 1 mittelgroße Zwiebel · 2 EL feingewiegte Petersilie oder Korianderblätter · 1 TL Salz · ½ TL Zimt · ½ TL gemahlene Nelken · ½ TL Pfeffer · ½ TL Chilipulver · 1 TL Erbsmehl · 2 TL Zitronensaft · 3 zerdrückte Knoblauchzehen · 6 Metall- oder Holzspieße · 2 EL Joghurt*

Das Fleisch mit dem Ingwer und der Zwiebel durch den Wolf drehen, mit den Kräutern, dem Salz, den Gewürzen, Mehl, Zitronensaft und Knoblauchzehe in eine Schüssel geben. Den Fleischteig gut durcharbeiten, bis er glatt und geschmeidig ist. In 6 Teile teilen, jedes Teil flachdrücken oder flachrollen und um den Spieß wikkeln, so daß es wie eine aufgespießte Wurst aussieht. Mehrmals mit Joghurt bepinseln und von allen Seiten grillen oder braten. Von den Spießen ziehen und heiß mit Curry und einem frischen Pfefferminzchutney servieren.

## Seekh kebob

### *Pakistanische Grillspieße*

*1 Scheibe Weißbrot · 2 EL Joghurt · 1 gehackte Zwiebel · 1 ganze grüne Chilischote · ½ TL gemahlener Kreuzkümmel · ¼ TL gemahlene Nelken · je ⅛ TL schwarzer Pfeffer und roter Pfeffer · 500 g gemischtes Hack · Salz nach Bedarf · 4 Spieße*

Das Brot in einer Schüssel in Joghurt einweichen und dann zu einer Paste zerdrücken oder verrühren. Mit den anderen Zutaten zu einem Fleischteig verarbeiten und 1 Stunde lang ruhen lassen. Dann daraus längliche Kugeln formen, auf die Spieße stecken und von allen Seiten braun braten oder grillen. Heiß servieren.

## Pakistani-Kabobs

### *Ofen-Kabobs*

*1 kg Beefsteakhack · ¼ TL gemahlener Kardamom · ¼ TL gemahlener Kreuzkümmel · ¼ TL roter Pfeffer oder Chilischoten · 1 große gehackte Zwiebel · ¼ TL gemahlene Nelken · ¼ TL schwarzer Pfeffer · ¼ TL Ingwerpulver · 1 EL Joghurt · Salz nach Geschmack*

Alle Zutaten in einer Schüssel zu einem geschmeidigen Fleischteig verarbeiten, kleine Kugeln oder daumendicke kleine Steaks formen. Auf ein gefettetes Backblech legen und unter die vorgeheizte Grillschlange im Backofen oder in den vorschriftsmäßig geheizten Grillapparat schieben. Von jeder Seite 5 Minuten grillen, aus dem Ofen nehmen und heiß servieren. Ein Erbsen-Reis-Pilaw (siehe Seite 90) und ein grüner Salat passen gut dazu.

## Shami kabobs

***Ausgebackene Hacksteaks im Teig***

Die Hacksteaks:

*2 TL Butter oder Margarine · 1 gehackte Zwiebel · 1 zerdrückte Knoblauchzehe · ½ TL Chilipulver · 1 kleines Stück Ingwer · 1 EL feingewiegte Minze · 1 TL Salz · ½ TL Kurkuma · 2 Tomaten · 500 g mageres Lamm- oder Rindfleisch · 1 EL Spalt- oder Splittererbsen · ¼ Tasse warmes Wasser · 2 TL Zitronensaft · 1 TL Garam Masala (siehe Seite 86) · Zitronenschnitze oder Chutney*

Das Fett in einem Schmortopf heiß werden lassen, darin Zwiebeln, Knoblauch, Chilipulver, feingeschnittenen Ingwer und Kräuter anbraten. Salz und Kurkuma dazurühren, die Tomaten in Würfel schneiden und dazugeben. Ein paar Minuten lang durchdünsten. Während dieser Zeit das Fleisch durch den Wolf drehen und samt den Splittererbsen hinzufügen. Weitere 5 Minuten andünsten. Das Wasser dazugießen und aufkochen, die Hitze vermindern und 40 bis 50 Minuten leise köcheln lassen. Zitronensaft und Garam Masala hinzugeben und gründlich umrühren. Vom Herd nehmen, abkühlen lassen, dann abermals kräftig durchrühren. Mit feuchten Händen kleine Hacksteaks formen.

Der Ausbackteig:

*2 EL Erbsmehl · 3 EL Milch · ⅛ TL Salz · Ausbackfett*

Das Erbsmehl mit der Milch verquirlen, das Salz hinzugeben und den Teig schlank rühren. Das Öl in einer tiefen Pfanne oder im Fettopf heiß werden lassen, jedes Hacksteak durch den Teig ziehen und von beiden Seiten golden und knusprig ausbacken. Auf Küchenkrepp, abtropfen lassen und mit Zitronenscheiben oder einem Schüsselchen Chutney servieren.

## Madras Curry kabob

***Madras Curryspießchen***

*500 g mageres Rind- oder Lammfleisch · 4 Metall- oder Holzspieße · 8 Perlzwiebeln · 8 dünne Scheiben Ingwer · 4 EL Butter oder Margarine · 2 EL gehackte Zwiebeln · 3 frische oder eingelegte feingewiegte Chillies · 2 zerdrückte Knoblauchzehen · 1 EL Currypulver · 2 TL Tomatenmark · Fleischbrühe · Salz nach Geschmack · Zitronensaft nach Geschmack*

Das Fleisch in daumendicke Würfel schneiden und abwechselnd mit den Perlzwiebeln und Ingwerscheiben auf die Spieße stecken und dicht zusammenschieben. Das Fett in einer Kasserolle heiß werden lassen und Zwiebeln, Chillies und Knoblauch darin andünsten. Das Currypulver dazugeben, gut durchrühren und ein paar Minuten lang weiterdünsten. Das Tomatenmark hineinrühren und nach und nach so viel Fleischbrühe dazugießen, daß eine dickliche Sauce entsteht. Mit Salz und Zitronensaft abschmecken, die Spießchen in die Sauce legen, die Kasserolle zudecken und das Gericht so lange leise köcheln lassen, bis das Fleisch gar ist. Vom Herd nehmen, die Spieße herausziehen und sofort servieren.

# Vindaloos

Für alle, die ihr Curry gern scharf haben, ist ein *vindaloo* ideal. Zu *vindaloos* gehören mehr Chilischoten als zu einem normalen Curry, und die Kochflüssigkeit besteht aus Essig. Die dazu benutzten Fleischarten sind fettreicher: Man nimmt Schweinefleisch, die fetten Teile vom Rind, Ente und ähnliches. Um sich Zeit und Vorarbeit zu ersparen, ist in manchen Rezepten eine getrocknete *vindaloo*-Mischung erwähnt, die man mit Essig zu einer Paste verarbeitet.

## Hühner-Vindaloo

*500 g kleine Kartoffeln · 3 Knoblauchzehen · 3 mittelgroße Zwiebeln · 2 EL feingewiegte frische Kräuter · 2 TL Garam Masala (siehe Seite 86) · ½ TL Ingwerpulver · ½ TL Chilipulver · 1 TL Salz · 2 EL Essig · 1 Poularde von ca. 1,5 kg · 125 g Butter oder Margarine · ½ TL gemahlener Kurkuma · 3—4 Tomaten · 2 Tassen kochendes Wasser*

Die Kartoffeln waschen und knapp gar kochen, abschrekken, schälen, halbieren und beiseite stellen. Knoblauch und Zwiebeln fein hacken und mit den Kräutern vermischen, in eine Schüssel füllen; Garam Masala, Ingwer, Chilipulver, Salz und Essig hinzufügen. Gut umrühren. Die Poularde enthäuten, entbeinen, in kleine Stücke schneiden und in eine andere Schüssel füllen. Die Hälfte der Würzmischung über das Hühnerfleisch geben und 2 Stunden lang im Kühlschrank beizen. Das Fett in einem großen Schmortopf heiß werden lassen und den Rest der

Würzmischung 5 Minuten darin durchdünsten. Kurkuma und die in Scheiben geschnittenen Tomaten dazugeben und ein paar Minuten anbraten. Das Hühnerfleisch hinzugeben, gut umrühren und 10 Minuten lang mitbraten. Mit kochendem Wasser ablöschen und aufkochen. Den Schmortopf zudecken, die Hitze vermindern und das Gericht schmoren lassen, bis das Hühnerfleisch fast weich ist. Die Kartoffeln dazugeben und so lange weiterkochen, bis alles gar ist. Eventuell noch etwas heißes Wasser nachgießen. Vom Herd nehmen und heiß servieren.

## Rinder-Vindaloo

*1 TL feingehackter Knoblauch · 3 EL gehackte Zwiebeln · 2 ganze rote Chilischoten oder 1 TL rotes Chilipulver · 4 EL Ghee oder Butter · Essig · 2 EL Vindaloomischung · 750 g Nacken oder Flachrippe · Salz nach Bedarf · Wasser*

In einem großen Schmortopf Knoblauch, Zwiebeln und Chilischoten 3 bis 4 Minuten in Ghee andünsten. Wenn getrocknete rote Chilischoten verwendet werden, schneidet man sie längs durch und entfernt die Kerne. Die Vindaloomischung mit Essig zu einer Paste verrühren, diese Paste zu den Zwiebeln in der Pfanne geben und gut vermengen. Weitere 5 Minuten dünsten. Das Rindfleisch in Würfel schneiden, salzen und mit wenig Wasser dazugeben. Alle Zutaten gründlich vermischen, den Topf fest zudecken und das Gericht leise köcheln lassen, bis das Fleisch weich ist. Vom Herd nehmen und heiß servieren.

## Schweine-Vindaloo

*3 EL gehackte Zwiebeln · ½ TL zerdrückte Knoblauchzehe · 100 g Butter oder Margarine · 3 EL Vindaloo-Gewürzmischung · 1 kg Schweinefleisch aus Nacken oder Schulter · 1 TL Salz*

In einem großen Schmortopf die Butter oder Margarine heiß werden lassen, Zwiebeln und Knoblauchzehen darin andünsten, bis die Zwiebeln golden sind. Die Vindaloomischung, die mit etwas Essig zu einer Paste verrührt worden ist, dazugeben, gut umrühren und etwa 3 Minuten lang mitdünsten. Ständig umrühren, denn die Mischung brennt leicht an. Das Schweinefleisch in Würfel schneiden, salzen, dazugeben und wieder gründlich umrühren. Den Topf zudecken und alles auf schwacher Hitze schmoren, bis das Fleisch zart ist. Eventuell etwas Wasser hinzufügen, so daß eine dickliche Sauce entsteht. Dieses Gericht muß während des Garens immer wieder umgerührt werden, damit es nicht anbrennt.

## Lamm-Vindaloo

*10 g Ingwer · 1 TL Kurkuma · 15 g Senfkörner · ½ TL Chilipulver · 4 EL Essig · 1 kg Lammfleisch · 150 g Butter oder Fett · 3 zerdrückte Knoblauchzehen · 1 Tasse Hühner- oder Fleischbrühe · 750 g Kartoffeln · 2 mittelgroße Tomaten*

Die Gewürz in einem Mörser zerreiben und mit der Hälfte vom Essig verrühren. Das Fleisch in kleine Würfel schneiden, die Gewürzpaste dazugeben, gut umrühren und 1 Stunde ziehen lassen. Das Fett in einem großen Schmortopf erhitzen und das Fleisch mit dem Knoblauch anbraten. Den restlichen Essig und etwas Fleischbrühe hinzufügen. Auf schwacher Hitze schmoren. Die Kartoffeln waschen und schälen, aber ganz lassen. Wenn das Fleisch halb gar ist, die Kartoffeln und die in Würfel geschnittenen Tomaten hinzufügen und weiterkochen, bis alles gar ist. Vom Herd nehmen und sofort servieren.

## Enten-Vindaloo

*2 mittelgroße gehackte Zwiebeln · 1 zerdrückte Knoblauchzehe · 50 g Butter oder Margarine · 3 EL Vindaloo-Gewürzmischung · 2 frische rote Chilischoten oder 1 EL rotes Chilipulver · 1 Ente von 2 bis 2,5 kg · Salz nach Geschmack*

Das Fett in einem großen Schmortopf heiß werden lassen und Zwiebeln und Knoblauch darin golden dünsten. Die Vindaloomischung, die mit etwas Essig zu einer Paste verrührt worden ist, samt den entkernten Chilischoten dazugeben und gut umrühren. Auf schwacher Hitze 5 Minuten lang dünsten. Die Ente in Portionsstücke schneiden, salzen, in den Schmortopf legen, etwas Wasser dazugießen und gründlich umrühren. Den Topf zudecken und so lange schmoren lassen, bis die Ente gar ist. Vom Herd nehmen und heiß servieren.

# Fisch

In Indien wird der Fisch auf die mannigfaltigste Weise zubereitet. Gebratener Fisch ist genauso beliebt wie Fischgerichte mit Curry. Man kann die verschiedensten Fischsorten verwenden: Makrele, Heilbutt, Schellfisch, Aale, Kabeljau, Hering und andere. Ein scharfer Fischcurry wird mit großen Mengen von Chilischoten und Zwiebeln zubereitet und meist in Öl gegart. Die milderen Fischcurries werden meistens mit Kokosmilch gekocht.

## Pakistanisches Krabbencurry

*1,5 kg Krabbenfleisch · 8 Knoblauchzehen · 3 kleine grüne Chilischoten · 3 große Tomaten · 150 g Butter · 2 große Zwiebeln · 2 TL Currypulver · 1 TL gemahlener Kurkuma · Salz nach Geschmack*

Das Krabbenfleisch muß ganz trocken sein. Wenn nötig, abtropfen lassen. Knoblauchzehen und Chilischoten zusammen im Mörser zerreiben, die Tomaten abziehen und in Viertel schneiden. Die Butter in einer Kasserolle auf kleiner Hitze schmelzen lassen, die Zwiebeln in Scheiben schneiden und samt Knoblauch und Chilischoten hinzufügen. Wenn die Zwiebeln golden sind, Currypulver und Kurkuma mit etwas Wasser zu einer Paste verrühren, dazugeben und einmal umrühren. Die Tomaten hinzufügen, nach Geschmack salzen und das Gericht unter ständigem Umrühren so lange auf schwacher Hitze garen, bis die Flüssigkeit verkocht ist. Soll das Gericht viel Sauce haben, so wird eine Vierteltasse warmes

Wasser dazugerührt und mit erhitzt. Die Krabben hinzufügen, gut umrühren und 5 Minuten auf schwacher Hitze heiß werden lassen. Vom Herd nehmen und sofort servieren.

## Fischcurry

*3 zerdrückte Knoblauchzehen · 2 gehackte große Zwiebeln · 2 EL feingewiegte Petersilie · 3 EL Olivenöl oder Margarine · 2 TL Salz · 1 TL gemahlener Kurkuma · 2 TL Kokosflocken · 1 TL Garam Masala (siehe Seite 86) · ½ TL Chilipulver · 2 Tomaten oder eine kleine Dose Tomatenmark · 1 EL Zitronensaft · 500 g Fischfilet*

Olivenöl im Schmortopf heiß werden lassen und Knoblauch, Zwiebeln und Petersilie langsam darin andünsten. Salz, Kurkuma, Kokosflocken, Garam Masala und Chilipulver hinzufügen, gründlich umrühren und 5 Minuten lang dünsten. Die Tomaten in Scheiben schneiden und dazugeben. Schmoren lassen, bis die Tomaten weich sind. Die Sauce glattrühren und mit Zitronensaft würzen. Weitere 5 Minuten dünsten, dann das in mundgerechte Bissen geschnittene Fischfleisch dazugeben. Den Fisch mit der Sauce bedecken, kurz aufkochen, dann die Hitze vermindern, den Topf zudecken und das Gericht 10 Minuten gar simmern lassen. Vom Herd nehmen und heiß servieren, am besten zu Reis.

## Aalcurry

*2 mittelgroße Zwiebeln · 1 Knoblauchzehe · 4 EL Butter oder Margarine · 1 EL Currypulver · 2 Tomaten oder 2 TL Tomatenmark · Wasser · Salz nach Bedarf · 2 Aale von je 500 g · Zitronensaft*

Zwiebeln und Knoblauchzehe fein schneiden und im heißen Fett 3 Minuten lang anbraten, dann das Currypulver dazugeben, gut verrühren und weitere 3 Minuten garen. Die Tomaten abziehen und in Würfel schneiden, dazugeben und so viel Wasser nachgießen, daß eine dicke Sauce entsteht. Mit Salz abschmecken. Die gehäuteten Aale in daumenlange Stücke schneiden, in die Sauce legen und so lange im offenen Topf dünsten, bis das Aalfleisch gar ist. Das Gericht nicht mehr umrühren, sondern von Zeit zu Zeit den Topf schütteln. Eventuell mit etwas Zitronensaft abschmecken. Vom Herd nehmen und heiß servieren.

## Backfisch

*1 kg Fischfilet · 1 TL Chilipulver · 1 Prise gemahlener Kurkuma · je 10 g Knoblauch, Ingwer und Korianderblätter · Öl oder Fett zum Ausbacken · 1 Zitrone*

Den Fisch säubern und einkerben. Knoblauch, Ingwer und Koriander fein wiegen, mit dem Kurkuma vermischen und den Fisch damit einreiben. Im heißen Öl von beiden Seiten golden ausbacken, mit dem Schaumlöffel herausnehmen und auf Küchenkrepp abtropfen lassen. Die Zitrone über den Fisch ausdrücken und heiß servieren.

## Krautcurry

*1 Krautkopf von 1 kg · 1 EL Butter · 1 mittelgroße gehackte Zwiebel · 1 TL gemahlener Kurkuma · ½ TL Chilipulver · 2 TL Salz · 1 TL Garam Masala*

Den Krautkopf putzen, hobeln, gut waschen und zum Abtropfen beiseite stellen. In einem großen Schmortopf die Butter zerlassen und die Zwiebel darin anbraten. Kurkuma, Chilipulver und Salz hinzufügen, gut umrühren und das Kraut in den Topf legen, ohne umzurühren. Während des Garens fällt das Kraut zusammen und wird dabei vorsichtig mit einer Gabel umgewendet, damit es nicht zermust. Etwa 15 Minuten lang auf Mittelhitze garen. Wenn der austretende Saft verkocht ist, den Topf zudecken und auf schwacher Hitze weitergaren, bis das Kraut weich ist. Den Deckel wieder abnehmen und das Kraut auf schwacher Hitze rasch durchbraten, bis das Curry ziemlich trocken ist. Das Garam Masala hinzufügen und gut umrühren. Unter ständigem Umrühren weitere 15 Minuten garen und braten, bis das Krautcurry trocken, aber nicht matschig ist. Vom Herd nehmen und heiß servieren.

## Aloo mattar

***Kartoffeln und Erbsen***

*500 g Kartoffeln · 500 g frische Erbsen · 200 g Butter · 7 g gemahlener Kurkuma · 15 g gemahlener Koriander · 7 g Chilipulver · je 1 Msp Ingwerpulver und gemahlener Kreuzkümmel · Salz nach Geschmack · 500 g Tomaten · 1 Becher Magermilchjoghurt*

Die Kartoffeln waschen, schälen und in Würfel schneiden. Die Erbsen ausschoten. Etwas Butter in einem großen Schmortopf heiß werden lassen, die Kartoffelwürfel darin anbraten, die Erbsen dazugeben und dann beides wieder aus der Butter nehmen. Die Gewürze und das Salz in der heißen Butter ein paar Minuten anbraten. Tomaten in kleine Würfel schneiden, samt den Kartoffeln und den Erbsen ins heiße Fett geben und alle Zutaten in der Butter gar dünsten; dann den schaumig geschlagenen Joghurt dazurühren, erhitzen, aber nicht mehr kochen lassen.

## Mohrrüben und Erbsen

*6 Schalotten · 2 TL Butter oder Margarine · 2 EL feingewiegte Kräuter · 1 TL Garam Masala (siehe Seite 86) · 2 TL Salz · 1 TL gemahlener Kurkuma · ½ TL Chilipulver · 250 g Mohrrüben · 1 Tasse frische Erbsen · 2 TL Zitronensaft*

Die Schalotten in dünne Scheiben schneiden und in der heißen Butter ein paar Minuten lang mit den Kräutern andünsten. Garam Masala, Salz, Kurkuma und Chilipulver hinzufügen und alle Zutaten leise simmern lassen. Unterdessen die Mohrrüben putzen, in Würfel schneiden und zu den Gewürzen geben. Ein paar Minuten lang anbraten, dann den Topf zudecken und auf Mittelhitze 15 Minuten garen. Die Erbsen hinzufügen, gut umrühren und im geschlossenen Topf auf schwacher Hitze weitergaren, bis die Mohrrüben und Erbsen gar und weich sind. Kurz bevor das Gemüse fertig ist, den Zitronensaft hinzufügen und heiß mit anderen Currygerichten servieren.

## Auberginencurry

*2 große Auberginen · 100 g Butter oder Margarine · 2 mittelgroße, feingehackte Zwiebeln · 1 kleines Stück feingehackter Ingwer · 1 TL Garam Masala · ½ TL gemahlener Kurkuma · Salz nach Geschmack · ½ TL Chilipulver · 250 g Tomaten · 2 EL feingewiegte Korianderblätter oder Petersilie · 1 Becher Joghurt · 1 Tasse gegarte frische Erbsen · hartgekochte Eier*

Die Auberginen als Ganzes in kochendes Salzwasser geben und so lange kochen, bis sie dem Druck des Fingers nachgeben. Herausnehmen und vorsichtig die Schale abziehen. Mit einer Gabel zerdrücken und beiseite stellen. In einer Kasserolle die Butter zerlassen, Zwiebeln und Ingwer hinzugeben und auf schwacher Mittelhitze langsam golden dünsten. Garam Masala, Kurkuma, Salz und Chilipulver hinzufügen und gut verrühren. Die Tomaten würfeln und mit den feingewiegten frischen Kräutern dazugeben. So lange weitergaren, bis die austretende Flüssigkeit verkocht ist, dann das Auberginenmus und den schaumig geschlagenen Joghurt hinzufügen und auf schwacher Hitze unter ständigem Umrühren weiterdünsten, bis das Gericht fast trocken und ziemlich fest geworden ist. Die Erbsen darunterheben und heiß servieren. Das Curry wird mit hartgekochten Eiern garniert und paßt gut zu Fleischgerichten oder anderen Gemüsen.

## Auberginen in saurer Sahne nach pakistanischer Art

*1 kleine Aubergine · 3 EL Butter · ¼ TL Chilipulver · Knoblauchsalz nach Geschmack · 1 Becher saure Sahne*

Die Aubergine schälen und in kleine Würfel schneiden. Butter in einer Pfanne zerlassen und die Auberginenwürfel darin langsam dünsten, bis sie weich und goldbraun geworden sind. Vom Herd nehmen, Chilipulver und Knoblauchsalz mit der sauren Sahne verquirlen und über die Aubergine gießen. Gut verrühren und kühl stellen. Eiskalt servieren. Dies Gericht paßt zu fast allen pakistanischen Vorspeisen.

## Pilzcurry

*500 g Pilze · 6 kleine Kartoffeln · 1 EL Butter · 2 mittelgroße gehackte Zwiebeln · 4 TL kleingeschnittener Schnittlauch oder Basilikum · 1 kleines Stück kleingehackter Ingwer · 2 TL Salz · 1 TL gemahlener Kurkuma · 1 Prise Chilipulver · 2 große Tomaten · 1 EL Zitronensaft · 1 TL Garam Masala*

Die Pilze putzen, gut abtropfen lassen und in Hälften oder in Viertel schneiden. Die Kartoffeln schälen, die Butter in einer Kasserolle zerschmelzen lassen und Zwiebeln, Kräuter und Ingwer 5 Minuten durchdünsten. Salz, Kurkuma und Chilipulver hinzufügen und weitere 2 Minuten dünsten. Dann die Tomaten in Scheiben schneiden und mit den Pilzen und den ganzen Kartoffeln hinzufügen. Gut vermischen und 30 Minuten lang auf Mittelhitze garen. Wenn man das Gericht flüssig wünscht, läßt man den Topf geschlossen, wenn nicht, so gart man es im offenen Topf. Zum Schluß Zitronensaft und Garam Masala dazurühren und die letzten 10 Minuten mitsimmern lassen. Vom Herd nehmen und heiß servieren.

## Trockenes Blumenkohlcurry

*1 mittelgroßer Blumenkohl · 5 kleine Kartoffeln · 2 EL Butter · 1 kleine Zwiebel 7 g Ingwerpulver · 1½ TL gemahlener Kurkuma · 2 TL Salz · ½ TL Chilipulver · 1 TL Garam Masala*

Den Blumenkohl waschen, abtropfen lassen, vierteln und in dünne Scheiben schneiden. Die Kartoffeln waschen, schälen und in dünne Scheiben schneiden. In einer tiefen Pfanne die Butter zerlassen, die Zwiebel in dünne Scheiben schneiden und mit dem Ingwer in der heißen Butter anbraten. Den Kurkuma dazugeben und umrühren. Die Blumenkohl- und Kartoffelscheiben in die Bratpfanne schichten und 10 Minuten lang braten. Mit Salz und Chilipulver würzen, zudecken und auf schwacher Hitze so lange garen, bis die Kartoffeln und der Kohl weich sind. Dabei beides gelegentlich vorsichtig mit einer Gabel umwenden, ohne daß der Kohl zerbricht. Wenn das Gemüse gar ist, den Deckel von der Pfanne nehmen, die Flüssigkeit einkochen lassen, Garam Masala dazugeben und 5 Minuten weiterdünsten. Vom Herd nehmen und heiß servieren. Dieses Gericht paßt gut zu allen Fleischcurries.

## Bananencurry

*750 g feste Bananen · 2 TL Butter · ½ TL gemahlener Kurkuma · ½ TL Kreuzkümmel · 1 TL Salz · ½ TL Chilipulver · ½ TL Garam Masala · 1 EL Milch · 1 EL Zitronensaft*

Die Bananen abziehen und in daumendicke Scheiben schneiden. In einer großen Bratpfanne die Butter heiß werden lassen, Kurkuma und Kreuzkümmel dazugeben und ein paar Minuten lang anbraten. Die Bananenscheiben, Salz und Chilipulver hinzufügen und 5 bis 8 Minuten leise simmern lassen. Dann Garam Masala und Milch hinzugeben, vorsichtig umrühren, damit die Bananen nicht zermusen. Den Zitronensaft dazugießen und weitere 10 Minuten simmern, bis die Flüssigkeit eingekocht ist. Die Bananen sollten weich sein, aber nicht verkochen oder zerbrechen. Vom Herd nehmen und zu Curryfleisch oder -gemüse servieren.

# Raita

Raita ist ein Gericht, das aus schaumig geschlagenem und gut gewürztem Joghurt besteht, der mit rohen oder blanchierten gewürfelten oder in dünne Scheibchen geschnittenen Gemüsen gemischt wird. Joghurt wird in Indien sehr viel und immer anders gegessen und ist sehr beliebt. Raita gehört zu den bekanntesten Gerichten und kann zum Beispiel wie folgt gemischt werden:

Joghurt schaumig schlagen, mit Salz und Pfeffer abschmecken, mit feingehackten Korianderblättern, grünen Chilischoten und anderen Gewürzen verrühren, dann Tomatenscheiben oder Würfel von gekochten Kartoffeln oder feingehobelte Gurken darunterheben. Raita wird eiskalt serviert und mit Paprika und feingewiegter Petersilie garniert.

## Brote

Im Norden des Landes gehören Weizen und andere Getreideprodukte zu den Grundnahrungsmitteln, *Chapati* oder *phulka* sind Weizenbrote, die aus ungesäuertem Teig gebacken werden. Die Brote sind rund und flach und sehen wie ein Fladenbrot aus. Man ißt das Brot meistens zu Linsen, gekochtem Gemüse oder Fleisch. Eine sehr bekannte Art des *chapati* wird *nan* genannt: ein Teig, der ein wenig aufgeht, dann flachgerollt und zu einem trockenen Brot gebacken wird. Es paßt gut zu allen Tandoori-Rezepten, zum Beispiel zu den gewürzten Grillhühnern. Ein anderes Gebäck heißt *paratha.* Es ist ganz flach und wird entweder so oder mit Gemüse gefüllt serviert. Im Süden backt man das Brot meistens aus Reismehl.

## Chapati

Chapatis kann man mit dem gleichen guten Erfolg aus Vollkornweizenmehl oder aus halb weißem Mehl, halb Vollkornweizenmehl backen.

*1½ Tassen Vollkornweizenmehl · 2 Tassen weißes Mehl · 1 TL Salz · ½ Tasse Butter · kaltes Wasser*

Die Mehlarten und das Salz zusammen in eine Schüssel sieben, die Butter in Flocken dazugeben und mit der Hand ins Mehl reiben. So viel kaltes Wasser dazugeben, wie man zum Teig braucht. Ein paar Minuten lang gut durchkneten, zudecken und 1 Stunde lang ruhen lassen. Noch einmal gut durchkneten, eventuell noch etwas kaltes Wasser dazugeben. Den Teig in gut walnußgroße Stücke teilen und jedes Teigstück zu einem dünnen runden Teigfladen ausrollen. In einer leicht gefetteten heißen Eisenpfanne oder auf dem gut gefetteten Backblech backen, bis die Chapatis hellbraun, aber noch nicht hart sind. Einmal umdrehen und die andere Seite bräunen lassen. Wieder umdrehen und die Ränder der Chapatis flachdrücken, wodurch sie etwas aufgehen. Heiß mit oder ohne Butter servieren.
Süße Chapatis macht man nach dem gleichen Rezept, löst nur 6 EL braunen Zucker im Wasser auf und knetet den Teig damit durch.

## Paratha

***Vollkornfladenbrot***

*3 Tassen Vollkornweizenmehl · ½ TL Salz · ¾ Tasse Butter · Wasser*

Aus Mehl, Salz und ¼ Tasse Butter einen Teig kneten, zudecken und 1 Stunde ruhen lassen. Mit etwas Wasser und etwas von der restlichen halben Tasse Butter noch einmal durchkneten, bis er ganz weich ist. Den Teig in kleine Stücke zerteilen, jedes Stück zu einem flachen runden Fladen ausrollen, wozu noch etwas Mehl verwendet werden kann. Jeden Fladen mit zerschmolzener Butter bepinseln, einmal umschlagen und die halbe Oberseite abermals mit Butter bepinseln. Weiter zu einem Dreieck oder zu einer Tüte zusammenfalten, dann wieder rund, aber ziemlich dick ausrollen und unter Verwendung von reichlich Butter auf beiden Seiten in der Eisenpfanne goldbraun ausbacken. Heiß servieren.

## Poori

***In Fett gebackene Fladenbrote***

*1½ Tassen Vollkornweizenmehl · 2 Tassen weißes Mehl · Salz nach Geschmack · 1 Beutel Backpulver · 2 EL Butter oder Margarine · warmes Wasser · Öl zum Ausbacken*

Mehl, Salz und Backpulver zusammen in eine Schüssel sieben und das Fett in Flocken dazugeben. So viel warmes Wasser dazugießen, daß ein fester Teig entsteht. Gut durchkneten, zudecken und eine halbe Stunde rasten lassen. Noch einmal durchkneten, zu Kugeln formen und diese zu handgroßen dünnen Fladen ausrollen. Das Öl erhitzen, Fladen einzeln rasch auf beiden Seiten hellbraun ausbacken. Sie sollten dabei etwas aufgehen. Auf einem Stück Küchenkrepp abtropfen lassen und heiß servieren.

## Gefüllte Pooris

### *Blumenkohlfüllung*

*Poori (siehe Seite 121) · 2 Tassen feingehackter Blumenkohl · 2 TL Salz · ¼ TL gemahlener Kreuzkümmel · ¼ TL gemahlene Nelken · ¼ TL Zimt · ¼ TL Kardamom · ¼ TL Pfeffer · 7 g Ingwerpulver · ½ TL Chilipulver*

Wie vorher beschrieben den Poori-Teig kneten, die Fladen jedoch etwas kleiner, dafür aber dicker ausrollen. Nur die Rosen und die zarten Teile des Blumenkohlstrunks verwenden, sehr fein wiegen und mit den übrigen Zutaten vermischen. Immer zwei Pooris mit etwas von dieser Mischung füllen und die Ränder der beiden Fladen gut zusammendrücken. Wie oben ausbacken. Die Pooris können mit den gleichen Füllungen wie die Parathas versehen werden.

## Parathas mit Kartoffelfüllung

*4 mittelgroße Kartoffeln · 2 TL Butter · 1 gehackte Zwiebel · 1 kleines Stück feingewiegter Ingwer · 2 EL feingewiegte grüne Kräuter · 1 TL Garam Masala · 2 TL Salz · ½ TL Chilipulver · 2 TL Zitronensaft · Parathas (siehe Seite 120) · zerlassene Butter*

Die Kartoffeln kochen, abziehen und durchpressen. In einer Kasserolle die Butter heiß werden lassen, Zwiebeln, Ingwer und Kräuter dazugeben und ein paar Minuten lang durchdünsten. Garam Masala, Salz, Chilipulver und den Zitronensaft, danach die durchgedrückten Kar-

toffeln hinzufügen, gut verrühren und 3 Minuten lang anbraten. Vom Herd nehmen und abkühlen lassen. Nach dem vorstehenden Rezept die Parathas zubereiten, jede Paratha mit zerschmolzener Butter bestreichen, einen Löffel Kartoffelteig auf die Mitte setzen und mit einer zweiten Paratha bedecken. Die Ränder gut festdrücken. Eine Minute lang in einer gefetteten Eisenpfanne anbraten, dann reichlich Butter dazugeben und auf beiden Seiten golden und braun backen. Heiß servieren.
Man kann die Parathas mit den verschiedensten würzigen Füllungen versehen, zum Beispiel mit Erbsen, Blumenkohl, roh geraspeltem Rettich, Kraut oder Linsen.

## Loochi oder Luchchi

Das ist die bengalische Variation des ausgebackenen indischen Fladenbrots.

*1 Tasse Weizenmehl · 1 TL Salz · 1 EL Butter ·*
*6 EL warmes Wasser · Öl zum Ausbacken*

Mehl und Salz zusammen in eine Schüssel sieben, Butterflocken und warmes Wasser dazugeben und alle Zutaten rasch zu einem festen Teig verarbeiten. Gut durchkneten und ein paarmal auf den Tisch schlagen. Den Teig in sechs Teile teilen und aus jedem eine Kugel formen. Mit wenig Mehl bestäuben und jede Kugel zu einem flachen, runden Fladen ausrollen. Einen Fladen nach dem anderen im heißen Öl von allen Seiten braun ausbacken, dann aus dem Fett nehmen und auf einem Stück Küchenkrepp abtropfen lassen. Kann warm oder kalt serviert werden.

# Chutneys

Chutneys, köstliche Mischungen aus eingelegten und frischen Zutaten, gehören fast zu jeder indischen Mahlzeit. Wer nur Mangochutney kennt, wäre verblüfft, wie viele verschiedenartige Chutneys in Indien zubereitet werden. Sie sind scharf und milde, würzig und süß, auf jeden Geschmack abgestimmt. Viele indische Chutneys enthalten auch Chilischoten, sind infolgedessen sehr scharf und werden verhältnismäßig sparsam verwendet. Man reicht sie zu Reis- und Currygerichten. Die Inder benutzen meist einen Currystößel, um ihre Chutneys zu rühren. Der westliche Koch benutzt am besten einen gewöhnlichen Küchenmörser.

## Frisches Minzchutney

*1 Strauß frische Minze · 1 Zweig Koriander · Saft von ½ Zitrone · 1 Prise Zucker · zerdrückter Knoblauch · gemahlener Ingwer · 1 frische grüne Chilischote · Salz · die letzten vier Zutaten nach Geschmack*

Minze- und Korianderblätter waschen, fein wiegen und dann im Mörser zerstoßen, bis eine grüne Paste entsteht; den Zitronensaft und die Gewürze hinzufügen. In ein Glas füllen und kühl aufbewahren. Kalt servieren.

## Korianderchutney

*1 Sträußchen Korianderblätter · 7 g frische grüne Chilischote · 4 g frische Ingwerwurzel · Salz nach Geschmack · 70 g Kokosflocken · je 1 Prise Knoblauch und Zucker · Saft von ½ Zitrone*

Die Korianderblätter waschen und gut abtrocknen, die Chilischoten und den Ingwer waschen und abtropfen lassen. Alle Zutaten außer dem Zitronensaft fein wiegen und im Mörser zerreiben, bis eine glatte Paste entsteht, dann den Zitronensaft hinzufügen. In einem Glas aufbewahren und kalt verwenden.

## Dattelchutney

*500 g Datteln · 30 g getrocknete grüne Chilischoten · 15 g frischer Ingwer · 7 g Knoblauch · 1 Tasse Essig · ½ Tasse Zucker · ½ TL Salz*

Die Datteln entkernen und mit den Chillies, dem Ingwer, Knoblauch und etwas Essig zu einer Paste verarbeiten. Aus dem Essigrest und dem Zucker einen Sirup kochen, die verriebenen Zutaten und das Salz dazugeben und in einer Kasserolle auf schwacher Hitze so lange köcheln, bis die Mischung fest wird. Vom Herd nehmen, abkühlen lassen und in einem Glas aufbewahren. Kalt verwenden.

## Früchtechutney

*250 g Pflaumen · 250 g Kochäpfel · 250 g Birnen oder Aprikosen · 12 Knoblauchzehen · 10 g frische Ingwerwurzel · 2 TL Garam Masala · 1 TL Kreuzkümmel · 2 TL Salz · 2 EL Rosinen · 1½ TL Chilipulver · ½ Tasse brauner Zucker · 2,5 dl Essig*

Die Pflaumen waschen, abtropfen, entkernen und in kleine Stücke schneiden. Äpfel und Birnen schälen, das Kernhaus herausschneiden und das Fruchtfleisch fein würfeln. Knoblauch und Ingwer fein schneiden, samt den zerkleinerten Früchten in eine große Kasserolle geben, Garam Masala, Kümmel, Salz, Rosinen und Chilipulver, braunen Zucker und Essig dazugeben, aufkochen und 35 Minuten lang auf Mittelhitze weiterkochen. Mit einem hölzernen Löffel öfter umrühren und das Fruchtfleisch dabei zerdrücken. Nach der angegebenen Zeit vom Herd nehmen, abkühlen lassen, in Gläser füllen und kalt verwenden.

## Stachelbeerchutney

*750 g grüne Stachelbeeren · 70 g eingelegter Ingwer · 12 Knoblauchzehen · 2 Tassen Zucker · 1½ TL Chilipulver · 2 TL Garam Masala · 2 TL Salz · 1 TL Kreuzkümmel · 1 Tasse Malzessig*

Die Stachelbeeren waschen und abtropfen lassen. Ingwer und Knoblauch sehr fein hacken. Die Stachelbeeren in eine große Kasserolle füllen, Ingwer und Knoblauch, Zucker, Chilipulver, Garam Masala, Salz und Kümmel dazutun. Den Essig dazugießen, aufkochen und auf schwacher Hitze 20 bis 30 Minuten simmern lassen. Mit einem

Holzlöffel gelegentlich umrühren, damit sich nichts vom Fruchtbrei ansetzt. Das Chutney vom Herd nehmen, ehe es zu fest wird, es dickt beim Abkühlen nach. Wenn es ganz abgekühlt ist, in Gläser füllen und kalt verwenden.

### Tomatenchutney

*30 g getrocknete grüne Chilischoten · 1 kleines Stück frischer Ingwer · 2 Knoblauchzehen · ½ Tasse Essig · 500 g reife Tomaten · 2 Tassen Zucker · ½ TL Salz*

Chilischoten, Ingwer und Knoblauch mit etwas Essig zusammen im Mörser verreiben. Die Tomaten häuten, ausdrücken und kleinschneiden. In eine Kasserolle füllen und mit dem Essigrest aufkochen. Dann die zerriebenen Zutaten, den Zucker und das Salz hinzufügen, leise einkochen lassen, bis die Mischung die gewünschte Festigkeit erhält. Abkühlen lassen, in Gläsern aufbewahren und kalt verwenden.

## Süßigkeiten

Die bekanntesten Süßigkeiten, die während einer indischen Mahlzeit serviert werden, sind *halwa* und *kheer*. Es gibt noch andere köstliche Konfektarten, aber sie sind in der Herstellung so kompliziert, daß man sie lieber fertig kauft und nicht mehr zu Hause zubereitet.
*Halwa:* Halwa kann aus Kürbis, Mohrrüben, Grieß, Linsen oder Weizen bestehen. Die Zutaten werden zuerst in Butter angeröstet und dann in einem Sirup gar gekocht. Manchmal gibt man noch *khoa,* Trockenmilch, zu

dem Teig, um das Halwa noch üppiger zu machen. Bevor Halwa auf den Tisch gebracht wird, wird es mit Rosinen, gehackten Mandeln, Safran, Kardamom und Pistazien garniert.
*Kheer:* Es besteht aus Glasnudeln, Reis, Mohrrüben oder Grieß, die in reichlich Milch gekocht und so lange quellen gelassen werden, bis ein üppiger, fester Brei entsteht. Er wird vom Feuer genommen und mit Zucker und Nüssen fertig gemacht.

## Mohrrüben-Kheer

*125 g Mohrrüben · 3 Tassen Milch ·*
*¾ Tasse Zucker · 6 EL Butter · 2 EL Rosinen ·*
*3 EL gehackte gemischte Nüsse ·*
*1 TL Kokosflocken · 1 TL gemahlener Muskat*

Die Mohrrüben waschen, säubern und raspeln. Die Milch aufkochen lassen, die Mohrrüben dazugeben und auf Mittelhitze unter ständigem Umrühren weiterkochen, bis die Mischung dick wird, was etwa 45 Minuten dauert. Zucker dazugeben und unter ständigem Umrühren 20 Minuten weiterkochen. Die Butter dazugeben, die Hitze vermindern und unter ständigem Rühren nochmals 15 Minuten kochen, bis die Butter zum größten Teil von dem Brei aufgenommen worden ist. Die gut gewaschenen und gequollenen Rosinen dazugeben und sorgfältig unterrühren. Eine flache Platte mit Butter bestreichen und den Brei daraufgießen. Mit den gehackten Nüssen, den Kokosflocken und dem Muskat bestreuen, abkühlen lassen und dann in Würfel schneiden.

## Reis-Kheer

*5 Tassen Milch · 1 Tasse Reis · Zucker nach Geschmack · ¼ Tasse Rosinen · ¼ TL Safran · ¼ TL Kardamomkörner · 7 EL gemahlene Mandeln*

Die Milch aufkochen und den Reis hineinrieseln lassen. 3 bis 4 Stunden lang auf schwacher Hitze quellen lassen. Nach der halben Zeit die übrigen Zutaten unter den Brei rühren, den Teig dann in eine gut ausgefettete flache Auflaufform füllen und 20 Minuten lang bei Mittelhitze backen. Aus dem Ofen nehmen und heiß oder kalt servieren.

## Mohrrüben-Halwa

*1 l Milch · 500 g Mohrrüben · 1 Tasse Zucker · 4 EL Rosinen · 1 EL Ahornsirup · 6 EL Butter · 1 TL Muskat · Mandelblättchen*

Die Milch aufkochen, die gewaschenen, geschabten und geraspelten Mohrrüben in die kochende Milch schütten und auf Mittelhitze ungefähr 75 Minuten garen. Oft umrühren, damit der Brei nicht am Boden anhängt. Wenn er fest zu werden beginnt, Zucker, gewaschene und gequollene Rosinen, Sirup und Butter hinzufügen und in eine flache große Kasserolle gießen. Unter ständigem Umrühren leise weiterkochen, bis der Brei fest zu werden beginnt. Eine Platte üppig mit Butter bestreichen und die fertige Halwa, die eine tief orangerote Farbe besitzt, auf die Platte streichen, mit Muskat und den Mandelblättchen bestreuen. Dies Konfekt kann heiß oder kalt gereicht werden und hält sich ein paar Tage lang.

## Mohrrüben-Halwa nach pakistanischer Art

*500 g Mohrrüben · Milch · 2 EL Butter · 1 Prise Safran · 2 Nelken · 4 Kardamomkapseln · 1½ Tassen Zucker · 24 blättrig geschnittene Mandeln*

Die Mohrrüben waschen, putzen und raspeln. Mit so viel Milch, daß sie gut bedeckt sind, so lange in einer Kasserolle auf Mittelhitze leise köcheln lassen, bis eine Paste entsteht. In einer zweiten Kasserolle die Butter erhitzen, Safran, Nelken, Kardamom und Mohrrübenbrei dazugeben, hellbraun schmoren, den Zucker dazuschütten und so lange rühren, bis er sich aufgelöst hat und die Karotten goldbraun sind. Die Mandeln unter den Brei heben, in eine Schüssel füllen, abkühlen und eiskalt servieren.

## Firni

***Pakistanischer Reispudding***

*1 l Milch · ¼ Tasse Langkornreis · 1 Tasse Zucker · ¼ Tasse Mandelblättchen · 1 Tasse feingehackte Pistazien*

Die Milch in einer Kasserolle fast bis zum Kochen erhitzen und den Reis hineinrieseln lassen. Die Hitze vermindern, die Kasserolle zudecken und den Reis unter gelegentlichem Umrühren gar ziehen lassen. Wenn der Brei fest zu werden beginnt, den Zucker dazugeben und gut umrühren. Eine Minute weitergaren, vom Herd nehmen und abkühlen lassen. Dann in eine flache Schüssel gießen, mit Mandelblättchen und Pistazien bestreuen. Eiskalt servieren.

## Kürbis-Halwa

*500 g Kürbisfleisch · ¼ Tasse Milch · ¾ Tasse brauner Zucker · 4 EL Rosinen · 1 EL Mandelblättchen · 2 TL Kokosflocken · 6 EL Butter · ½ TL Muskat oder zerriebene Kardamomkörner*

Das Kürbisfleisch raspeln oder sehr fein wiegen. In einer großen Kasserolle die Milch zum Kochen bringen und das Kürbisfleisch 10 Minuten lang auf starker Hitze unter ständigem Umrühren und Zerdrücken darin kochen. Danach sollte der Brei ziemlich steif sein. Den braunen Zucker dazugeben und weitere 8 Minuten kräftig kochen. Jetzt kommen die gewaschenen und gequollenen Rosinen, die Mandelblättchen und die Kokosflocken dazu. Sie werden mit der Butter kräftig unter den Brei gerührt. Auf Mittelhitze etwa 7 bis 8 Minuten weiterkochen, oder bis die Halwa vollkommen steif geworden ist. Auf eine gebutterte Platte streichen und mit Muskat bestreuen. Kann heiß oder kalt gegessen werden.

## Jalebi

***Pakistanisches Gebäck***

*2 Tassen Mehl · Wasser nach Bedarf · ½ Tasse Wasser · ½ Tasse Zucker · ½ TL Safran · 1 Tropfen Rosenwasser · 3 EL Butter*

Aus Mehl und Wasser einen dünnen Teig in einer Schüssel rühren und über Nacht fest zugedeckt stehenlassen. Er beginnt dann zu säuern. Den Zucker in einer Kasserolle mit Wasser zu einem dicken Sirup kochen. Den Safran und das Rosenwasser hinzugeben, sobald der Sirup etwas abgekühlt ist. Die Butter in einem Ausbacktopf heiß werden lassen, den Teig in einen Spritzbeutel füllen und Kringel in das heiße Fett spritzen. Man kann auch Achten oder andere Muster spritzen. Die Küchlein von allen Seiten golden backen, mit dem Schaumlöffel aus dem Fett heben und in den warmen Sirup legen. Jeder Kringel soll sich gut voll Zucker saugen. Aus dem Sirup nehmen, auf Küchenkrepp abtropfen lassen und heiß oder kalt servieren.

# Getränke

Im nördlichen Indien ist Tee das gebräuchlichste Getränk. In Bombay und in Kaschmir trinkt man auch gern gewürzten Tee mit Minze, Zitronengras oder gemahlenem Kardamom.
Im südlichen Indien trinkt man dagegen mehr Kaffee. Diese Gegend ist die Heimat ganz vorzüglicher Kaffeesorten. Der geröstete und gemahlene Kaffee wird durch Filter aus rostfreiem Stahl oder aus Messing gegossen, die so fein sind, daß der Kaffee manchmal über Nacht stehen gelassen wird, damit er durchlaufen kann. Dieser durchgefilterte Kaffee wird dann wieder heiß gemacht und mit Milch getrunken, wobei man sich in eine Tasse Milch einen Löffel Kaffee rührt.
Ein beliebtes kaltes Getränk ist *nimboo pani,* das ist Zitronensaft, der mit Zucker gesüßt und mit Soda oder Wasser aufgegossen ist. Ein anderes Getränk heißt *lassi,* wozu man Joghurt schaumig schlägt, mit Wasser verdünnt und dann entweder süßt oder salzt. Im Süden verrührt man das *lassi* mit Zwiebeln, Ingwer oder Chillies und nennt es dann *sambaran,* ein sehr beliebtes Erfrischungsgetränk.

Im Sommer bekommt man oft Mangosaft, der ausgezeichnet schmeckt. In der Nähe der Küsten, wo Kokosnüsse angebaut werden, trinkt man am liebsten den Saft der grünen Kokosnüsse. Das ist übrigens ein gern empfohlenes, weil ungefährliches Getränk für Touristen.
Im Norden bekommt man oft Milchgetränke, zum Beispiel Mandelmilch oder Gewürzmilch, aber süßer Limonensaft, Tomatensaft, Mangosorbet, Apfelsaft und Orangensaft sind ebenfalls üblich und beliebt. Sie werden entweder pur serviert oder mit Wasser oder Soda aufgegossen.

# China

Große alte Kulturen bringen immer große Künste hervor, und in China, das auf eine Vergangenheit von fast 5000 Jahren zurückblicken kann, hat sich das Kochen zu einer wahrhaft großen Kunst entwickelt. Die chinesische Küche gehört zu den besten der Welt. Viele Feinschmecker ziehen sie sogar der französischen vor. Das hängt vielleicht damit zusammen, daß die Chinesen dem Essen eine große Achtung erweisen, was sich in ihrem Sprichwort ausdrückt: »Es ist besser, wenn ein Mensch auf seine Mahlzeit wartet, als daß die Mahlzeit auf den Menschen warten muß.« Das zeigt natürlich auch eine Achtung vor dem Menschen und seinem Recht, sein Essen in jeder Hinsicht zu genießen.
China ist dicht besiedelt, und weder die Chinesen noch ihr Land können als reich bezeichnet werden. Deshalb stützt sich ihre Ernährung seit Jahrhunderten auf solche Nahrungsmittel wie Reis, Nudeln und Gemüse, weil sie nicht viel kosten, aber sättigen und durch immer wieder andere Zusammensetzungen und Gewürze unendlich oft variiert werden können. Weil China kein reiches Land ist, wird auch das Fleisch — Schweinefleisch, Leber, Rindfleisch, Ente, Huhn und Lamm — viertelpfundweise gekauft, so daß es selbst in den ärmeren Familien dann und wann die verschiedensten Fleischarten in einem Topf gibt. Diese kleinen Mengen von Fleisch oder Geflügel verleihen einer Mahlzeit Pfiff und Würze, statt der Völlerei zu dienen, und mit ihrer Hilfe kann man bei einer Mahlzeit verschiedene Hauptgerichte auf den Tisch brin-

gen, die alle anders schmecken, statt daß man ein Gericht hat, in dem von allem etwas ist. Das einzige Fleisch, das nicht in minimalen Mengen und winzigen Würfelchen verarbeitet wird, ist das Fischfleisch. Fische werden sogar im ganzen zubereitet. Fische und andere Meerestiere liefern mehr als das Fleisch der Schlachttiere das Eiweiß in der chinesischen Ernährung und spielen bei allen Mahlzeiten eine große und wichtige Rolle.

Tierisches Fett wird kaum zum Kochen verwendet, und Molkereiprodukte sind unbekannt. Trotzdem sind die Mahlzeiten vorzüglich ausgeglichen, kalorienarm und nährstoffreich. Die Fleisch- und Gemüsearten werden so hauchdünn gehackt, gewürfelt oder geschnitten, daß sich stundenlange Garzeiten erübrigen. Alle Gerichte werden rasch gegart, kommen direkt aus der Pfanne auf den Tisch und ebenso rasch auf den Teller, so daß der kostbare Vitamingehalt fast unvermindert erhalten bleibt. Die Chinesen haben schon vor langer, langer Zeit den ernährungsphysiologischen Wert der grünen Gemüse entdeckt und erkannt, daß man diesen Reichtum am besten durch rasches Kochen und schnelles Servieren bewahrt. Mögen die Speisen, die auf den Tisch einer chinesischen Familie kommen, noch so bescheiden sein, sie sind dennoch stets schmackhaft und nahrhaft.

Die Kunst der chinesischen Küche legt Wert auf penibel beachtete Kleinigkeiten und ist auf eine gewisse Weise kompliziert. Sie besitzt jedoch eine überzeugende Logik und eine einfache Entschiedenheit in bezug auf ihre Prinzipien, und sie kann von jedem, der etwas Geduld und große Liebe zum Essen besitzt, ohne Schwierigkeiten erlernt werden. Selbst ein Anfänger kann in seiner normalen Küche ohne außergewöhnliche Kunstgriffe und extravagante Geräte eine echte chinesische Mahlzeit zustande bringen, ohne daß es ihm allzuviel Mühe machen wird.

Der Begriff des schnellen Kochens ist einer der Schlüssel zur chinesischen Küche. Dabei ist es typisch, daß man

sich so viel Zeit für die Vorbereitungen läßt, wie man braucht, und so kurz wie möglich kocht. Es ist außerdem der Koch in der Küche und nicht der Gast am Tisch, der das Essen zerkleinert. Der Koch schneidet, hackt, raspelt, würfelt, zerkleinert und zerdrückt die Zutaten vor dem Kochen, wodurch er zweierlei erreicht: er gibt den Zutaten die Form, in der sie rasch gar sind, und er nimmt den Tischgenossen die Arbeit ab, ihr eigenes Essen zerkleinern zu müssen. In China würzt man sich sein Essen außerdem nicht mehr mit Salz, Pfeffer oder anderen Gewürzen nach. Das hat der Koch schon vor dem Servieren getan, und er ist dabei von der Erfahrung ausgegangen, daß jedes Gewürz nur dann seinen Duft entfaltet, wenn es während des Kochens hinzugefügt wird. Nur dann vermählt es sich mit den anderen Zutaten, so daß alles ein harmonisches Ganzes ergibt.
Diese Heirat der Zutaten ist der zweite Schlüssel zur chinesischen Küche. Für einen chinesischen Koch hängt ein gelungenes Gericht mehr von der Verwandtschaft der einzelnen Zutaten und Würzen ab als vom Charakter der einzelnen Bestandteile, wenngleich man das letztere auch nicht unterschätzen sollte. Harmonie ist der wichtigste Grundsatz, Harmonie von Geschmack, Aroma, Farbe und allgemeinem Aussehen. Um das Ideal dieser Harmonie zu erreichen, muß sich der Koch bemühen, die richtigen Zutaten auszuwählen, muß sie im richtigen Verhältnis zueinander mischen und die genaue Garzeit beachten. Wenn er einen von diesen Faktoren nicht genügend berücksichtigt, so wird ihm sein Gericht nicht gelingen, er wird nicht imstande sein, die allumfassende Kenntnis und Erfahrung zu beweisen, die die Chinesen von einem guten Koch erwarten.
Er beginnt also mit der Auswahl der besten Zutaten. Dann schneidet er alles nach Vorschrift zurecht und gart das Ganze auf die Art und in der Mischung, die die Frische seiner Natur noch hebt, jedes Aroma aufblühen läßt und den blassen oder schwachen Geschmack be-

tont und stützt. Die rasche Kochmethode, die er anwendet, trägt noch dazu bei, daß die Mischung köstlich wird und eins das andere steigert, statt daß ein Aroma das andere überdeckt. Es ist das Ziel des Kochs, die ursprünglichen Geschmacksrichtungen der Hauptzutaten auf jede nur mögliche Art zu verstärken, während gleichzeitig die besonderen Eigenschaften, auch die der Struktur der Lebensmittel, erhalten bleiben sollen. Alles muß munden, soll zart, glatt, weich oder knusprig sein, aber es darf niemals verkochen oder unangenehm auf der Zunge liegen. Das Fleisch soll immer butterweich sein, das Gemüse eher knusprig und knackig, während das Geflügelfleisch schier auf der Zunge schmelzen soll. Bei manchen Gerichten ist es wichtig, daß das Innere anders als das Äußere gerät. Ein süß-saurer Fisch muß zum Beispiel innen wunderbar zart werden und eine knusprig-feste Haut bekommen. Wichtig ist auch, daß kein Gericht allein alle Aufmerksamkeit auf sich ziehen darf. Alle Gerichte sind gleichwertig. Die Chinesen sagen, daß es sieben unentbehrliche Helfer im Haushalt gibt: Öl, Sojasauce, Essig, Heizmaterial, Reis, Salz und Tee. Zu diesen Grundbestandteilen der Küche würde der chinesische Feinschmecker noch folgendes hinzufügen: jungen Knoblauch, frische Ingwerwurzeln, Lauch, Schalotten und Schnittlauch, Kochwein, Zucker, Speisestärke und Glutamat, Pfeffer, Sesam, Anis, Koriander, schwarze Bohnensauce, Fünf-Gewürze (ein Gewürzpulver, das aus Sternanis, Anispfeffer, Fenchel, Nelken und Zimt besteht), chinesische Petersilie oder Korianderblätter, Wasserkastanien, getrocknete chinesische Pilze, Bambussprossen, Schnee-Erbsen, chinesischer Kohl, Austernsauce und Hoisinsauce, die auch Pekingsauce oder rote Gewürzsauce, rote Gemüsesauce oder süße Gemüsesauce genannt wird und eine Art von chinesischem Ketchup ist.
Das Pfannenrühren gehört zu den charakteristischen chinesischen Kochmethoden. Man braucht dazu ein starkes Feuer und so viel Öl — meist wird Erdnußöl verwendet

—, daß es die Zutaten gerade überzieht, aber nicht so viel, daß das fertige Gericht in Öl schwimmt. Diese sparsame Verwendung des Öls garantiert vor allem, daß die Zutaten ihre natürliche Frische und ihren Duft bewahren. Das Pfannenrühren wird besonders gern bei folgenden Zutaten angewandt: Schweinefleisch, Rindfleisch, Lamm, weißem Geflügelfleisch, Fisch-, Muschel- und Krabbenfleisch, außerdem bei allen frischen jungen Gemüsearten. Für diese Kochmethode müssen alle Zutaten sehr klein geschnitten werden. Das Fleisch wird quer zur Faser geschnitten, festes Blattgemüse und Mohrrüben werden schräg und Zwiebeln und Pilze gerade in Scheiben geschnitten. Wenn es ganz schnell gehen soll, wird das Gemüse geraspelt. Alle Zutaten werden beim Garen ständig und rasch umgerührt, wodurch alles in ein paar Minuten weich und tischfertig ist, während es beim Gemüse sogar nur ein oder zwei Minuten dauert.
Die anderen Kochmethoden der chinesischen Küche erklären sich eigentlich von selbst, eine Ausnahme macht vielleicht das Rotkochen oder Rotsimmern, worunter sich nichts anderes verbirgt als Schmoren mit Sojasauce. Das Gericht wird also langsam in dunkler Sojasauce so wie bei uns in Wasser oder Fleischbrühe geschmort, wodurch es dann zum Schluß ein rotbraunes Aussehen erhält.
Wenn es kalt ist, kocht man gerne Suppen, was sehr oft bei Tisch geschieht. Fleisch, Geflügel oder Fisch werden dann in hauchdünne Scheiben geschnitten, durch eine Mischung aus Sojasauce, Wein und Speisestärke gezogen und in eine kräftig kochende, klare Fleischbrühe oder einfach in kochendes Wasser gelegt. In ein oder zwei Minuten ist das Fleisch gar und kann gegessen werden. Die Suppe wird im Laufe der Mahlzeit immer besser, und wenn man kochendes Wasser verwendet hat, so entsteht daraus im Laufe der Mahlzeit eine kräftige Suppe. Wenn man sie zwischendurch trinkt, schüttet man wieder frisches heißes Wasser dazu und läßt es aufko-

chen. Dann gart man sich wieder sein Fleisch darin, und so wird abwechselnd Suppe getrunken und Fleisch gegessen, bis alles Fleisch aufgebraucht ist. Man kann auch Gemüse mitkochen, dann sollte man sie aber immer wieder sehr rasch aus der Suppe fischen, denn sie verlieren nicht nur sehr schnell ihren Eigengeschmack, sondern sie beeinträchtigen auch etwas das Aroma der Fleischsuppe.

In jeder westlichen Küche kann man chinesische Mahlzeiten zubereiten. Ein chinesischer Koch würde freilich ohne einen oder zwei *woks* gar nicht erst zu kochen beginnen. Der *wok* ist ein chinesischer Allzwecktopf. Er ist aus Eisen und besitzt die Form einer Halbkugel. Man kann ihn meist auch dort kaufen, wo man chinesische Nahrungsmittel erhält. Man kann im *wok* pfannenrühren, ausbacken, dünsten und kochen, und wenn er groß genug ist, kann man ihn sogar zum Grillen im Garten verwenden. Die einzige Voraussetzung: Man muß beim Original-Wok auf offenem Feuer oder auf Gas kochen. Allerdings gibt es mittlerweile auch Woks in guten Haushaltswarengeschäften, die man auf Elektro- genauso wie auf Keramikplatten benutzen kann. Das nächstwichtige Kochgerät für den chinesischen Koch: das Küchenbeil, ein gedrungenes schweres Messer mit einer rechteckigen Schneide. Es wird für alles verwendet, zum Hacken, Schneiden, Würfeln, Zerdrücken und selbst zum Vermischen und zum Fleischteigkneten. Auch Eßstäbchen werden zum Kochen verwendet. Man benutzt sie wie einen Küchenlöffel zum Einfüllen, Umrühren und Mischen, und bei Tisch sind sie das Vorlegebesteck. Wer viel chinesisch kocht, wird sich an diese Geräte gewöhnen, absolut notwendig sind sie jedoch nicht.

Um der Echtheit und des Vergnügens willen sollte man jedoch den Tisch mit Eßstäbchen decken. Wenn man ein wenig mit ihnen geübt hat, ist das Essen mit ihnen ganz einfach. Ein chinesischer Eßtisch ist meistens rund, weil das geselliger wirkt und jeder leichter an alle Schüsseln und Schalen reichen kann. Das Platzgedeck besteht aus einem kleinen Teller, einem Porzellanlöffel, einer kleinen Suppenschale, einem winzigen Weinbecher, einer kleinen Schüssel für die Sojasauce und einem Paar Eßstäbchen. Bei einem normalen Alltagsessen werden alle Gerichte gleichzeitig auf den Tisch gestellt, wobei die Anzahl der Gerichte von der Anzahl derer abhängt, die am Essen teilnehmen. Bei einer Familie von vier bis sechs Personen besteht eine Mahlzeit zum Beispiel aus einem Fleischgericht mit Schweinefleisch oder Rindfleisch, das mit anderen Zutaten kombiniert ist, aus einem Fischgericht, einem Gemüsegericht, einem Eiergericht, Reis, Suppe, Tee und frischen Früchten.

Wenn Gäste zum Essen eingeladen werden, so sehen die Mahlzeiten etwas üppiger aus. Für eine Runde von acht bis zwölf Personen beginnt das Menü mit Vorspeisen oder kleinen Appetithäppchen, die schon auf dem Tisch auf die Gäste warten und aus vier kalten Gerichten bestehen oder aus einer einzigen großen kalten Platte, auf der man solche Köstlichkeiten wie gesalzene Krabben entdecken wird, kalte Nieren oder anderes Fleisch und Meeresfrüchte. Westliche Gäste ziehen vielleicht die heißen Vorspeisen vor, zum Beispiel Krabben-Eier-Röllchen, winzige ausgebackene Klößchen oder gegrillte Rippchen. Dann gibt es vier scharfe pfannengerührte Gerichte, auf die vier gedünstete oder gekochte Gerichte folgen, die man mit Reis ißt. Irgendwann zwischen den beiden Hauptgängen werden vielleicht des Kontrastes wegen zwei süße Gerichte serviert: gezuckerte Apfelscheiben oder Lotussuppe mit Reisklößchen. Dann gibt es noch einmal zwei oder mehr Fleischgerichte, zu denen man sich wieder Reis nimmt, und zum Schluß wird die Suppe gereicht, die im Gegensatz zu westlichen Eßsitten die Mahlzeit beschließt.

Ein etwas einfacheres, aber immer noch festliches Mahl könnte aus einer großen kalten Platte bestehen, vier bis sechs Hauptgerichten, darunter zum Beispiel ein Krab-

bengericht, gebratene Ente, gedünsteter Fisch und ein Eintopf aus hauchdünn geschnittenem Fleisch und Gemüse; dann würden ein Dessert, der Reis und die Suppe folgen. Tee wird am Anfang und am Ende der Mahlzeit serviert. Desserts sind im allgemeinen nicht üblich, aber wenn Sie das süße Gericht lieber als Nachspeise statt als Zwischengericht servieren wollen, so dürfen Sie Ihrem Wunsch ohne weiteres nachgeben. Wählen Sie aber kein schweres oder üppiges Gericht aus. Eine Schüssel mit süßem Gebäck oder etwas frisches oder eingemachtes Obst ist durchaus genug, um ein chinesisches Mahl abzurunden.
Die Mengen der einzelnen Gerichte, aus denen Sie eine Mahlzeit zusammensetzen, hängt von der Zahl Ihrer Gäste ab und von der Zahl der Speisen, die Sie zu kochen planen. Je weniger Gerichte, desto größer die Mengen, und je mehr Gerichte, desto weniger brauchen Sie für das einzelne Gericht vorzubereiten. Vergessen Sie nie, daß das Geheimnis der chinesischen Mahlzeit in Vielfalt und Harmonie besteht. Wenn Sie sich die Mühe machen, für jeden Ihrer Gäste ein Gericht zuzubereiten, so können Sie sicher sein, daß Sie alle zufriedenstellen werden.

# Reis

## Chinesischer lockerer Reis

*1 Tasse Reis · 2 Tassen Wasser*

Das Wasser in einer Kasserolle aufkochen und den Reis hineinschütten. Wenn das Wasser wieder aufkocht, einmal umrühren, den Topf zudecken und die Hitze vermindern. 20 bis 25 Minuten, ohne umzurühren, gar ziehen lassen. Wenn der Reis trocken und locker ist, ist er auch gar. Wenn notwendig, noch einmal 5 Minuten ausdünsten lassen. Nicht mehr umrühren und sofort servieren.

# Suppen

## Hang yang wu

***Mandelsuppe***

*$\frac{1}{3}$ Tasse Mandeln · $2\frac{1}{3}$ Tassen kaltes Wasser · $3\frac{1}{2}$ EL Reismehl · $\frac{1}{8}$ TL Salz · $\frac{1}{3}$ Tasse Zucker · etwa $\frac{1}{2}$ Tasse kaltes Wasser*

Die Mandeln blanchieren, abziehen und fein mahlen. Die gemahlenen Mandeln 15 Minuten in einer Kasserolle im kalten Wasser einweichen, dann zum Kochen bringen, den Topf zudecken und die Mandeln 10 Minuten simmern lassen. Das Reismehl mit Salz und Zucker vermengen und mit etwas Wasser glattrühren. Unter ständigem Rühren in das kochende Mandelwasser gießen, wieder aufkochen und auf Mittelhitze unter ständigem Umrühren 5 Minuten leise kochen. Die Suppe andicken lassen, dann durch ein Sieb streichen und kalt oder warm servieren.

## Hühner- und Gurkensuppe

*2 kleine Gemüsegurken · 1 Hühnerbrust ohne Haut und Knochen · 4 Tassen Hühnerbrühe · 3 EL Sherry*

Die Gurken waschen und schälen, einmal längs durchschneiden und die Kerne herauskratzen, dann in dünne Scheiben schneiden. Die Hühnerbrust ebenfalls in dünne Scheibchen schneiden. Die Hühnerbrühe in einer Kasserolle aufkochen, Gurkenscheiben und Hühnerfleisch hinzufügen und 5 Minuten kochen. Dann den Sherry dazugießen. Vom Herd nehmen, abschmecken und heiß servieren.

## Eiertropfensuppe

*3 Tassen Hühnerbrühe · 2 Eier · Salz nach Geschmack · ½ TL Glutamat*

Die Brühe in einem Topf aufkochen, die Eier mit einer Prise Salz verquirlen. Die Eier unter ständigem Umrühren langsam in die kochende Brühe gießen, das Glutamat dazugeben und umrühren. Vom Herd nehmen und heiß servieren.

## Vogelnestersuppe

*125 g Vogelnester (siehe Anhang) · 1 l Hühnerbrühe · Salz und Pfeffer nach Geschmack · 2 Eiweiß · 2 EL Speisestärke · 1 EL kaltes Wasser · 125 g Bambussprossen · 125 g weiße Pilze · 2 EL gewürfelter gekochter Schinken*

Die Vogelnester 3 Stunden lang in warmem Wasser einweichen. Danach ein paarmal spülen und gut abtropfen lassen. Die Hühnerbrühe in einem Suppentopf aufkochen lassen; die Vogelnester, Salz und Pfeffer hinzufügen und 5 Minuten lang simmern lassen. Das Eiweiß steif schlagen und unter ständigem Umrühren in die Suppe geben. Die Speisestärke mit kaltem Wasser anrühren, ebenfalls in die kochende Suppe rinnen lassen und ständig rühren, bis sie beginnt, dick zu werden. Bambussprossen und Pilze in Scheiben schneiden und etwa 3 Minuten mitkochen. Zum Schluß den Würfelschinken dazugeben, heiß mit Sojasauce servieren.

## Scharf-saure Suppe

*300 g mageres Schweinefleisch · 4 getrocknete schwarze Pilze · 70 g Sojabohnenquark (siehe Anhang) · 3 Tassen Hühnerbrühe · 1½ EL Sojasauce · 2 EL Sherry · 1 TL Salz · ½ TL Pfeffer · 1½ EL Essig · 2 EL Speisestärke · 1 EL Wasser · ¼ TL Glutamat*

Das Schweinefleisch, die eingeweichten Pilze und den Bohnenquark in lange Riemchen schneiden, die Fleischbrühe in einem großen Topf aufkochen und Schweinefleisch, Pilze und Bohnenquark dazugeben. 8 Minuten lang sachte kochen lassen, dann die Sojasauce, den Sherry, Salz, Pfeffer und Essig dazugeben. Die Speisestärke mit dem Wasser anrühren und in die Suppe gießen. Auf schwacher Hitze weiterkochen, bis die Suppe dicklich ist. Mit dem Glutamat abschmecken und gut umrühren. Vom Herd nehmen und heiß servieren.

## Congee

***Meeressuppe***

*½ Tasse Reis · 8 Tassen Wasser · 250 g Seezungenfilet · 1 Tasse Krabben- oder Krebsfleisch · 250 g Tintenfisch (Kalmar) · 4 Schalotten oder grüne Zwiebeln · 2 EL Erdnußöl · 1 EL helle Sojasauce · Salz nach Geschmack · 1 Prise weißer Pfeffer*

Den Reis waschen und abtrocknen, in einem großen Topf mit dem Wasser zum Kochen bringen, die Hitze verringern, den Topf zudecken und das Congee (dicke porridgeähnliche Reissuppe) 1 Stunde lang leise kochen lassen. In der Zwischenzeit wird das Krabben- oder Krebsfleisch vorbereitet, die Seezunge in feine Streifen geschnitten, der Tintenfisch gesäubert und in daumendicke Würfel geschnitten. Die Schalotten säubern und zu Ringen schneiden und Fisch, Krabben und Tintenfisch zum Congee geben. 2 Minuten lang kräftig kochen, dann die Hitze vermindern (Elektroplatte abstellen) und Schalotten, Öl, Sojasauce, Pfeffer und Salz dazugeben. Umrühren, vom Herd nehmen und sofort servieren.

## Frühlingsrollen

Pfannkuchenteig:

*2 Tassen Mehl · 1 TL Salz · 6 Eier · 2 Tassen Wasser · Öl zum Ausbacken*

Mehl und Salz in eine Schüssel sieben, Eier und Wasser dazugeben und zu einem Teig verquirlen, der dünn, aber nicht zu flüssig sein soll. Ein paar Minuten zum Quellen beiseite stellen, dann etwa ½ TL Öl in einer kleinen Eierpfanne heiß werden lassen, das überschüssige Öl wieder abgießen, weil die Pfanne nicht zuviel Fett enthalten soll. Etwa 2 TL Teig in die heiße Pfanne geben und so drehen und wenden, daß sich der Teig gut verteilt. Er wird auf Mittelhitze eine knappe Minute auf jeder Seite gebacken. Der fertige Pfannkuchen soll hauchdünn und auf beiden Seiten gar, aber nicht gebräunt sein. Die fertigen Pfannkuchen nebeneinander auf ein Brett legen, mit einem Küchentuch oder mit Folie zudecken, bis sie gefüllt werden. Weiterbacken, bis die erforderliche Anzahl von Pfannkuchen fertig ist.

Füllung:

*1 Tasse Wasserkastanien (Dose) · 1½ Tassen Bambussprossen (Dose) · 250 g gebratenes Schweinefleisch · ½ Tasse feingewiegte Schalotten · 250 g Krabbenfleisch · 1 TL Salz · ⅛ TL Pfeffer · 1 TL Glutamat · 1 TL Zucker · 2½ Tassen Hühnerbrühe · Öl zum Ausbacken*

Die Wasserkastanien und die Bambussprossen aus der Dose nehmen und gut abtropfen lassen. Wasserkastanien, Bambussprossen und Schweinefleisch in kleine dünne Riemen schneiden. Das Krabbenfleisch fein wiegen und beides mit den Schalotten, Salz, Pfeffer, Glutamat und Zucker in einer Schüssel gut vermischen. Die Hühnerbrühe darübergießen und durchrühren. Auf jeden Pfannkuchen 1½ EL Füllung setzen. Den Pfannkuchen von drei Seiten über die Füllung klappen, dann aufrollen und mit etwas Teig oder Wasser zukleben. In heißem Fett ausbacken, bis die Röllchen golden werden. Aus dem Fett heben und auf Küchenkrepp abtropfen lassen. Heiß mit Duk-Sauce (siehe Anhang) und Senf servieren.

## Eiernocken

*375 g Schweinehack · 3 Schalotten oder grüne Zwiebeln · 2 Scheiben frischer Ingwer · 1 EL Sojasauce · 6 Eier · 1 TL Salz · Öl zum Ausbacken · ½ Tasse Wasser · 1 TL Zucker*

Schweinehack mit den sehr feingewiegten Schalotten und Ingwerstücken vermischen, die Hälfte der Sojasauce dazugeben und zu einem glatten Teig verarbeiten. Die Eier mit dem Salz verquirlen, in einer großen Bratpfanne 2 TL Öl heiß werden lassen. Etwa 1 EL Eiermischung mitten in die Pfanne geben, als ob man einen Pfannkuchen backen wollte. Sofort 1 TL Hackteig in die Mitte der Eiermischung geben, das gestockte Ei darüberschlagen und den Rand gut zudrücken. Aus der Pfanne nehmen und auf diese Weise eine Eiernocke nach der anderen fertig backen. Dann werden alle Nocken in die Pfanne gesetzt, Wasser, Zucker und der Rest der Sojasauce werden verquirlt und darübergegossen, die Pfanne wird zugedeckt, und die Nocken werden in etwa 15 Minuten gar gesimmert.

# Fisch und Meeresfrüchte

## Süß-saurer Fisch

*1 Fisch von 1,5 bis 1,75 kg · ½ Tasse Mehl · Öl zum Ausbacken · 1 Tasse Zucker · 5 EL Sojasauce · 1¾ Tassen Essig · 2 EL Speisestärke · 1 mittelgroße Zwiebel · 2 EL feingehackter Ingwer*

Den Fisch säubern, Kopf und Schwanz jedoch dranlassen, dann auf beiden Seiten gut in Mehl panieren. Das Öl heiß werden lassen und den Fisch darin ausbacken, bis er braun und knusprig ist. Aus dem Fettbad nehmen und abtropfen lassen.
Zur Sauce 3 EL Öl, den Zucker, Sojasauce, Essig und Speisestärke in einer Kasserolle verquirlen, auf Mittelhitze zum Kochen bringen, die in dünne Scheiben geschnittene Zwiebel und den gehackten Ingwer dazugeben und 5 Minuten kochen. Über den Fisch gießen und heiß servieren.

## Gedämpfter Barsch in brauner Sauce

*1 ganzer Rotbarsch von 1 bis 1,5 kg · 1 EL braune Bohnensauce (siehe Anhang) · 1 zerdrückte Knoblauchzehe · ½ TL Salz · ¼ TL Pfeffer · ¼ grüne Chilischote · 1 Tasse Wasser · 1 TL Sojasauce · ½ TL Glutamat · ½ TL Zucker · 1 EL Speisestärke · 1 TL kaltes Wasser*

Den Barsch säubern und ganz lassen. Die Bohnensauce mit dem Knoblauch verrühren, den Fisch salzen und pfeffern und mit der Bohnensauce bestreichen. Den Fisch auf ein großes, extra starkes Stück Aluminiumfolie legen und diese von allen Seiten sorgfältig hochfalten, so daß der Fisch wie in einem offenen Kasten liegt. Die Chilischoten fein wiegen und auf den Fisch streuen. Einen Bräter zwei Finger hoch mit kochendem Wasser füllen, den Fisch in der Aluschachtel hineinsetzen und die Tasse Wasser auf den Fisch gießen, damit eine Sauce entsteht. Den Bräter zudecken (oder die Aluminiumfolie zusammenfalten) und den Fisch 30 Minuten garen. Danach den Fisch vorsichtig aus der Folie heben, auf eine warme Platte setzen und beiseite stellen. Die Fischsauce in eine kleine Kasserolle gießen, Sojasauce, Glutamat und Zukker dazugeben, die Speisestärke mit dem kalten Wasser anrühren und in die Sauce gießen. Aufkochen und 3 Minuten quellen lassen. Den Fisch mit der Sauce übergießen und mit Reis servieren.

## Tintenfisch in Essigsauce

Für die Sauce:

*2 EL weißer Essig · 3 EL helle Sojasauce ·*
*½ TL Zucker · 1 EL Sesamöl*

Alle Zutaten in eine Schüssel geben und gut verrühren.

*500 g Tintenfisch · 8 Tassen Wasser · 1 EL Öl ·*
*2 dünne Scheiben Ingwer*

Den Tintenfisch gründlich säubern, waschen und in daumenlange Stücke schneiden. Die Essigsauce rühren. In einem großen Topf Wasser, Öl und Ingwer zum Kochen bringen, das Tintenfischfleisch hineingeben und 2 Minuten sprudelnd kochen. Mit dem Schaumlöffel herausheben, abtropfen lassen und auf eine angewärmte Platte legen. Die Essigsauce darübergießen und heiß oder kalt servieren.

## Krabben mit gebratenen Nudeln

*1½ EL Öl oder Margarine · 200 g feingewiegter Chinakohl · 15 Wasserkastanien (Dose) · ½ TL Salz · 1 TL Zucker · 1 Tasse feingeschnittene Bambussprossen (Dose) · 1 TL Glutamat · 3 Tassen Hühnerbrühe oder Wasser · 1 Tasse Krabbenfleisch · 2 EL Speisestärke · 3 EL kaltes Wasser*

Das Öl in einem Schmortopf heiß werden lassen, den Kohl dazugeben und 3 Minuten andünsten. Die feingeschnittenen Wasserkastanien, Salz, Zucker, Bambussprossen, Glutamat und Hühnerbrühe dazugeben, den Topf zudecken und alles auf Mittelhitze 10 Minuten garen. Das Krabbenfleisch hinzufügen, die Speisestärke mit dem Wasser glattrühren, dazugießen und alles unter Umrühren 5 Minuten weitersimmern lassen. Auf gebratene Nudeln füllen und servieren.

Zubereitung der Nudeln:

*250 g chinesische Eiernudeln · 6 Tassen Salzwasser · 3 EL Fett*

Das Wasser zum Kochen bringen, die Nudeln hineinschütten und 3 bis 4 Minuten darin kochen. Ein paar Minuten zum Ziehen beiseite stellen, dann abgießen und gut abtropfen lassen. Das Fett in der Pfanne erhitzen und die abgetropften Nudeln darin unter ständigem Umrühren blond, aber nicht braun braten.

## Abalone auf Salat

*¼ Tasse Wasser · 1 EL Speisestärke ·*
*¼ TL Salz · 1 Prise weißer Pfeffer · Konserven-flüssigkeit (Abalonensaft)*

Alle Zutaten in eine kleine Schüssel gießen und gut verrühren.

*1 500-g-Dose Abalone · 2 Schalotten ·*
*grüne Zwiebeln oder junge Lauchstangen · 1 mittelgroßer Salatkopf · 2 l Wasser · 4 EL Öl ·*
*2 EL Salz*

Die Abalonen auf ein Sieb schütten und die Flüssigkeit für die Sauce auffangen. Das Schneckenfleisch in halbzentimeter dicke Scheiben, die grünen Zwiebeln in daumenlange Stücke schneiden. Die Salatblätter lösen und waschen. Das Wasser mit 2 EL Salz und Öl aufkochen, die Salatblätter darin 1 Minute blanchieren, dann herausnehmen, gut abtropfen lassen und auf einer großen Platte warm stellen. Die restlichen 2 EL Öl in einem Wok oder einem Schmortopf auf Mittelhitze heiß werden lassen, die grünen Zwiebeln und das Schneckenfleisch hineingeben und 1 Minute lang pfannenrühren. Die Sauce darübergießen und aufkochen. Unter ständigem Rühren 1 Minute lang weiterkochen, bis die Sauce dick geworden ist. Vom Herd nehmen, auf die Salatblätter gießen und heiß servieren.

## Krabben in scharfer brauner Bohnensauce

*2 EL braune Bohnensauce (siehe Anhang) · 1 EL dunkle Sojasauce · 1 TL Speisestärke · ¼ Tasse Wasser · ¼ Tasse Zucker*

Alle Zutaten in eine kleine Schüssel gießen und gut verrühren.

*3 Knoblauchzehen · 3 dünne Scheiben Ingwer · braune Bohnensauce · 3 EL Öl · 500 g Krabbenfleisch*

Knoblauch und Ingwer grob hacken, das Öl in einem Wok oder einem Schmortopf auf starker Hitze heiß werden lassen, Knoblauch und Ingwer dazugeben und eine halbe Minute anbraten. Das Krabbenfleisch dazugeben und 3 Minuten pfannenrühren. Die Sauce darübergießen und auf starker Hitze 2 Minuten lang weiter pfannenrühren, bis die Sauce heiß wird und andickt. Vom Herd ziehen und heiß servieren.

## Krabben foo young

*¾ Tasse Pilze (Champignons) · ¼ Tasse Wasserkastanien (Dose) · 6 Eier · 1 Tasse Krabbenfleisch · 1 Tasse gehackte Zwiebeln · 3 EL Sojasauce · Öl · 4 EL Hühnerbrühe · 1 EL Speisestärke · ¼ TL Zucker*

Pilze und Wasserkastanien in dünne Scheiben schneiden. Die Eier in einer Schüssel verquirlen, Pilze, Kastanien, feingewiegtes Krabbenfleisch und die Zwiebeln hinzufügen und mit dem Schneebesen kräftig durchschlagen, bis die Mischung dick wird. 2 EL Sojasauce dazugeben und wieder schlagen. In einer Pfanne etwas Öl heiß werden lassen, die Eiermischung hineingießen und das Omelett von beiden Seiten braun werden lassen. Vorsichtig aus der Pfanne heben, etwas abtropfen lassen und auf eine vorgewärmte Platte legen. Unterdessen den restlichen Eßlöffel Sojasauce, Hühnerbrühe, Speisestärke und Zucker in einer kleinen Kasserolle glattrühren und so lange auf schwacher Hitze unter ständigem Rühren simmern lassen, bis die Sauce heiß und sämig geworden ist. Über das Omelett gießen und heiß servieren.

## Bohnenquark mit Krabbenfleisch

Für die Sauce:

*¼ Tasse Austernsauce (siehe Anhang) · 2 EL dunkle Sojasauce · 2 TL Speisestärke · ½ TL Zucker · ¼ Tasse Wasser*

Alle Zutaten in eine Schüssel geben und gut verrühren.

*6 Stück frischer Sojabohnenquark (siehe Anhang) · 3 EL Öl · 2 dünne Scheiben Ingwer · 1 Tasse Krabbenfleisch*

Die Bohnenquarkstücke in zentimetergroße Würfel schneiden, das Öl in einem Wok oder in einem Schmortopf heiß werden lassen, den Ingwer fein wiegen und 1 Minute lang anbraten, Bohnenquarkwürfel und Krabbenfleisch dazugeben und erhitzen, die angerührte Sauce darübergießen und 3 Minuten lang pfannenrühren, bis die Sauce kocht und andickt. Vom Herd nehmen und heiß servieren.

## Jakobsmuscheln und frische Pilze

Für die Sauce:

*2 EL helle Sojasauce · 1 TL Speisestärke · 1/4 Tasse Wasser · 1/4 TL Salz · 1/2 TL Zucker*

Alle Zutaten in eine kleine Schüssel geben und verrühren.

*4 grüne Zwiebeln oder 2 junge Lauchstangen · 2 dünne Scheiben Ingwer · 500 g tiefgekühlte Jakobsmuscheln · 125 g frische Champignons · 3 EL Öl · 1 EL Reiswein (Sake)*

Die Zwiebeln oder den Lauch in daumenlange Stücke schneiden; den Ingwer fein schneiden, die aufgetauten Jakobsmuscheln halbieren und die gewaschenen und geputzten Pilze in Scheiben schneiden. Das Öl in einem Wok oder im Schmortopf auf starker Hitze heiß werden lassen. Zwiebeln oder Lauch und Ingwer hineingeben und eine halbe Minute lang anbraten. Die Muscheln und den Wein dazugeben und 2 Minuten lang pfannenrühren. Die Pilze dazugeben und auf starker Hitze 1 Minute lang pfannenrühren. Die Sauce über alles gießen und unter ständigem Rühren eine halbe Minute aufkochen, bis die Sauce sämig wird. Vom Herd nehmen und heiß servieren.

## Nudeln in Crabmeat-Sauce

Für die Sauce:

*2 EL helle Sojasauce · 1 EL Speisestärke · 1 Tasse Wasser · 1 EL Sesamöl · ½ TL Salz*

Alle Zutaten in eine Schüssel geben und gut verrühren.

*2½ l Wasser · 250 g chinesische Nudeln · 2 EL Öl · 1 Tasse Crabmeat · 1 Prise weißer Pfeffer*

Das Wasser in einem großen Topf aufkochen, die Nudeln hineinschütten, umrühren und 5 Minuten kochen, bis sie gar sind. Abgießen, auf eine große Platte füllen und warm halten. Das Öl in einem Wok oder einem Schmortopf heiß werden lassen, Crabmeat und Pfeffer hineingeben und 1 Minute lang pfannenrühren. Die Sauce darübergießen und 1 Minute auf Mittelhitze weiterrühren, bis die Sauce aufkocht und dick wird. Das Crabmeat in der Sauce über die Nudeln schütten und heiß servieren.

## Huhn mit Kastanien

*500 g getrocknete, geschälte Kastanien · 1 Poularde von 2 bis 3 kg · 2 EL Öl · 3 Schalotten oder grüne Zwiebeln · 3 EL Sherry · 6 EL Sojasauce · 3 Stücke frischer Ingwer*

Die Kastanien mit 5 Tassen Wasser in eine Kasserolle geben und 2½ Stunden simmern lassen. Das Huhn in einen Topf legen, das Öl und 2 Tassen Wasser dazugießen und aufkochen. Wenn die Brühe kocht, die in daumenlange Stücke geschnittenen grünen Zwiebeln, den Sherry, die Sojasauce und den Ingwer dazugeben. Den Topf zudekken und etwa 1 Stunde auf mittlerer Hitze leise köcheln lassen, oder bis das Hühnerfleisch weich ist. Dann werden die Kastanien mit etwas Kochflüssigkeit dazugeschüttet, und alles zusammen kocht im geschlossenen Topf noch einmal 20 Minuten weiter. Vom Herd nehmen und heiß servieren.

## Gebratenes Huhn mit Walnüssen

*⅓ Tasse blanchierte Walnüsse · 1 Tasse Öl · 1 feingewürfelte Hühnerbrust · 1½ TL Speisestärke · 2 EL Sojasauce · 1 knapper TL Zucker · 1 TL Salz · 6 große Pilze (Champignons)*

Die Walnüsse im heißen Öl golden anbraten, aus der Pfanne nehmen und auf Küchenkrepp abtropfen lassen. Frisches Öl in die Bratpfanne geben, rauchend heiß werden lassen und das gewürfelte Hühnerfleisch hineingeben. Umrühren und auf starker Hitze so lange anbraten, bis alle Fleischstücke nicht mehr rosa, sondern weiß sind. Die Speisestärke mit etwas kaltem Wasser glattrühren, mit der Sojasauce, dem Zucker und dem Salz gut verrühren und dann auf das Hühnerfleisch gießen. Wenn getrocknete Pilze verwendet werden, weicht man sie 15 Minuten lang in heißem Wasser ein, schneidet sie dann in Scheiben und gibt sie mit der angerührten Speisestärke in die Bratpfanne. Pfannenrühren, bis die Pilze weich sind. Wenn alles gar ist, vom Herd nehmen, gut mit den gebratenen Walnüssen vermischen und heiß servieren.

## Gedämpftes Huhn

*2 Hühnerbrüste ohne Knochen · 6 Schalotten oder 3 Lauchstangen · 8 Wolkenohren (Mu-err-Pilze, siehe Anhang) · 4 dünne Scheiben Ingwer · 1 TL Speisestärke · ¼ TL Salz · 1 EL Öl · 3 EL helle Sojasauce · 1 TL Reiswein · ½ Tasse Wasser · ½ TL Zucker*

Das Hühnerfleisch in mundgerechte Stücke teilen, Lauch oder Sommerzwiebeln in daumenlange Stücke schneiden. Die Wolkenohren in warmem Wasser einweichen, bis sie den fünf- bis sechsfachen Umfang angenommen haben und weich sind. Alle Zutaten in einer großen Schüssel gründlich vermischen, in eine gefettete Auflaufform füllen und 20 Minuten im Wasserbad garen. Heiß servieren.

## Kaltes Huhn mit Ingwer und Schalotten

*6 Tassen Wasser · 2 Hühnerbrüste · 1 TL Salz · Sauce*

Das Wasser in einem Topf aufkochen, die Hühnerbrüste hineingeben und 20 Minuten lang garen. Herausheben und abkühlen. Das Fleisch von den Knochen lösen und die Knochen wegwerfen. Das Fleisch in mundgerechte Streifen zerzupfen oder zerbrechen, auf eine Platte legen, mit Salz bestreuen und mit folgender Sauce übergießen:

*6 dünne Scheiben Ingwer · 6 junge Lauchstangen oder Schalotten · 4 EL Öl*

Ingwer und Zwiebeln fein wiegen, das Öl in einer Schmorpfanne rauchend heiß werden lassen und Ingwer und Zwiebeln dazugeben. Einen Augenblick pfannenrühren, dann über das Hühnerfleisch gießen und sofort servieren.

## Huhn mit Ananas

*½ Tasse Wasserkastanien (Dose) · ⅓ Tasse Bleichsellerie · ½ Tasse Bambussprossen (Dose) · 1 Hühnerbrust von 500 g · 1 EL Öl · 1 Tasse feingewiegter Chinakohl · 2 TL Salz · ⅛ TL weißer Pfeffer · ½ TL Glutamat · 2 TL Zucker · 1½ Tassen Hühnerbrühe · 1 Dose Ananasstücke · 2½ TL Speisestärke · ¼ Tasse kaltes Wasser*

Wasserkastanien und Bambussprossen in dünne Scheiben, Bleichsellerie in feine Streifen schneiden. Das Gemüse wird erst in diesem Zustand abgemessen. Die Hühnerbrust kochen, aber nicht zu weich werden lassen. Das Fleisch vom Knochen lösen und schräg in dünne Scheiben schneiden. Das Öl in der Pfanne heiß werden lassen und die Gemüse 3 Minuten lang anbraten. Salz, Pfeffer, Glutamat und Zucker hinzufügen und gut umrühren. Die Hühnerbrühe dazugießen und aufkochen. Die Ananasstücke auf ein Sieb schütten und gut abtropfen lassen, danach zum Hühnerfleisch geben. Die Speisestärke mit Wasser glattrühren, dazugießen, gut verquirlen und 3 bis 4 Minuten auf Mittelhitze kochen. Vom Herd nehmen, sofort in eine zugedeckte Schüssel geben und servieren.

## Reis mit Huhn und chinesischen Pilzen

*2 Hühnerbrüste · 6 getrocknete Pilze · 2 dünne Scheiben Ingwer · 1 TL Speisestärke · ½ TL Salz · 3 EL helle Sojasauce · ½ TL Zucker · 2 EL Öl · 1 EL Reiswein (Sake) · 2 Tassen Reis · 3½ Tassen Wasser*

Die Hühnerbrüste in mundgerechte Stücke schneiden. Die Pilze in Wasser legen, bis sie weich sind, dann die Stiele abschneiden und die Köpfe in Viertel schneiden. Alle Zutaten außer dem Reis und dem Wasser in einer Schüssel gut vermischen. Den Reis waschen, abtrocknen, in einen Topf schütten und das Wasser dazugießen. Im offenen Topf aufkochen. 5 Minuten weiterkochen, bis man außer ein paar Blasen im Reis nichts mehr vom Wasser sieht. Die Hühnermischung darauf schichten, den Topf gut verschließen, die Hitze vermindern und das Gericht 20 Minuten lang garen. Vom Herd nehmen und heiß servieren.

## Gebratene Ente

*1 Ente von 3 kg · 2 feingewiegte Schalotten · 1 EL braune Bohnensauce (siehe Anhang) · 2 Knoblauchzehen · 1 TL Zimt · 1 TL Glutamat · 1 EL brauner Zucker · ⅛ TL Pfeffer · 1 EL Sherry · 2 TL Salz · 1 Tasse Hühnerbrühe oder Wasser · 1 EL Sojasauce · 1 EL Honig · 1 EL kaltes Wasser*

Die Ente säubern, waschen und gut abtrocknen. Schalotten, Bohnensauce, zerdrückte Knoblauchzehen, Zimt, Glutamat, braunen Zucker, Pfeffer, Salz und Sherry in einer Schüssel gründlich verrühren, samt der Hühnerbrühe in einem Schmortopf gut verquirlen und 1 bis 2 Minuten lang kochen. Die Haut am Hals der Ente zunähen, die gewürzte Brühe in die Ente füllen und auch die große Öffnung zunähen. Die Sojasauce mit dem Honig und dem kalten Wasser verrühren und die Ente damit sorgfältig überall einreiben. Die Ente in einen Bräter setzen, zudecken und 50 Minuten im vorgeheizten Ofen bei 220 °C braten. Danach den Deckel von der Bratform nehmen und die Ente unter ständigem Begießen so lange weiterbraten, bis sie von allen Seiten braun und knusprig ist. Wenn das Fleisch weich und gar ist, sofort servieren.

# Fleisch

## Gebratenes Schweinefleisch

*1 EL Sherry · 2 TL Salz · 3 EL Zucker · 2 EL Sojasauce · ½ TL Zimt · 2 Schweinefilets à 500 g*

Sherry, Salz, Zucker, Sojasauce und Zimt in einer Schüssel verrühren. Die Filets längs bis zur Mitte einschneiden, von allen Seiten mit der Würzmischung einreiben, in ein Gefäß legen, gut zudecken und für 1½ Stunden in den Kühlschrank stellen. Dann herausholen und trockentupfen. Das Fleisch im vorgeheizten Ofen bei 180 °C 30 bis 40 Minuten braten. Das Fleisch soll gut durch und weich sein. Kann heiß oder kalt serviert werden, und man kann es feingeschnitten für andere Fleischgerichte verwenden.

## Kastanien-Hack im Wasserbad

*½ Tasse Wasserkastanien · 2 dünne Scheiben Ingwer · 500 g gemischtes Hack · 2 TL Speisestärke · ¼ Tasse Wasser · 2 EL helle Sojasauce · 1 EL Öl · ½ TL Zucker · ½ TL Salz · 1 Prise weißer Pfeffer*

Die Wasserkastanien grob und den Ingwer fein hacken. Alle Zutaten in einer großen Schüssel gut vermischen. Den Fleischteig in eine große flache, gut gefettete Auflaufform (24 cm Durchmesser) drücken und 10 Minuten im Wasserbad garen. Sofort heiß servieren.

## Rindfleisch in schwarzer Bohnensauce

Für die Sauce:

*1 EL dunkle Sojasauce · 1 TL Speisestärke · ½ Tasse Wasser*

Alle Zutaten in einer Schüssel oder einer Tasse gut verrühren.

*2 Knoblauchzehen · 4 EL schwarze Bohnensauce (siehe Anhang) · 500 g Rindfleisch aus der Keule · 2 EL dunkle Sojasauce · 1 TL Reiswein · ½ TL Zucker · 2 TL Speisestärke*

Die Knoblauchzehen und die schwarzen Bohnen grob hacken. Das Fleisch in 3 bis 4 Millimeter dicke Scheiben schneiden, in eine Schüssel geben und eine halbe Stunde lang in der dunklen Sojasauce, dem Wein, dem Zukker und der Speisestärke ziehen lassen. Das Öl in einem Wok oder in einem Schmortopf bei starker Hitze rauchend heiß werden lassen, Knoblauch und schwarze Bohnen hineingeben und 1 Minute lang andünsten. Das Fleisch dazugeben und 3 Minuten lang pfannenrühren. Die Sauce darübergießen und auf starker Hitze und unter ständigem Rühren eine halbe Minute kochen, bis die Sauce dick wird. Vom Herd nehmen und sofort servieren.

## Goldene Schweinebällchen

*2 Schalotten · 3 dünne Scheiben Ingwer · 500 g Schweinehack · 1 EL Reiswein · 3 EL helle Sojasauce · 1 Ei · 1 EL Speisestärke · ½ TL Salz · 1 Tasse Öl · 125 g frische Brunnenkresse*

Schalotten und Ingwer fein wiegen; alle Zutaten außer dem Öl und der Kresse in einer Schüssel gut verkneten. Den Fleischteig in 12 Teile teilen und jedes zu einer kleinen Kugel formen.

Für den Ausbackteig:

*3 EL Speisestärke · ¼ Tasse Wasser*

Speisestärke mit Wasser verquirlen, das Öl im Ausbacktopf heiß werden lassen, jedes Schweinefleischbällchen durch den Teig ziehen und 4 Minuten im heißen Öl ausbacken, bis es golden braun ist. Aus dem Fettbad nehmen und auf Küchenkrepp abtropfen lassen. Die ausgebackenen Bällchen auf einem Bett von Brunnenkresse in einer großen Schüssel servieren.

## Geschmorte Schweinekoteletts

*4 Schweinekoteletts · 2 EL dunkle Sojasauce · 2 EL Reiswein · 3 feingewiegte Knoblauchzehen · 1 TL Speisestärke · ½ TL Zucker · 2 EL Öl · ¼ Tasse Wasser*

Die Speisestärke mit dem Wasser verrühren; jedes Schweinekotelett so in drei Teile teilen, daß an jedem Stück Fleisch noch ein Stück Knochen hängt. Das Schweinefleisch eine halbe Stunde lang in der dunklen Sojasauce, dem Wein, dem Knoblauch, der Speisestärke und dem Zucker ziehen lassen. Das Öl im Wok oder in einem Schmortopf auf starker Hitze heiß werden lassen. Das Schweinefleisch hineingeben und 2 Minuten lang von allen Seiten anbraten. Das Wasser dazugießen, aufkochen, den Topf zudecken und das Fleisch 5 Minuten lang schmoren, bis das Wasser verkocht ist. Vom Herd nehmen und heiß servieren.

## Chinesisches Hack

Für die Sauce:

*4 EL dunkle Sojasauce · 1 EL Speisestärke · ½ Tasse Wasser · 1 TL Zucker · ½ TL Salz*

Alle Zutaten in einer kleinen Schüssel oder Tasse gut verrühren.

*3 EL Öl · 2 Knoblauchzehen · ½ Tasse grobgehackte Zwiebeln · 500 g gemischtes Hack*

Das Öl im Wok oder im Schmortopf auf starker Hitze rauchend heiß werden lassen. Knoblauchzehen fein wiegen, mit den Zwiebeln ins Fett geben und 2 Minuten anbraten. Das Hack dazugeben und 2 Minuten pfannenrühren, dabei so verteilen, daß keine Klößchen entstehen. Die Sauce dazugießen und unter ständigem Umrühren aufkochen, dann 1 Minute simmern und andikken lassen. Vom Herd nehmen und zu heißem, lockerem Reis servieren.

# Gemüse

## Geschmorte Bambussprossen und chinesische Pilze

Für die Sauce:

*2 EL dunkle Sojasauce · 2 TL Speisestärke · ½ Tasse Wasser · ¼ TL Salz · ½ TL Zucker*

Alle Zutaten in einer kleinen Schüssel gut verrühren.

*2 Tassen Bambussprossen · 12 chinesische Pilze ·*
*2 EL Öl · 2 dünne Scheiben Ingwer*

Die Bambussprossen in halbzentimeterdicke Scheiben schneiden und dann erst abmessen. Die Pilze in Wasser einweichen, bis sie gequollen sind, dann die Stiele abschneiden. Das Öl im Wok oder in einem Schmortopf auf Mittelhitze heiß werden lassen, den Ingwer dazugeben und 1 Minute lang anbraten. Bambussprossen und Pilze hinzufügen und 1 Minute lang pfannenrühren. Die Sauce über das Gemüse gießen, zum leisen Köcheln bringen und das Gericht 5 Minuten lang schmoren. Vom Herd nehmen und heiß servieren.

## Chinesischer Broccoli-Salat

Für die Sauce:

*2 EL helle Sojasauce · 2 EL weißer Essig ·*
*2 EL Sesamöl · ¼ TL Salz · 1 EL Zucker*

Alle Zutaten in einer Tasse oder einer kleinen Schüssel gut verrühren.

*2 Bündel frischer Broccoli · 2½ l Wasser ·*
*2 EL Öl · 1 EL Salz*

Die Broccoli in zwei Hälften schneiden, in die Stielhälfte und die Blütenhälfte. Die Blütenhälfte in mundgerechte Röschen zerbrechen, den Stiel von der festen Haut befreien und längs in Viertel schneiden. Jedes Viertel schräg in daumenlange Stücke schneiden. Das Wasser mit Öl und Salz in einem großen Topf aufkochen, die Broccoli hineingeben und 1 Minute lang kräftig kochen. Auf ein Sieb gießen, gut abtropfen lassen, mit kaltem Wasser überbrausen, wieder abtropfen lassen und auf eine große Platte schütten. Die Sauce über die Broccoli gießen, einmal durchmengen und servieren.

## Pfannengerührte grüne Bohnen mit Knoblauch

*500 g grüne Bohnen · 6 Knoblauchzehen · 4 EL Öl · ½ TL Salz · 1 EL helle Sojasauce · 1 TL Zucker*

Die Bohnen abziehen und halbieren. Den Knoblauch grob hacken. Das Öl in einem Wok oder einem Schmortopf auf starker Hitze heiß werden lassen. Grüne Bohnen und Knoblauch dazugeben und 5 Minuten pfannenrühren. Die Hitze sollte so stark sein, daß die Haut der grünen Bohnen ein wenig bräunt. Salz, helle Sojasauce und Zucker dazugeben und gut umrühren, vom Herd nehmen und gleich servieren.

# Desserts

## Mandelgebäck

*2½ Tassen Mehl · 1 TL Backpulver · 1½ Tassen Zucker · 2 Tassen blanchierte gemahlene Mandeln · 1 Tasse Butter oder Margarine · 1 Ei · 2 EL Wasser · 30 ganze Mandeln*

Mehl, Backpulver und Zucker in eine Schüssel sieben, die gemahlenen Mandeln dazugeben und gut vermengen. Die Butter in Flocken, das Ei und 1 EL Wasser dazugeben und alle Zutaten zu einem Knetteig verarbeiten. Etwas mehr Wasser dazugeben, wenn der Teig zu bröckelig wird. Den gut durchgeknetenten Teig in eßlöffelgroße Stücke teilen, zu Kugeln formen und auf ein gefettetes Backblech setzen. Mit einem leichten Druck des Daumens flachpressen und auf jedes Küchlein eine Mandel setzen. 5 Minuten lang bei 180°C backen, dann die Hitze auf 160°C vermindern und 8 bis 12 Minuten weiterbacken, oder bis die Küchlein golden braun geworden sind.

## Gedämpfter Biskuit

*2/3 Tasse Mehl · 1/4 TL Backpulver · 1 Prise Salz · 2 Eier · 1/2 Tasse Zucker*

Mehl, Backpulver und Salz in eine Schüssel sieben, die Eier trennen, die Eiweiß steif schlagen und unter ständigem Weiterschlagen nach und nach den Zucker hinzufügen. In einer zweiten Schüssel die Eidotter weißschaumig rühren und vorsichtig unter den Eischnee heben. Die trockenen Zutaten vorsichtig unter die Eiercreme rühren, den Teig in eine gut gefettete Kastenform oder zwölf gut ausgefettete kleine Backförmchen füllen und auf kochendem Wasser, das die Backform nicht berühren darf, in 20 Minuten gar dämpfen. Mit einer Stricknadel oder einem Hölzchen die Garprobe machen, den Kuchen stürzen und heiß oder kalt servieren.

## Acht-Köstlichkeiten-Pudding

*1 Tasse Milchreis · 1½ Tassen Wasser · ½ Tasse Zucker · 3 EL Margarine · gemischte kandierte Früchte (8 verschiedene Sorten)*

Den Reis mit dem Wasser in einem zugedeckten Topf gar quellen lassen, etwas abkühlen, dann mit Zucker und Fett gut verrühren. Eine Auflaufform mit reichlich Fett ausstreichen und die kleingeschnittenen kandierten Früchte in einem schönen Muster auf den Boden legen. Den gekochten Reis darüber füllen und festdrücken. Die Form mit Alufolie verschließen und eine halbe Stunde im Wasserbad garen. Auf eine Platte stürzen und heiß servieren.

## Gemischte Früchte

*1 kleine Dose Ananasringe · 1 Dose Mandarinen · 8 Stück eingelegter roter Ingwer · 12 eingemachte Kumquats · 1 Dose Litschis · 8 Maraschinokirschen*

Ananas und Mandarinen abtropfen lassen. In einer großen Glasschüssel zerschlagenes Eis bergartig anhäufen, Ananasringe, Mandarinenscheiben, Ingwer, Kumquats und Litschis gefällig auf das Eis legen. Mit den Maraschinokirschen dekorieren.

# Die Philippinen

Wenn ein Filipino für seine Freunde und Nachbarn ein Fest gibt, so sagt man, ›er schlachtet eine Kuh‹. Das ist meistens ein Understatement. Eine Kuh scheint zwar ausreichend zu sein; wenn sich der Gastgeber jedoch an die Freigebigkeit hält, die nach alter Sitte üblich ist, so kann man annehmen, daß er nicht nur eine Kuh, sondern mehrere Kühe, ein paar Schweine und noch einen Korb voller Hühner hat schlachten lassen. Denn die Filipinos essen gerne gut und ausgiebig, und inmitten ihrer Freunde schmeckt es ihnen am besten.
Die verschiedenen Landschaften des tropischen Inselreiches, aus dem die Philippinen bestehen, haben ihre eigenen Spezialitäten entwickelt, die vom Scharfen und Würzigen bis zum Üppigen und Schweren reichen. Insgesamt ist die philippinische Küche eine einmalige Kombination aus traditionellen philippinischen, chinesischen, japanischen, spanischen und amerikanischen Gerichten. Mit dem Begriff ›orientalisch-tropisch‹ kann man die Alltagskost der Filipinos wohl am besten umreißen.
Dieses Alltagsessen ist verhältnismäßig anspruchslos: Reis, Fisch, Gemüsegerichte, gebratenes oder geschmortes Fleisch mit Kartoffeln oder Krabben und Gemüse. Mit Schmalz wird ziemlich großzügig umgegangen, und jede, auch die bescheidenste Küche ist immer ausgezeichnet gewürzt, wobei Nelken, schwarzer Pfeffer, Paprika, Knoblauch, Zwiebeln, Oregano, Lorbeerblätter, Toyo (Sojasauce), Patis (Fischsauce), Essig und grobes Salz die

Hauptgewürze sind. Ein ländliches Frühstück, das zwischen sechs und sieben Uhr eingenommen wird, könnte aus folgenden Zutaten bestehen: Gekochter Reis, gebratener oder gekochter Fisch, Zwiebelscheiben, Tomaten und Reiskuchen mit Ingwertee. In Manila, wo man etwas später frühstückt, oder zumindest gegen 10 Uhr ein zweites Frühstück einnimmt, gibt es am Morgen *pan de sal.* Das ist ein kleines Brötchen, das meistens üppig mit Margarine, Butter oder Guavengelee belegt ist und dann in den süßen, starken schwarzen Kaffee getunkt wird, den die meisten Filipinos überaus schätzen. Zwei sehr leckere Frühstücksgerichte für alle, die etwas mehr Zeit haben und nicht nur eine Tasse Kaffee hinunterstürzen müssen: Rührei mit gehackten Zwiebeln und Tomaten oder getrocknete Streifen Schweine- oder Rindfleisch, die mit Essig, Salz und Knoblauch gewürzt werden.

Zu Mittag gibt es meist eine Suppe, gebratene Krabben, ein Schmorgericht aus Schweinefleisch, Krabben oder Gemüse, dazu Reis und *pancit.* Pancit ist ein Kloß oder Knödel, der aus der chinesischen Küche stammt und gehacktes Krabbenfleisch oder Schweinefleisch und Gemüse enthält und etwas *kalamansi,* eine kleine grüne Zitrusfrucht, die man meistens für Erfrischungsgetränke benutzt und die außerdem die Eigenschaft besitzt, das wahre Aroma eines Gerichtes erst richtig zur Geltung zu bringen: eine Art flüssiges Glutamat.

Dann gibt es eine Zwischenmahlzeit am Vormittag oder am Nachmittag, die man *merienda* nennt. Sie kann nur aus Kaffee und einem Stück Gebäck bestehen, kann aber auch umfangreicher sein. Sie wird jedoch niemals übersprungen — besonders dann nicht, wenn sich die Hauptmahlzeit einmal etwas verschiebt.

Ein typisches Gericht zum Mittagessen wäre *adobo.* Das ist eine scharf gewürzte Mischung aus Schweinefleisch und Hühnerfleisch, die mit Essig, Knoblauch, schwarzem Pfeffer, Salz, Lorbeerblatt und Zwiebeln zubereitet wird. Eine Zubereitungsart schreibt vor, daß das Fleisch kräftig

braun gebraten wird, in einer anderen Form — *pampango* — wird das Fleisch in viel fetter Sauce angerichtet.
Als Nachtisch gibt es bei den meisten Familien Bananen, von denen man die verschiedensten Sorten kennt und die entweder so gegessen oder zu besonders köstlichen Desserts verarbeitet werden. Es kann auch andere Früchte geben, die in Zuckerwasser mit Anis gedünstet werden, oder die einheimischen Sahnekaramellen. Zu den Mahlzeiten trinkt man Wasser, um seinen Durst zu löschen, obgleich einem auch oft Milch oder die reiche, aromatische heiße Schokolade der Philippinen angeboten wird. Aber das gilt alles nur für den Alltag. Im Leben des Filipinos gibt es jedoch viele Tage, die man nicht als Alltag bezeichnen sollte, und an diesen Tagen werden die Kuh und die Hühner und die Schweine geschlachtet, und es wird ein Fest gefeiert.
Bei jeder außergewöhnlichen Gelegenheit gibt es ein Festmenü mit vielen Gängen: gebratenes Spanferkel, gebratenes Zicklein, dessen Hirn als Vorgericht im Schädel serviert wird (vielleicht kein sehr angenehmer Anblick, aber köstlich im Geschmack), außerdem Schinken, Hühner, Schweinekoteletts, Krebse, Krabben, Hühnerleberpasteten, Obst und Süßigkeiten jeder Art.
Das zarte Spanferkel, das *lechón,* das an einem Bambusspieß über der Holzkohlenglut gebraten wird, gehört zu den nationalen Festgerichten. So haben es die Filipinos seit Jahrhunderten zubereitet, und so braten sie es heute noch: Das Schwein wird schnell geschlachtet, geschoren und geputzt, dann bleibt es ein oder 2 Stunden lang liegen, während der Filipino das Holzkohlenfeuer in einer ausgehobenen Erdkuhle vorbereitet. Dann füllt er das Spanferkel entweder mit Tamarinden- oder Bananenblättern, die ein ganz besonderes Aroma besitzen, oder mit gekochtem Reis, und steckt den Bambusstock der Länge nach durch seinen Braten. Das Ferkel am Spieß wird nun auf zwei Bambusstäben mit besonderen Halterungen über die Glut gelegt, so daß es während des Bra-

tens immer langsam umgedreht werden kann. Dann und wann wird das Ferkel mit Wasser bepinselt, umgedreht, wieder mit Wasser bepinselt und wieder umgedreht. Bei einem *lechón* darf man sich nicht beeilen. Es muß ganz langsam garen, und der Koch muß viel Geduld besitzen.

Ein *lechón* wäre jedoch ohne die dicke Lebersauce nicht vollständig. Sie besteht aus der Schweineleber, die zuerst auch gegrillt, dann im Mörser zerrieben und mit Fleischbrühe, zerdrückten Knoblauchzehen, Pfeffer und feingehackten Zwiebeln zu einer halbfesten Paste gekocht worden ist.

*Lumpia* ist ein anderes Lieblingsgericht des Landes. Es enthält Krabben, Schweinefleisch, Gemüse und Kokosflocken, die in einer hauchdünnen Teighülle gekocht werden, und es wird mit einer braunen Sauce serviert. *Lumpia* gehört sowohl zur Alltags- wie zur Sonntagsküche.

Die Filipinos sind alles andere als ein Volk von Trinkern, aber bei festlichen Gelegenheiten gönnen sie sich schon einmal *tuba* oder *basi* oder *lambanog* — oder ein kräftiges Bier. *Tuba* ist gegorene Kokosmilch, *basi* ist ein gegorenes Zuckerrohrgetränk, und vor *lambanog* kann man nur warnen. Es ist ein kräftiges Gebräu, das aus 98 Prozent Alkohol besteht und von seinen Anhängern als so stark beschrieben wird, daß man ein Auto damit antreiben könnte.

Als Imbiß werden gern kleine getrocknete und gesalzene *dilis* angeboten, winzige Fische, die man mit Kopf, Schwanz und Seele ißt, oder *sitcharon,* ein knuspriger Snack aus Schweineschwarte, oder *kropek,* ein Häppchen, das aus knusprigen getrockneten Krabben besteht. Die Filipinos sind große Fischesser; Fisch gehört zu ihren Grundnahrungsmitteln. Die *bangus* oder Milchfische werden besonders geschätzt. Das ist ein heringsähnlicher Süßwasserfisch, der für die verschiedensten Gerichte verwendet wird. *Pinakbet* ist ein Standardgericht im nördlichen Luzon. Es besteht aus Auberginen, einer bitteren

Melonenart, einem Fisch nach der Wahl des Kochs und etwas Ingwer als Gewürz, was alles zusammen mit ein wenig Wasser in einem fest verschlossenen Topf gegart wird. Die Aubergine dient dabei als Küchenhilfe: wenn sie so gar ist, daß sie weich und musig zu werden beginnt, ist das *pinakbet* servierbereit.

Gern wird auch der *alimango* gegessen, ein Flußkrebs mit besonders festem Panzer, und eine Riesenkrabbe namens *sugpo.* Sie werden meistens *à la halabos* zubereitet, das heißt: in Salzwasser gekocht und in der Schale serviert. Der Gast zieht das Fleisch heraus und taucht es in eine dünne Sauce aus zerdrückten Knoblauchzehen und Essig, in dem winzige scharfe rote Chilischoten gezogen haben.

Als würzige Beilage schätzen die Filipinos *dalok* und *atchara. Dalok* sind eingelegte grüne Mangos, und *atchara* sind ebenso zubereitete grüne Papayas mit Paprikaschoten, Zwiebeln, Knoblauch und Ingwer, die gern mit einer Sauce aus Essig und etwas Zucker abgerundet werden.

Kuchen, Konfekt, Desserts und Süßigkeiten tauchen in verlockender Vielfalt unter dem Sammelbegriff *kakanin* auf. Der Grundteig für *kakanin* ist meistens *galapong,* ein Reisteig, zu dem man Reis über Nacht in Wasser einweicht und am nächsten Tag durch eine kleine handbetriebene Steinmühle treibt. Die westliche Köchin kann statt dessen ihren Fleischwolf verwenden. Der Reis wird über Nacht etwas sauer, wodurch der Teig sein eigenes Treibmittel erhält. *Bibingka* ist ein besonderer kleiner Reiskuchen, der sehr beliebt ist. Dazu muß der Teig noch einmal gehen, wozu etwas besonders stark gegorenes *galapong* mit dem normalen Reisteig durchgearbeitet wird. Die übrigen Zutaten variieren etwas, aber Kokosmilch und Eier gehören immer dazu. Zum Süßen wird manchmal Kristallzucker, manchmal *panocha* verwendet, das ist roher Zucker in Würfelform. Als zusätzliches Gewürz könnten gesalzene Enteneier verwendet werden, der ortsübliche Weißkäse oder frisch geraspeltes Kokosnußfleisch. Ursprünglich ist dieses Gebäck auf folgende Art und Weise gebacken worden: Der Teig wurde in Lehmformen gelegt, zugedeckt und dann auf und unter einer Schicht von glühenden Holzkohlen gegart. Andere Leckerbissen sind *puto,* das ist ein süßer gedämpfter Reiskuchen, *makapuno,* eine gekochte Kokossüßspeise, verschiedene Kuchen und Konfektarten aus Pilinüssen, Yam oder Johannisbrot. Die charakteristischste philippinische Süßigkeit ist jedoch vermutlich das blattumhüllte *suman,* eine Art Gebäck, das eher wie eine große Zigarre aussieht. Es gehört zum ersten, was eine philippinische Hausfrau für ein Fest zubereitet. *Suman* ist eine Mischung aus Milchreis, Zucker und Kokosmilch, die in eine eiserne Pfanne gegossen und so lange leise gekocht wird, bis sie fast gar ist. Dann wird sie vom Feuer genommen, in Bananen- oder Kokosnußblätter gewickelt und so lange gekocht, bis der Reis ganz gar ist. Manchmal werden die *sumans* auch zur Abwechslung ausgebacken und in Zucker gewälzt. Sie schmecken auf jede Art und Weise vorzüglich, besonders wenn man sie wie die Filipinos mit frischen Mangoscheiben ißt.

# Hauptgerichte

## Hühner- und Schweinefleisch-Adobo

*1 Poularde von 1,5 kg · 1 kg Schweinefleisch · 1 Tasse Essig · 1 Knoblauchzehe · Salz und Pfeffer nach Geschmack · 2 EL Schmalz oder Margarine*

Die Poularde von Haut und Knochen befreien, Hühnerfleisch und Schweinefleisch in Würfel schneiden. Essig, zerdrückte Knoblauchzehe, Salz und Pfeffer in einer Schüssel verrühren und das Fleisch in dieser Beize ziehen lassen. Fleisch und Beize in eine Kasserolle füllen und auf schwacher Hitze weich dünsten. Wenn die Flüssigkeit verkocht ist, das Fett hinzugeben und das Fleisch bräunen. Vom Herd nehmen und sofort servieren.

## Hühner-Adobo mit Kokosnußcreme

*1 mittelgroße Poularde · ¼ Tasse Essig · gemahlener schwarzer Pfeffer · 2 EL Salz · 3 Knoblauchzehen · 2 Tassen Kokosnußcreme (siehe Anhang)*

Das Huhn häuten, säubern und in mundgerechte Bissen zerlegen. Mit Essig, Pfeffer, Salz und Knoblauchzehen in einer Kasserolle kochen, bis das Fleisch gar ist. Die restliche Sauce abgießen und die Kokosnußcreme dazugeben. Auf schwacher Hitze simmern lassen, bis die Kokosnußcreme zur Sauce verkocht ist. Vom Herd nehmen und heiß servieren.

## Adobo à la monja

*Hühner-Adobo (siehe Seite 175) · 1 Tasse Ananaswürfel, frisch oder aus der Dose · 1 große reife Tomate · 50 g geschmolzene Butter*

Das Huhn in der Beize gar kochen. Wenn die Flüssigkeit fast eingekocht ist, die Ananaswürfel, die in Scheiben geschnittene Tomate und die Butter (oder Margarine) hinzufügen. Den Topf gut verschließen und das Gericht im eigenen Saft gar dünsten. Dann vom Herd nehmen und sofort servieren.

## Hühnerfritada

*1 EL zerdrückte Knoblauchzehen · 2 EL Schmalz oder Margarine · 1 mittelgroße Zwiebel · 1 Poularde von 1,5 kg · 2 mittelgroße Tomaten · 1 EL Salz · ¼ TL Pfeffer · 2 Tassen Wasser · 1 ganze Hühnerleber · 4 bis 6 kleine Kartoffeln · 2 rote und grüne Paprikaschoten*

In einem Schmortopf oder in einer Kasserolle die Knoblauchzehen im heißen Fett anbraten, die in Scheiben geschnittene Zwiebel hinzugeben und ein paar Minuten lang mitdünsten. Das in Stücke geschnittene Hühnerfleisch, die in Scheiben geschnittenen Tomaten, Salz und Pfeffer hinzufügen, das Wasser dazugießen und das Gericht auf Mittelhitze schmoren, bis das Hühnerfleisch zart ist. Dann werden die Hühnerleber, die geschälten Kartoffeln und die in Streifen geschnittenen Paprikaschoten hinzugefügt und alles gart weiter, bis die Kartoffeln weich sind. Sofort servieren.

## Schweine-Adobo

*1 kg Schweinefleisch · ½ Tasse Essig · 1 Knolle Knoblauch · 1 TL gemahlener schwarzer Pfeffer · Salz oder Sojasauce nach Geschmack · 2 Tassen Wasser · 1 EL Schmalz oder Margarine*

Das Schweinefleisch in drei bis vier Zentimeter lange Würfel schneiden, in eine Kasserolle legen, Essig, ungeschälte Knoblauchzehen, Pfeffer, Salz und Wasser dazugeben. Die Kasserolle verschließen und das Gericht langsam kochen, bis nur noch etwa eine halbe Tasse Brühe übrigbleibt. Abgießen, die Brühe aufheben, die Knoblauchzehen aus dem Schweinefleisch herausholen, schälen und im heißen Fett anbraten, bis sie braun sind. Die Fleischstücke dazugeben und ebenfalls von allen Seiten braun braten. Die Brühe wieder dazugießen und das Gericht 5 Minuten leise köcheln lassen. Vom Herd nehmen und sofort servieren.

*Bemerkung:* Wenn man es eilig hat, legt man die Schweinefleischwürfel in eine Bratform und läßt sie im heißen Ofen braun werden, wobei man sie von Zeit zu Zeit mit Schweineschmalz bepinselt.

## Lumpia mit süßen Kartoffeln

*1 Tasse Schweinefleisch · 6 EL Schweineschmalz oder Margarine · 3 Knoblauchzehen · 1 mittelgroße Zwiebel · ½ Tasse feingewürfelter Sojabohnenquark · 1 Tasse grüne Bohnen · 1 Tasse feingewiegter Kohl · 1 Tasse gewürfelte süße Kartoffeln (siehe Anhang) · Salz nach Geschmack · 1 Tasse Krabbenfleisch · 1 Stange Bleichsellerie · 20 Lumpia-Blätter · Lumpia-Sauce (siehe unten)*

Das Schweinefleisch in Würfel schneiden, mit Wasser aufkochen und so lange köcheln, bis das Fleisch weich ist. Etwas abkühlen lassen, bis das herausgekochte Fett fest wird, so daß man es abheben kann. Das Fleisch herausnehmen und gut abtropfen lassen. Das Fett in einen großen Schmortopf geben und das Schweinefleisch, die feingewiegten Knoblauchzehen, die in Scheiben geschnittene Zwiebel und den Bohnenquark darin anbraten. Die in Stücke geschnittenen Bohnen, den Kohl, die süßen Kartoffeln und etwas Wasser dazugeben. Salzen und auf Mittelhitze kochen, bis alles weich ist. Eine Tasse Krabbenfleisch zufügen, gut umrühren. Die Mischung auf eine Platte stürzen und abkühlen lassen. Den Bleichsellerie in dünne Riemchen schneiden und darüberstreuen.

Für die Lumpia-Blätter:

*3 Tassen Mehl · 1 EL Salz · 5 Tassen Wasser · Schweineschmalz*

Das Mehl in eine Schüssel sieben, in einer anderen Schüssel das Salz mit dem Wasser verrühren. Eine Tasse Salzwasser zum Mehl gießen und beides zu einem festen Teig verkneten. Den Teig kräftig schlagen, damit er elastisch wird, mehr Salzwasser hineinarbeiten, um ihn geschmeidiger zu machen. Kräftig mit dem Löffel schlagen und von Zeit zu Zeit wieder Salzwasser dazugießen, bis die Mischung sehr geschmeidig ist und die Konsistenz von halbgeschlagener Sahne angenommen hat. In einer Bratpfanne Schweineschmalz heiß werden lassen und 2 EL vom Lumpia-Teig hineingeben. Die Pfanne nach allen Seiten drehen, damit sich der Teig gut verteilen kann. Sofort umdrehen, sobald der Teig fest geworden ist, und rasch auf der anderen Seite backen. Aus der Pfanne nehmen und so fortfahren, bis der ganze Teig verbraucht ist. Auf jedes Lumpia-Blatt 2 EL von der Fleischmischung füllen und zu einer festen Rolle aufwickeln. Mit Lumpia-Sauce servieren.

Für die Sauce:

*6 EL Speisestärke · 1 Tasse Wasser ·*
*½ Tasse Sojasauce · ½ Tasse brauner Zucker*

Die Speisestärke mit der Sojasauce und dem braunen Zucker in einer Kasserolle verquirlen. Auf schwacher Hitze unter ständigem Umrühren kochen, bis die Sauce dick wird. Vom Herd nehmen und abkühlen lassen.

## Sinigang na carne

***Geschmortes Rind- und Schweinefleisch***

*250 g mageres Schweinefleisch · 750 g Rindfleisch mit Knochen · 2 große reife Tomaten · 1 Zwiebel · Salz nach Geschmack · 4 Zitronen oder Limonen · 2 Rettiche · 250 g Spinat · 250 g grüne Bohnen · Sojasauce*

Das Fleisch in Würfel schneiden und in einen Schmortopf legen. So viel Wasser aufgießen, daß das Fleisch gerade bedeckt ist, aufkochen und leise weiterkochen lassen. Tomaten und Zwiebel in Scheiben schneiden und mit dem Salz dazugeben. Den Saft der Zitronen oder Limonen auspressen und dazugießen. Aufkochen und bei Bedarf noch etwas Wasser zugeben. Die Rettiche putzen, in Würfel schneiden und zufügen. Wenn sie weich sind, den Spinat und die geputzten grünen Bohnen beigeben. Alles auf Mittelhitze weich kochen. Abschmekken und eventuell nachwürzen, vom Herd nehmen und mit der Sojasauce servieren.

## Gefüllter Seebarsch

*1 Seebarsch von 2 bis 2,5 kg · Salz und Pfeffer nach Geschmack · 2 mittelgroße Tomaten · 1 mittelgroße Zwiebel · 1 mittelgroße Kartoffel · 2 EL Rosinen · 3 EL feingewiegte süßsaure Gurken · 1 Ei · Fett zum Ausbacken*

Den Fisch schuppen, ohne die Haut zu verletzen. Gut säubern. Den Fisch mit der langen Klinge eines großen

Küchenmessers oder eines Küchenbeils auf jeder Seite gründlich vom Kopf bis zum Schwanz beklopfen, bis sich das Fleisch von der Haut löst. Dann die Haut bei den Kiemen einschneiden und vorsichtig Fleisch samt Mittelgräte aus dem Fisch herauslösen. Das Fleisch von der Gräte schaben, das Fischfleisch klein schneiden, in eine Schüssel geben und mit Salz und Pfeffer würzen. Tomate, Zwiebel und Kartoffel fein würfeln, mit den Rosinen, den feingewiegten Gurken und dem Ei zum Fischfleisch geben und alles gut verrühren. Die Fischhaut innen mit Salz und Pfeffer bestreuen, die Fülle in die Haut geben, so daß der Fisch wieder normal aussieht. Die Haut zunähen und den gefüllten Fisch in einer großen Pfanne im heißen Fett auf beiden Seiten ausbacken, bis er braun und knusprig ist. Auf Küchenkrepp abtropfen lassen und heiß servieren.

## Humba

***Eisbein***

*1 Eisbein oder 1 kg Schweinefleisch aus dem Schinken · 1 Lorbeerblatt · ½ TL ganze Pfefferkörner · ⅓ Tasse Essig · 6 zerdrückte Knoblauchzehen · ½ Tasse brauner Zucker · 4 EL Sojasauce*

Das Fleisch vom Knochen lösen, überschüssiges Fett abschneiden und das Fleisch in kleine Würfel schneiden. Die restlichen Zutaten in einer Schüssel verrühren und das Fleisch für 3 Stunden in diese Beize legen. Dann in einen großen Topf füllen, zudecken und ins Wasserbad stellen. Im Wasserbad garen, bis das Fleisch weich ist. Heiß servieren.

## Embutido

### *Hackrolle*

*1 Tasse feingewiegter Schinken · 1 kg Schweinehack · 4 EL Mehl · 3 süßsaure Gurken · 3 EL Rosinen · Salz und Pfeffer nach Geschmack · 2 Eier · 1 große Dose Tomatenmark · 3 hartgekochte Eier · 2 Chorizos (siehe Anhang) · Rindfleischbrühe · 1 Tasse Tomatensauce*

Schinken, Schweinehack, Mehl, feingewiegte Gurken, Rosinen, Salz und Pfeffer in einer Schüssel vermengen. Die Eier und das Tomatenmark dazugeben und alles zu einem geschmeidigen Fleischteig verarbeiten, der zu einer Rolle geformt und auf ein großes Stück Küchenmull gelegt wird. Die hartgekochten Eier und die Chorizos in dünne Scheiben schneiden und leicht in den Fleischteig pressen. Die Rolle fest in den Mull wickeln, an allen Seiten zunähen, in eine große Kasserolle legen und so viel Fleischbrühe dazugießen, daß sie bedeckt ist. Aufkochen, die Hitze dann verringern, den Topf zudecken und leise gar kochen, was etwa 1 Stunde dauert. Abkühlen lassen und zum Servieren aus dem Mull nehmen und in dicke Scheiben schneiden. Kalt mit Tomatensauce servieren.

## Pancit molo

### *Maultaschen in Brühe*

Für den Teig:

*3 Tassen Mehl · ¼ TL Salz · 3 Eidotter · ¼ Tasse Wasser*

Mehl und Salz in eine Schüssel sieben, die Eidotter dazugeben und gut verrühren. Nach und nach das Wasser dazugießen und alles zu einem geschmeidigen Teig verkneten. So dünn wie möglich auf einem gut bemehlten Backblech ausrollen und in kleine Dreiecke von knapp zehn Zentimeter Seitenlänge ausradeln. Beiseite legen und die Füllung zubereiten.

Für die Füllung:

*1 Tasse feingewiegtes Schweinefleisch · 1 Eidotter · ½ TL Salz · ¼ TL Pfeffer*

Alle Zutaten in einer Schüssel gut vermischen. 1 TL Fleischteig auf die Mitte jedes Teigdreiecks setzen und zuklappen. Die Ränder gut zusammenpressen und beiseite stellen.

Für die Brühe:

*2 zerdrückte Knoblauchzehen · 1 kleine gehackte Zwiebel · Schweineschmalz · Salz nach Geschmack · 3 Tassen Krabbenbrühe · 1 gekochtes Huhn · 1½ Tassen Krabbenfleisch · 3 l Hühnerbrühe · Salz und Pfeffer nach Geschmack · 2 EL feingewiegte Petersilie*

Schweineschmalz in einem großen Schmortopf heiß werden lassen und Knoblauchzehen und Zwiebeln darin anbraten, bis sie braun sind. Salz und Krabbenbrühe hinzufügen. Die Krabbenbrühe wird aus den zerstampften

Köpfen und Schalen der Krabben gekocht. Wenn man keine hat, so löst man 1 bis 2 EL Krebspaste in heißem Wasser auf. Krebsbrühe und Zwiebeln 1 Minute lang kochen lassen, dann das feingewürfelte Hühnerfleisch, das Krabbenfleisch und die Hühnerbrühe dazugeben und wieder aufkochen lassen. Wenn die Brühe kocht, die vorbereiteten Teigdreiecke hineingeben, mit Salz und Pfeffer abschmecken und die Teigdreiecke etwa 20 Minuten lang in der Brühe gar ziehen lassen. Vor dem Servieren die gehackte Petersilie und frischgemahlenen Pfeffer zur Suppe geben.

# Desserts

## Putong puti

***Reisauflauf***

*2 Tassen Milchreis (Rundkorn) · 1½ Tassen Wasser · 1½ Tassen weißer Zucker · ½ TL Salz · 3 TL Backpulver · geraspelte Kokosnuß*

Den Reis über Nacht in Wasser einweichen und dann durch den Fleischwolf drehen. Er sollte die Konsistenz eines dicken Teiges besitzen. Diesen Teig mit Zucker, Salz und Backpulver gut verrühren und eine gut gefettete Auflaufform zwei Drittel hoch damit füllen. Ins Wasserbad stellen und eine halbe Stunde garen. Mit einem Hölzchen oder der Stricknadel eine Garprobe machen. Mit geraspelter Kokosnuß bestreuen und heiß oder kalt servieren.

## Maruyang camote

***Kartoffelnocken***

*1 Tasse Mehl · 2 TL Backpulver · 1 EL Zucker · ¼ TL Salz · 4 mittelgroße süße Kartoffeln (kamote) · 1 Ei · ¼ Tasse Milch · Fett zum Ausbacken · Zucker*

Das Mehl mit Backpulver, Zucker und Salz in eine Schüssel geben. Die süßen Kartoffeln reiben, samt Ei und Milch zum Mehl geben. Alles gut verrühren und den Teig eßlöffelweise ins heiße Fett tropfen lassen. Golden ausbacken. Mit dem Schaumlöffel herausnehmen, auf Küchenkrepp abtropfen lassen, noch heiß mit Zucker bestreuen oder in Zucker wälzen. Die Küchlein können heiß oder kalt serviert werden. Süße Kartoffeln kann man auch ohne Teig ausbacken. Die Kartoffelwürfel oder -scheiben werden gut abgetupft und mit Zucker bestreut serviert.

## Bibingka Royal

***Kokoskuchen***

*3 Eier · ¾ Tasse Zucker · 1½ Tassen Kokosmilch (siehe Anhang) · 2 Tassen Mehl · 4 TL Backpulver · 2 EL geschmolzene Margarine · Butter · Zucker · geraspelte Kokosnuß*

Die Eier in einer Schüssel hell und cremig schlagen. Den Zucker in einer größeren Schüssel mit der Hälfte der Kokosmilch verrühren, bis er sich auflöst. Das Mehl mit dem Backpulver in eine dritte Schüssel sieben und löffelweise in die süße Kokosmilch quirlen. Den Rest der Kokosmilch abwechselnd mit dem Mehlrest dazugeben und den Teig gut durchschlagen. Dann die schaumig geschlagenen Eier und die Margarine dazugießen, alles gut verrühren und in eine gut gefettete Kastenform füllen. Im vorgeheizten Ofen bei 180 °C 50 Minuten lang backen. Garprobe machen, aus der Form stürzen, mit Butter bepinseln und mit Zucker und Kokosflocken bestreuen.

## Turron de almendras

### *Mandelkonfekt*

*500 g Mandeln · 1 Tasse Zucker · ½ Tasse Honig · Waffeln*

Die Mandeln blanchieren, abhäuten, in Butter von allen Seiten gut durchrösten und fein mahlen. Wenn Sie einen Mörser haben, so werden Mandeln und Zucker zusammen verrieben. Die gemahlenen Mandeln und den Zukker mit dem Honig in eine Kasserolle oder in einen Kupfertopf geben und auf schwacher Hitze unter ständigem Umrühren so lange erhitzen, bis der Zucker schmilzt und die Mischung braun zu werden beginnt. In eine flache, gut gebutterte Form von etwa 20 Zentimeter Durchmesser gießen, abkühlen lassen, in Würfel schneiden und jeden Würfel in eine Waffel wickeln.

Für die Waffeln:

*½ Tasse Mehl · 2 Tassen Wasser*

Mehl und Wasser zu einem glatten Teig verrühren, im Waffeleisen dünne Waffeln ausbacken, die noch warm um die Mandelwürfel gewickelt werden.

## Budin

***Pudding***

*1 Eiweiß · 1 Tasse Milch · 2 EL Butter · Zucker nach Geschmack · ½ Tasse kandierte Orangen- und Zitronenschale · ¼ Tasse gehackte Nüsse oder Rosinen · 5 Eidotter · Maraschinokirschen*

Alle Zutaten außer den Eidottern und den Kirschen in einer Kasserolle gut vermengen und so lange auf schwacher Hitze sieden, bis die Flüssigkeit verkocht ist. Vom Herd nehmen und abkühlen lassen. Dann mit den Eidottern gut verrühren, in kleine, gut gefettete Auflaufförmchen füllen, mit kleingehackten Maraschinokirschen dekorieren und im vorgeheizten mittelheißen Ofen braun backen. Vor dem Servieren abkühlen lassen.

## Bananen-Chips

*1 Tasse Zucker · ⅓ TL Salz · 20 unreife Bananen · Ausbackfett*

Zucker und Salz in einer Schüssel vermischen. Die Bananen schälen und in Scheiben schneiden. In einer zweiten Schüssel je 3 Tassen Bananenscheiben mit 3 EL von der Zucker- und Salzmischung durchschwenken. Immer ein paar Bananenscheiben auf einmal ausbacken, bis sie goldbraun sind. Mit dem Schaumlöffel aus dem heißen Fett heben, aneinanderklebende Stücke voneinander lösen und abgekühlt servieren.

## Leche flan

***Eierstich***

*1 Tasse brauner Zucker • ¼ Tasse Wasser • 2 Tassen Milch • 8 Eidotter • 1 Tasse Zucker • die abgeriebene Schale von 1 Zitrone oder 1 TL Vanillepulver*

In einer Kasserolle Zucker und Wasser verrühren und auf Mittelhitze so lange kochen, bis der Zucker braun wird oder karamelisiert. Noch heiß in eine Auflaufform von etwa 35 Zentimeter Länge gießen. Die Milch 15 Minuten lang im Wasserbad abkochen, die Eidotter schaumig schlagen, Zucker, Zitronenschale und nach und nach die Milch dazurühren. Die Mischung auf den karamelisierten Zucker gießen und die Form ins Wasserbad stellen. In dem auf 150°C erhitzten Ofen backen, bis der Eierstich gestockt ist. Abkühlen lassen, dann aus der Form stürzen und kalt servieren.

## Leche flan mit Kokosnuß

*1 Tasse brauner Zucker • ¼ Tasse Wasser • 2 Tassen Kokosnußcreme (siehe Anhang) • 6 Eidotter • 4 Eiweiß • 1 Tasse Kristallzucker • 1 TL abgeriebene Zitronenschale*

Den braunen Zucker wie im obenstehenden Rezept mit dem Wasser aufkochen und karamelisieren lassen. Eine feuerfeste Form mit drei Viertel des Karamelzuckers ausgießen und beiseite stellen. Die Kokosnußcreme mit dem restlichen Karamelzucker verrühren. Wieder auf den Herd stellen und unter ständigem Umrühren so lange auf schwacher Hitze kochen, bis sich der Karamelzucker aufgelöst hat. Die Eiweiß leicht schlagen und mit den Eidottern zusammen in einer Schüssel vermengen. Zucker und Zitronenschale dazugeben, die Kokosnußcreme mit dem Karamelzucker dazugießen und alles gut verrühren. Durch ein Mulltuch gießen und in die Form füllen. Die Form ins Wasserbad stellen, dessen Wasser leise sieden, aber nicht kochen darf. Etwa 1½ Stunden garen. Garprobe machen, die Form aus dem Wasserbad nehmen und einen Moment unter die glühende Grillschlange schieben, damit die Oberfläche bräunt. Abkühlen lassen und vor dem Servieren aus der Form stürzen. Kalt zu Tisch bringen.

# Indochina

Im geopolitischen Sinn gibt es gar kein Indochina, gastronomisch gehören jedoch die drei Länder, die früher Französisch-Indochina bildeten — Kambodscha, Vietnam und Laos — durchaus zusammen. Es gibt zwar kulinarische Unterschiede, doch da diese drei Länder den gleichen kulturellen Einflüssen ausgesetzt gewesen sind, überwiegen die Ähnlichkeiten. Jede Küche der drei Länder basiert auf einheimischen indochinesischen Gerichten, um diesen Begriff in Ermangelung eines treffenderen weiter zu verwenden, und hat aus dem Französischen und Chinesischen ihre Glanzpunkte übernommen. Der indische Einfluß ist hier jedoch wesentlich geringer als in Burma, und die Feinheiten des Würzens sind weder so üppig noch so variationsreich wie in Thailand.
Außer in den Großstädten und den Industriegebieten von Nordvietnam lebte die Bevölkerung aller drei Länder vor dem Kriege von dem, was ihre Landwirtschaft produzierte. Das war nicht viel, und obgleich die Landwirtschaft die Hauptversorgungsquelle für die Bevölkerung darstellte, war sie größtenteils unterentwickelt. Moderne Anbaumethoden sind eine Seltenheit geblieben. In Kambodscha und Vietnam wurde Viehzucht betrieben, die in Laos sehr selten zu finden ist, und keines dieser Länder scheint das Rindfleisch zu schätzen. Von Lammfleisch scheint man auch nicht viel zu halten, und wenn von Fleisch gesprochen wird, so ist damit meistens Schweinefleisch gemeint. Geflügel taucht in sehr vielen Gerichten auf, wobei nicht nur Hühner und Enten, son-

dern auch Wildgeflügel auf den Tisch gebracht werden. Pflanzliches Eiweiß wird in Form von grünen Erbsen, Mais und Sojabohnen meist als Bohnenquark aufgenommen. Milch und Milchprodukte fehlen jedoch fast ganz, weil es kaum Kühe und Ziegen gibt.

Zur ländlichen Küche gehören die verschiedensten Gemüsearten. Reis ist der wichtigste Bestandteil jeder Mahlzeit, ebenso reichlich werden süße Kartoffeln und Yams gegessen, für die es viele verschiedene Zubereitungsarten gibt. Grüne Gemüse sind ebenfalls sehr beliebt, und Fische, vor allem Süßwasserfische, tauchen ebensooft in den ländlichen Gerichten wie bei den Mahlzeiten der Stadtbevölkerung auf. Wenn ein Nachtisch serviert wird, handelt es sich meistens um Früchte oder kleine Küchlein aus Reis oder Sojabohnenmehl. Selbst in den Städten sind die Mahlzeiten einfach, aber recht kräftig gewürzt. Man bekommt oft das Omelett vorgesetzt, das mit feingewiegtem Schweinefleisch und Krabben gefüllt ist, auch Reiskasserollen, gedämpften Fisch, geschmortes Schweinefleisch und andere Gerichte, die einem Gourmet vielleicht gar nicht erwähnenswert erscheinen. Man darf jedoch nie vergessen, daß man sich in keinem reichen Land befindet und daß man dort das verwenden muß, was man besitzt. Durch die Pikanterie im Würzen und das Fingerspitzengefühl im Abschmecken ragen diese Gerichte dennoch über den Durchschnitt hinaus.

Das trifft vermutlich am wenigsten auf die kambodschanische Küche zu, zumindest vom Standpunkt eines Ausländers. Kambodschanische Gerichte sind außergewöhnlich scharf; für den Gast aus dem Westen sind sie meist nur in abgeschwächter Form zu genießen und entsprechen seinem Geschmack nicht immer. Deshalb scheinen die meisten Touristen in Kambodscha, selbst wenn es sich um Köche handelt, nur die vielen ausgezeichneten französischen oder chinesischen Restaurants zu besuchen und das einheimische Angebot zu verschmähen. Wer das nicht tut, kann sich durch Stärkereis, würzige

Fischgerichte, curryähnliche Eintöpfe, dicke Suppen und Schmorgerichte hindurchprobieren. Die Suppen sind besonders gut, sie ähneln eher Kasserollen mit Fleisch und Gemüse als den Suppen, die wir als Vorgericht kennen. Sie sind meistens üppig und gehaltvoll und enthalten viele verschiedene kleingewürfelte Zutaten. Fast alle kambodschanischen Gerichte bestehen mehr aus kleinen Bröckchen als aus Zutaten, die in Würfel oder Scheiben geschnitten worden sind. Fleisch und Geflügel werden selten im ganzen serviert; in den überwiegenden Fällen werden sie in mundgerechte kleine Happen geschnitten — und dann mit curryähnlichen Gewürzmischungen höllenscharf abgeschmeckt. Schmorgerichte sind ebenfalls sehr beliebt. Sie enthalten ebenso wie die Suppen zahlreiche verschiedene Zutaten, von denen die meisten sehr würzig sind. Besonders oft gibt es *mean timm,* ein Hühnerstew, oder *tea timm,* das mit Entenfleisch gekocht wird.
Auf authentische vietnamesische Gerichte stößt man besonders in den Städten von Südvietnam fast nie. Die Küche in Saigon ist ausgezeichnet, aber in ihrer besten Form ist sie französisch. Das nächst gute ist chinesisch. Für den Reisenden ist es nur in normalen Zeiten möglich, gute, echte vietnamesische Gerichte kennenzulernen, und niemand weiß, wann die Zeiten wieder normal sein werden. Vietnam, besonders Südvietnam, ist früher gut versorgt gewesen. Es gab reichlich Fische und Meerestiere, und das Land brachte frische Gemüse, köstliche Erdbeeren und andere Obstarten hervor, beherbergte Viehherden und die verschiedensten Wildarten. Die bekanntesten originalen vietnamesischen Gerichte entsprechen auch dem Geschmack des Europäers und können in jeder westlichen Küche nachgekocht werden. Es gibt zum Beispiel Krabbenküchlein mit *o-moi*-Sauce oder *chagio,* gewürzte Fleischröllchen, es gibt *yam vietnam,* einen würzigen Salat aus kleingehackten Krabben, Schweinefleisch und Gurken in reichlich Marinade, und es gibt ein Schmor-

huhn mit fünferlei Gewürzen. Der Nachtisch ist stets einfach. Er besteht fast immer aus frischem Obst, obgleich es zur Abwechslung auch einmal ein sehr reizvolles süßes Gericht aus Lotussamen geben kann, die in Zuckerwasser gar gekocht worden sind.
Die Küche in Laos verlockt den Gast aus dem Westen am meisten. Die Bevölkerung in Laos stammt von Thai-Indonesiern und Chinesen ab, und ihre abwechslungsreichen, farbenprächtigen Gerichte, die im Grunde genommen sehr einfach sind, entsprechen dem Reichtum und der Vielfalt ihrer kulturellen Bindungen. Die meisten Gerichte sind kräftig gewürzt, manche von ihnen sogar ziemlich scharf, aber sie sind immer interessant, einfallsreich zubereitet und außergewöhnlich schmackhaft.
Es gibt zum Beispiel ein köstliches halbsüßes Gericht, das *khato tom* heißt und aus einer Mischung von Stärkereis, Kokosnußcreme und Bananenscheiben besteht, die in Bananenblätter eingewickelt und gar gedämpft wird. Überraschend schmackhaft ist *san ton pa,* sehr feingehacktes rohes Fischfleisch mit Kräutern und Gewürzen, das mit grünem Salat gegessen wird und wesentlich besser schmeckt, als es klingt. Wer schon an die japanische oder polynesische Küche gewöhnt ist, wird dieses Gericht sofort genießen. Köstlich ist auch die laotische Version von Beefsteak Tatar. Dann gibt es *kay phaneng,* gefüllte Hühner, die in Kokosmilch geschmort werden, oder *kay patkhin,* Huhn mit Ingwer, scharf, aber exquisit.
Als amüsantes und ungewöhnliches Fischgericht könnte die westliche Hausfrau *koy tioum,* Fischtörtchen, nachkochen. Sie bestehen aus einem Fisch, der über dem offenen Feuer gegrillt und dann zusammen mit feingewiegten Kräutern und Reisnudeln im Mörser zerstoßen worden ist. Diese Mischung wird auf einem großen eßbaren Blatt, zum Beispiel einem Kohlblatt, serviert und mit einer salzigen, würzigen Sauce gegessen.
*Khao poun* stellt ebenfalls ein kulinarisches Erlebnis dar. Es ist ursprünglich ein Reisnudelgericht, zu dem rohes

Gemüse und eine besondere Sauce gehört. Daraus ist jedoch ein Gericht entstanden, das weitaus delikater und exotischer schmeckt, als man nach der einfachen Beschreibung vermuten würde. Die dicke Sauce, die man dazu gereicht bekommt, besteht aus feingewiegtem Fleisch und Fisch, die mit gemahlenen Erdnüssen und den verschiedensten Gewürzen in Kokosmilch gekocht worden sind, und wird manchmal mit etwas Tomatenmark abgerundet. *Khao poun,* die Reisnudeln, werden in einer Suppenterrine auf den Tisch gestellt. Jeder Gast hat einen Suppenteller vor sich und füllt ihn nun mit einer Schicht *khao poun.* Auf dem Tisch steht außerdem eine Platte mit den Lieblingsgemüsen der Laoten: Bananenblätter, Bohnensprossen, grüne Kräuter und Minze, alles sehr feingeschnitten. Jetzt füllt sich jeder Gast rohes Gemüse auf seinen *khao poun,* wie es seinem Geschmack entspricht, und gießt sich eine üppige Portion der cremigen, köstlichen Sauce über alles.
*Kow neo kwan* ist ein einfacher, aber sehr schmackhafter Kokosnuß-Reiskuchen, der als Imbiß zum Kaffee serviert wird oder als Nachtisch. Tee ist übrigens in ganz Indochina das Lieblingsgetränk. Die meisten Indochinesen essen gewöhnlich nur zwei Hauptmahlzeiten am Tag, die erste zwischen 9 und 11 am Vormittag und die zweite abends gegen 6, oft sogar auch etwas früher. Die Ursache dieser Sitte liegt darin, daß man die Hitze des hohen Mittags umgehen will, aber man holt sie im Grunde genommen mit der heißen Schärfe der Gewürze beim Abendessen nach.

## San ton pa

***Rohgehackter Fisch***

*1 kg Fischfleisch, Seezunge, Heilbutt oder Scholle · 1 TL Salz · ½ Tasse Wasser · 5—6 Zitronen · 5 mittelgroße Zwiebeln · 5 Knoblauchzehen · 3 bis 4 Pimentkörner · 2 EL feingewiegter Fenchel · Korianderblätter oder Petersilie · Schalotten*

Den Fisch von allen Gräten und Hautresten befreien und fein hacken. In eine Schüssel füllen. Das Salz mit dem Wasser verrühren, dann den Saft der Zitronen dazugießen. Diese Mischung über den Fisch gießen und 15 Minuten ziehen lassen. Zwiebeln, Knoblauchzehen und Pimentkörner fein hacken, das Fischhack ausdrücken und das Einweichwasser etwas durchkochen. Zum Abkühlen beiseite stellen, dann mit dem Fischhack verrühren. Kräuter und Zwiebeln, Knoblauch und Piment dazugeben und alles gut vermengen. Das Resultat ist ein blaßrosiger Fischteig mit grünen Punkten, die von den Gewürzen stammen. Eiskalt mit grünem Salat servieren.

## Kay phaneng

***Huhn in Kokosmilch***

*1 gehackte Zwiebel · 1 zerdrückte Knoblauchzehe · 250 g Schweinehack · 125 g Grieben · roter oder weißer Pfeffer nach Geschmack · Salz oder Nam pla (siehe Anhang) · Kokosmilch (siehe Anhang) · 1 Brathähnchen von 1 kg*

Zwiebel, Knoblauch, Schweinehack, Grieben, Pfeffer, Salz und etwas Kokosmilch in einer Schüssel gut vermengen. Das gesäuberte Hähnchen mit dem Fleischteig füllen und in einen Schmortopf legen, der zur Hälfte mit Kokosmilch gefüllt ist. Auf Mittelhitze so lange kochen, bis das Hähnchen gar und die Kokosmilch zu einer Creme eingekocht ist. Vom Herd nehmen, heiß servieren und die Kokossauce über das Hähnchen gießen.

## Khao tom

***Reis mit Bananenfüllung***

*2 Tassen Wasser · 1 Tasse Stärkereis oder Milchreis · 1—2 Kokosnüsse · Bananen · Bananenblätter*

Den Reis gut waschen, in 2 Tassen kaltes Wasser einweichen und 10 Minuten quellen lassen. Die Milch von einer oder zwei Kokosnüssen in eine Kasserolle gießen und so lange einkochen, bis sie fast cremig ist. Den Reis auf ein Sieb schütten, gut abtropfen lassen und zur Kokosmilch geben. Etwas salzen, umrühren und 4 bis 5 Minuten auf Mittelhitze leise köcheln lassen. Die Kasserolle vom Herd nehmen, ein oder zwei Bananen in dünne Scheiben schneiden, 1 EL Reisbrei auf ein Bananenblatt geben, eine Bananenscheibe leicht hineindrücken, mit einem zweiten Löffel Reis zudecken. Das Bananenblatt sorgfältig um die Fülle wickeln, gut verschließen und an beiden Seiten mit Zwirn zubinden. Die kleinen grünen Pakete in kochendes Wasser legen und 1½ Stunden gar ziehen lassen. Herausnehmen, auf Küchenkrepp abtropfen lassen, heiß oder kalt servieren.

## Kay patkhin

***Huhn mit Ingwer***

*1 Brathähnchen von 1 kg · Salz nach Geschmack · Öl · 1 Stück frischer Ingwer · 1 zerdrückte Knoblauchzehe · 1 in Scheiben geschnittene Zwiebel*

Das Hähnchen entbeinen, das Fleisch in kleine Stücke schneiden und salzen. Etwas Öl in einem Schmortopf heiß werden lassen, das Hühnerfleisch darin so lange andünsten, bis es gelb wird; nach und nach heißes Wasser dazugießen und weiterdünsten, bis das Fleisch gar ist. Den Ingwer waschen und schälen, in lange, dünne Riemchen schneiden, in etwas Öl vorsichtig und nicht zu lange anbraten, bis er seinen charakteristischen Duft entfaltet, dann aus der Pfanne nehmen und beiseite stellen. Knoblauch und Zwiebelscheiben ebenfalls golden anbraten und zum Ingwer geben. Ingwer, Knoblauch und Zwiebeln mit dem Hähnchen im Schmortopf vermischen, etwas heißes Wasser dazugießen und alles zusammen 10 Minuten durchschmoren. Vom Herd nehmen und heiß servieren.

## Koy tioum

***Fischtörtchen***

*1 Fisch von 500 g · je 1 EL feingehackte Petersilie, Schalotten und Minze · 1 TL Pfeffer · 1 TL feingewiegter frischer Ingwer · 250 g Reisnudeln · ½ TL Nam pla (siehe Anhang) · ½ Tasse kochendes Wasser · 1 TL Pimentkörner · 1—3 Knoblauchzehen · feingewiegter Kerbel · Salatblätter*

Es ist ratsam, einen Fisch zu nehmen, der sich leicht entgräten läßt. Er wird gegrillt, entgrätet und in einem Mörser zerrieben. Unterdessen werden die Reisnudeln gar gekocht und Petersilie, Schalotten, Minze, Pfeffer und Ingwer in einer Schüssel verrührt. Das Fischfleisch wird leicht mit den Kräutern und den Reisnudeln vermischt. Bei Tisch nimmt sich jeder ein großes Salat- oder Kohlblatt, streut sich einen üppigen Löffel frischgehackte Kräuter darüber, füllt einen Löffel Fischteig darauf, wickelt das Blatt zu einer Rolle und taucht es in die Sauce, die in kleinen Portionsschüsseln neben jedem Teller steht.
Die Sauce wird folgendermaßen zubereitet: ½ TL Nam pla mit dem kochenden Wasser verrühren, fein zerriebene Pimentkörner, zerdrückte und angebratene Knoblauchzehen und feingewiegten Kerbel dazugeben, gut umrühren und abkühlen lassen.

## Laotische Hackhappen

*1 gehäufter EL Reis · 3 kleine getrocknete rote Chilischoten · 2½ Tassen Wasser · 500 g gemischtes Hack oder Beefsteakhack · 1 TL getrocknetes Zitronengras oder 1 TL abgeriebene Zitronenschale · 1 große Gemüsezwiebel · 3 frische grüne Chilischoten · 1 große grüne Paprikaschote · 30 Minzeblätter · 3 EL Zitronensaft · Nam pla oder Salz nach Geschmack*

Den Reis in einer trockenen Bratpfanne über Mittelhitze anrösten, bis er blaßgolden ist. In einen Mörser schütten und zu grobem Mehl zerreiben. Die roten getrockneten Chilischoten ebenfalls anrösten, etwas abkühlen lassen und genauso im Mörser zerreiben. Das Wasser aufkochen, das Zitronengras und das Hack dazugeben und so lange hacken, bis das Fleisch an keiner Stelle mehr rot ist. Das Fleisch abtropfen lassen und mit dem Reis, den Chilischoten, der sehr feingehackten Zwiebel, den sehr feingeschnittenen, frischen grünen Chilischoten, der feingeschnittenen Paprikaschote und den Minzeblättchen in eine Anrichteschüssel füllen, den Zitronensaft über alles gießen und gut vermischen. Zum Schluß mit Salz oder Nam pla würzen und mit ein paar übrigbehaltenen Minzeblättchen dekorieren. Mit weißem, frisch gekochtem Reis servieren.

# Dessert

## Kow neo kwan

***Laotischer Kokosnuß-Reiskuchen***

*2 Tassen Stärkereis oder Milchreis (siehe Anhang) · 1—2 Kokosnüsse · Zucker nach Geschmack*

Den Reis 3 Stunden lang in 4 Tassen lauwarmem Wasser einweichen und im selben Topf kochen. Das Fleisch der beiden Kokosnüsse fein raspeln und kräftig im lauwarmem Wasser zerstampfen, um Kokosmilch zu erhalten. Die Kokosnußmilch durch ein Sieb in eine Kasserolle gießen und auf Mittelhitze zum Kochen bringen. So lange leise kochen, bis sich das Öl an der Oberfläche absetzt. Die Hälfte der Flüssigkeit beiseite stellen. In die andere Hälfte mit einem Holzlöffel den gekochten Reis und Zucker rühren, auf schwacher Hitze so lange weiterrühren, bis der Brei dick zu werden beginnt. Falls er anhängen sollte, wird etwas lauwarmes Wasser dazugegossen. Der fertige Brei wird vom Herd genommen. Mit der anderen Hälfte des Kokosnußöls Boden und Ränder einer großen Kastenform und die eine Seite von einem Stück Pergamentpapier einfetten. Die Kokosnuß-Reismischung so dick wie gewünscht in die Form streichen und das Pergamentpapier mit der eingefetteten Seite darauf legen und festdrücken. Das Papier dann wieder abziehen. Die zweite Hälfte der Kokosnußcreme auf den Reiskuchen streichen und stehenlassen, bis er fest genug ist, um in Stücke geschnitten zu werden. Kalt servieren.

# Korea

Korea besteht größtenteils aus einer gebirgigen Halbinsel, die sich zwischen dem Gelben und Japanischen Meer erstreckt. Den Rest des Landes stellen rund 3400 Inseln in allen benachbarten Meeren dar. Im Lauf seiner Geschichte ist das Land immer wieder vom benachbarten Japan oder China besetzt gewesen und hat von beiden gewisse Eßgewohnheiten angenommen. Es hat sie allerdings durch eigene Gewürze verändert und sich angepaßt.
Fische und Meerestiere tauchen in reichlichem Maße auf der koreanischen Speisekarte auf, jedoch nicht so überwiegend, wie man es sich bei den riesigen Ausmaßen der Fischgründe vorstellt. Die Japaner haben bei ihren Eroberungszügen Vieh nach Korea mitgebracht, wodurch das Rindfleisch zum bevorzugten und am meisten gegessenen Fleisch geworden ist. Andere Fleischarten, die oft auf dem koreanischen Tisch erscheinen, sind Schweinefleisch, Hühner, Kaninchen, Hammel, Wild und Wildgeflügel, aber die typischsten koreanischen Fleischgerichte enthalten Rindfleisch. Das Fleisch wird meistens gebraten, geschmort, gedämpft oder mit Gewürzen und Wasser zur Suppe gekocht. Das Pfannenbraten ist keine traditionelle Methode, wenn sie sich auch in der letzten Zeit stärker durchgesetzt hat. Allgemein gesprochen sind die meisten koreanischen Gerichte Mischungen aus Fleisch und Gemüsesorten — mit jenen Extragewürzen, von denen ich schon gesprochen habe. Verschiedene Pfeffersorten, Sesamsamen, Ingwer, Pinienkerne, Hasel-

nüsse und Eßkastanien — das sind charakteristische koreanische Gewürze. Sojasauce und Bohnensauce werden schon zu den Grundnahrungsmitteln gerechnet. Beides wird als Suppenbasis verwendet und zum Würzen der verschiedensten Beilagen. Knoblauch taucht auch in vielen bekannten Rezepten auf, oft in Mengen, die dem Gast aus dem Westen etwas ungewohnt erscheinen.

Gemüse werden in der koreanischen Küche noch häufiger als Rindfleisch verwendet. Die klassischen Gerichte der verschiedenen Landschaften sind sehr oft Gemüseeintöpfe, zum Beispiel *kongnamul* (Bohnensprossen) aus Chongju, oder *pibim-bap* (Reis mit verschiedenen Gemüsesorten und Fleisch), auch aus Chongju, und *sinsollo* aus Seoul. *Sinsollo* muß besonders erwähnt werden, weil das Gericht mehr als eine regionale Spezialität darstellt. Es ist ein ehrwürdiges Gericht, das man in Korea seit Jahrhunderten kocht, und es schmeckt fast allen Fremden auf der Stelle. Er besteht aus einer Mischung von Gemüsen, Fleischsorten, Nüssen und Eiern, die alle zusammen am Eßtisch vor den Gästen in einem großen Messingtopf auf einem Holzkohlenfeuer in einer köstlichen Brühe gekocht werden.

Die Gemüsesorten, die besonders großzügig in den meisten Rezepten verwendet werden, sind Rettiche und Kraut, während Bohnensprossen, Spinat und Salat meist extra und als Beilage gekocht werden. Selbst für das Gemüse werden reichlich Gewürze verwendet, wozu roter Pfeffer, schwarzer Pfeffer, Schalotten oder grüne Zwiebeln, Knoblauch, Ingwer und Sesam gehören, und wenn Ihnen das scharf vorkommt, so haben Sie recht. Doch obwohl das koreanische Essen als scharf und würzig bekannt ist, entspricht es insgesamt dem Geschmack des westlichen Touristen, wenn er sich überhaupt an die orientalische Küche gewöhnt hat.

Außer dem *sinsollo* ist das bekannteste Gemüsegericht *kimchi*. *Kimchi* ist sehr typisch für Korea, und wenn es ein Nationalgericht gibt, so ist es dieses. Es taucht buchstäblich bei jeder koreanischen Mahlzeit auf, nicht nur am Anfang, sondern auch am Ende. Diese koreanische Spezialität ist eine Art Pickles oder besser eine Würzbeilage, eine aromatische Kombination aus Rüben, Zwiebeln, Kraut, Rettichen und allen möglichen anderen Gemüsearten, die man gerade zur Hand hat. Das wird mit großzügig bemessenen Portionen von rotem und schwarzem Pfeffer, Knoblauch und eingelegten Krabben gewürzt, und dann muß es ein paar Tage oder Wochen in Salzwasser gären. Wenn das Wetter warm ist, wird die Gärung bald in Gang gesetzt, und das *kimchi* ist in ein paar Tagen fertig. Gewöhnlich ist das Sommer-*kimchi* etwas weniger salzig als die Variation, die im Winter zubereitet wird, und besteht vor allem aus Gurken, verschiedenen grünen Gemüsen und weißen Rettichen. Winter-*kimchi,* das sich im Unterschied zu seinem sommerlichen Bruder *kimjang* nennt, besteht größtenteils aus Kraut und schmeckt ziemlich scharf.

Die beste Jahreszeit zur Zubereitung des wichtigeren *kimjang* ist der Spätherbst oder der frühere Winter. In diesen Wochen türmen sich auf den Wochenmarktplätzen Berge von Kraut und Rettichen. Jede Familie kauft sich ganze Wagenladungen, und alle Frauen sind ein paar Tage damit beschäftigt, das Wintergericht vorzubereiten. In jedem Haus werden große Mengen von *kimjang* zubereitet, damit man sicher sein kann, daß einem dieses wichtige Nahrungsmittel bis zum Frühling nicht ausgeht, wenn es wieder frische Gemüse geben wird. *Kimjang* wird in riesigen Steinguttöpfen aufbewahrt, die in die Erde versenkt werden und aus denen man sich für jede Mahlzeit die notwendigen Portionen herausschöpft. *Kimchi* riecht streng, das Gemüse hat noch einen Biß, und wenn die Beschreibung dieses Nahrungsmittels auch viele Nicht-Koreaner mit Mißtrauen erfüllt, so kann man sich schnell an seinen Geschmack gewöhnen. Jeder, der gerne Pickles ißt, wird auch *kimchi* mögen.

*Kim* ist künstlich angebauter Seetang, der getrocknet und dann zu dünnen Ballen gepreßt worden ist, die fast wie grünes Löschpapier aussehen. *Kim* kann man so essen, man kann ihn an Suppen geben oder durch Sesamöl ziehen und schmoren. Er taucht in den verschiedensten Formen in vielen Gerichten auf.

Zu den Meerestieren, die die Koreaner am meisten schätzen, gehören die Fische, die man an ihren Küsten fängt, Schellfisch und Brasse. Ein sehr beliebtes Fischgericht, das auch nicht so besonders scharf ist, heißt *tomichun,* das ist Seebrasse, durch einen Teig gezogen und ausgebacken; dazu ißt man Sojasauce. *See-ow chun,* wieder ein Gericht, das die Koreaner als nüchtern und etwas fade bezeichnen würden, sind ausgebackene Krabben, die in einen vorzüglich abgeschmeckten Eierteig getaucht worden sind. *Jokee-kook* ist eine ziemlich dicke Fischsuppe, die würzig schmeckt und sehr beliebt ist. Andere Suppen werden aus Schweinefleisch, Nudeln und Kraut gekocht. *Koum-tang* ist eine Reissuppe, die mit dünnen Rindfleischscheibchen bereichert worden ist. Reis ist auch in Korea Grundnahrungsmittel.

Es gibt sehr viele Hühnergerichte. Eins, das den westlichen Besuchern besonders schmeckt, heißt *tak mok am,* ein Schmorhuhn, mild, aber wunderbar abgewogen gewürzt. Ihm ähnelt *tak-chim,* ein gedämpftes Huhn mit Gemüsen. Ein etwas wagemutigeres Geschmacksexperiment ist *tongtak juk,* das es traditionellerweise an Fest- und Feiertagen gibt. *Tongtak juk* ist ein Brathähnchen, das einen Feinschmecker entzücken kann, wobei der Feinschmecker allerdings ein Liebhaber von Knoblauch in großen Mengen sein muß.

Es gibt ein Gericht, das dem westlichen Geschmack mehr als alle anderen entspricht und trotzdem ein koreanisches Lieblingsessen ist. *Pulgogi* beschreiben Amerikaner oft als koreanisches Barbecue, was durchaus zutrifft. *Pulgogi* besteht im allgemeinen aus marinierten Rindfleischscheiben, die über der Holzkohlenglut gegrillt

werden, obgleich man genausogut Hühner- und Schweinefleisch verwenden kann. *Pulgogi* ist eins der relativ wenigen koreanischen Gerichte, die niemals vom Herd serviert werden. Es muß vor den Gästen zubereitet werden, und wenn es so gut wie möglich gelingen soll, so darf das Fleisch nicht länger als 30 Sekunden grillen.
Andere ausgezeichnete Rindfleischgerichte sind *bok um pap,* einfaches Rindfleisch mit gebratenem Reis, oder *jang-po,* dünne Rindfleischscheibchen, die mit Sesamsamen in Sojasauce ziehen und dann rasch gebraten oder gegrillt werden. Ein anderes Gericht heißt *sanki sanjok,* das entweder aus Rindersteak besteht, streifig geschnitten und mit Pilzen gegart und zu dem man Rindfleischstücke und Gemüse abwechselnd auf Grillspieße steckt.
Eine koreanische Mahlzeit besteht normalerweise aus einem Hauptgericht und einer Reihe von Beilagen. Das Hauptgericht ist meistens gedämpfter Reis, und als Beilagen stehen Suppe, Fleisch, Fisch und Gemüse zur Auswahl. Manchmal wird der Reis mit anderem Getreide gemischt, zum Beispiel mit Graupen, oder mit verschiedenen Bohnen. Rindfleisch, Schweinefleisch, Huhn und Fasan sind die klassischen Fleischsorten für die sogenannten Beilagen. Eine typische Mahlzeit besteht aus sehr viel verschiedenen Dingen: aus *kimchi* und Reis, Rettichen und Seetang, gebratenem Fisch oder Krabben, gedünstetem oder gebratenem Huhn, *pulgogi, sinsollo* und dann noch einmal *kimchi.* Was für Gerichte auch auf den Tisch gestellt werden, die wichtigste Beilage ist *kimchi.* Wie das Salz zur Suppe, so gehört es zu jeder koreanischen Mahlzeit. Ob Sie es auch servieren wollen, liegt bei Ihnen. Die Mahlzeiten werden meistens in der Küche zubereitet und auf einem kleinen Serviertisch dorthin gebracht, wo gegessen werden soll. Das traditionelle koreanische Haus hat kein besonderes Eßzimmer, man kann jeden Wohnraum des Hauses zum Essen benutzen. In wohlhabenderen koreanischen Familien werden bei Tisch kleine Holzkohlenöfen benutzt, auf denen

man das Essen vor den Gästen vorbereitet, aber das ist nicht allgemein üblich und wird nur bei bestimmten Gerichten angewandt.

Bei einer normalen Alltagsmahlzeit sitzen sich zwei Personen auf dem Fußboden an beiden Seiten eines kleinen Eßtisches gegenüber. Links von jedem Teller wird der gekochte Reis hingestellt, rechts die Suppe, *kimchi* steht in Reichweite, und rechts neben dem Teller findet der Gast einen Löffel und ein Paar Eßstäbchen. Andere Gerichte, in die sich üblicherweise zwei Personen teilen, werden in die Mitte gestellt. Wenn mehr als zwei Personen am Essen teilnehmen, so bekommen immer zwei einen Eßtisch. Der gewöhnliche Tisch für eine Alltagsmahlzeit — wesentlich bescheidener als ein Festmahl —, ist schwarzlackiert, ungefähr 25 Zentimeter hoch, und seine Platte mißt 30 mal 60 Zentimeter. Er ist elegant, aber für den, der nicht daran gewöhnt ist, an solchen Tischen zu essen, etwas unbequem. Man kann ein koreanisches Essen genausogut auf dem gewohnten Eßtisch servieren, was nicht nur bequemer ist, sondern den Gästen auch mehr Platz bietet.

Die typischen Serviergefäße sind bis auf wenige Ausnahmen eher wie runde Schüsseln geformt. Sie bestehen aus Holz, Messing oder Porzellan. Heute werden die hölzernen Schüsseln nur noch wenig und nur zu besonderen Gelegenheiten verwendet. Typischer sind Schalen aus blankem Messing oder preiswertem Steingut. In den wohlhabenden Familien sind nicht nur die Löffel, sondern auch die Eßstäbchen aus Silber, aber in den meisten Häusern gibt es Löffel aus Messing oder einer anderen Metallegierung, und die Eßstäbchen sind aus dem gleichen Metall oder aus Holz, Plastik oder Elfenbein.

Das Getränk, das man heute meistens nach den Mahlzeiten trinkt, ist *sungnyung,* das warme Wasser, in dem der Reis gedämpft worden ist. Die traditionellen alkoholischen Getränke in Korea sind *takju, yakju* und *soju. Takju* ist eine Art Wein aus so billigen Grundstoffen wie Mais,

Gerste oder Kartoffeln, und er schmeckt ziemlich kratzig. *Yakju* ist ein Reiswein, der einen etwas höheren alkoholischen Gehalt als *takju* hat, auch etwas teurer ist und etwas abgerundeter schmeckt. Er neigt jedoch wie der *takju* dazu, bei warmem Wetter rasch zu gären. Man muß ihn auf jeden Fall kühl aufbewahren. Das stärkste einheimische Getränk ist *soju.* Er wird aus Getreide oder Kartoffeln gewonnen, und obgleich er so klar wie Wasser aussieht, schmeckt er vollkommen anders. Man muß ihn probieren, ehe man ihn beschreiben kann.

Die traditionellen Erfrischungsgetränke haben einen weit angenehmeren Geschmack, die Tees aus Ginseng, aus Ingwer oder Zimt, *ssangh-wantang*-Tee, der Früchte, Datteln, Kastanien und andere Nüsse enthält, und Honigwasser, das aus in Wasser aufgelöstem Bienenhonig besteht. Aber vielleicht schmeckt Ihnen das koreanische Bier am besten, das ausgezeichnet zu den koreanischen Mahlzeiten paßt und nicht besser und schlechter als alle anderen orientalischen Biere ist.

# Grundrezepte

## Vorbereiteter Sesamsamen

*1 Tasse Sesamsamen • 1 TL Salz*

Die Samen in einen Schmortopf schütten, unter ständigem Umrühren und auf Mittelhitze langsam braun werden lassen. Dann vom Herd nehmen und in eine Schüssel schütten. Das Salz hinzugeben und die Samen stampfen oder zerreiben, bis alle zerdrückt sind. Abkühlen lassen und in ein Glas umfüllen. In dieser Form werden die Sesamsamen in den meisten Rezepten verwendet.

## Essig-Sojasauce

*½ Tasse Sojasauce · 1 EL Zucker · 3 EL Essig*

Alle Zutaten in einer Schüssel gut verrühren. Je nach Geschmack kann man etwas mehr oder weniger Zucker und Essig verwenden. Man kann die Sauce noch mit feingehackten Pinienkernen bestreuen, die in vielen Rezepten vorkommen.

# Reis

## Gekochter Reis

*2 Tassen Reis · 3 Tassen kaltes Wasser*

Den Reis in einen Topf schütten, das kalte Wasser dazugießen und den Topf gut verschließen. Rasch aufkochen. Die Hitze verringern und in 35 Minuten gar quellen lassen. Die Hitze dabei so weit wie möglich verringern. Während des Garvorgangs den Topf geschlossen halten und den Reis nicht umrühren. Den fertigen Reis vom Herd nehmen und heiß servieren.

## Rindssuppe

*½ Tasse kleingeschnittene Champignons · 3 Schalotten · 2 Knoblauchzehen · 250 g Hack · 1 EL Öl · 6 Tassen Wasser · 4 EL Sojasauce · Salz nach Geschmack · 1½ EL vorbereiteter Sesamsamen (siehe Seite 207)*

Pilze, gehackte Zwiebeln, zerdrückte Knoblauchzehen und Hack in eine Schüssel geben und gut verkneten. Das Öl in einem Schmortopf heiß werden lassen, die Fleischmischung hineingeben und von allen Seiten anbraten. Wasser und Sojasauce dazugießen, nach Geschmack salzen und die Sesamkörner dazugeben. Aufkochen, die Hitze dann wieder vermindern und die Suppe langsam kochen lassen, bis das Fleisch gar ist. Während die Suppe kocht, werden die Fleischbällchen zubereitet.

Für die Fleischbällchen:

*¼ Tasse Sojabohnenquark (siehe Anhang) oder Magerquark · 1 EL vorbereiteter Sesamsamen · 1 Knoblauchzehe · 1 Schalotte · 1 EL Öl · 250 g Hack · 2 EL Sojasauce · Salz nach Geschmack · 1 Prise schwarzer Pfeffer · ¼ Tasse Mehl · 2 Eier · Öl*

Sojabohnen- oder Magerquark gut ausdrücken, daß er ganz trocken ist. Sesamsamen, die zerdrückte Knoblauchzehe, die feingehackte Sommerzwiebel, Öl und Hack in eine Schüssel geben und gut vermengen, Bohnenquark, Sojasauce, Salz und eine Prise Pfeffer dazugeben, den Teig gut durcharbeiten und zu sehr kleinen Bällchen formen. Zuerst in Mehl wälzen, dann durch die verquirlten Eier ziehen und in heißem Öl ausbacken. Beiseite stellen. Eine andere Pfanne heiß werden lassen, etwas Fett hineingeben und den Eierrest hineingießen. Pfanne drehen, so daß sich der Teig überall verteilt. Den Eierteig stocken lassen, umdrehen und auf der anderen Seite kurz anbraten. Aus der Pfanne nehmen und in kleine verschobene Rechtecke schneiden, mit denen die Suppe garniert wird. Mit einem Schaumlöffel das gekochte Hack aus der Suppe holen, beiseite stellen und die Suppe wieder zum Kochen bringen. Die Fleischbällchen in die kochende Brühe geben und 10 bis 15 Minuten leise köcheln lassen. Ein paar Fleischbällchen in jede Suppenschale legen, das gekochte Hack wieder in die Suppe schütten und kurz heiß werden lassen, die heiße Suppe über die Fleischbällchen gießen, mit den Eierwürfeln garnieren.

## Kori kuk

***Ochsenschwanzsuppe***

*1 Ochsenschwanz · 2½ l Wasser ·*
*1 EL vorbereiteter Sesamsamen · 1 EL feingewiegte Knoblauchzehen · ½ TL frischgemahlener Pfeffer · 3 EL gehackte Zwiebeln ·*
*¼ Tasse helle Sojasauce*

Den Ochsenschwanz in 8 Stücke schlagen lassen, waschen und mit dem Wasser in einen großen Suppentopf geben. Aufkochen, zwei bis drei Stunden leise kochen, bis das Fleisch gabelweich ist. Wenn nötig, die Suppe immer wieder abschäumen. Den Ochsenschwanz herausnehmen, das Fleisch von den Knochen lösen und in mundgerechte Stücke schneiden. Das Fleisch mit den übrigen Zutaten wieder in die Suppe geben und noch einmal aufkochen. Vom Herd nehmen und heiß servieren.

## Chinakohlsuppe

*125 g Rindfleisch · 3 EL Sojasauce · 1 EL vorbereitete Sesamsamen · 1 zerdrückte Knoblauchzehe · 1 Prise Pfeffer · 1 kg Chinakohl · 3 EL gehackte Schalotten · 6—7 Tassen Wasser · Salz nach Bedarf*

Das Rindfleisch in dünne lange Streifen schneiden und in einen Topf geben. 2 EL Sojasauce, die Sesamsamen, Knoblauch und Pfeffer dazugeben und gut verrühren. Den in dünne Streifen geschnittenen Chinakohl und die Schalotte dazugeben und unter ständigem Umrühren ein paar Minuten andünsten. Die restliche Sojasauce und das Wasser dazugießen und alles kochen, bis die Zutaten weich sind.

## Schalottensuppe

*125 g Rindfleisch aus der Keule · 1 zerdrückte Knoblauchzehe · 4 EL Sojasauce · 1 EL vorbereitete Sesamsamen · 1 Prise Pfeffer · 1 TL Sesamöl · 6 Tassen Wasser · 4 Schalotten · Salz nach Geschmack*

Das Rindfleisch in dünne flache Rechtecke schneiden und in einen Topf geben. Knoblauch, Sojasauce, Sesamsamen, Pfeffer und Öl dazugeben, vermengen und auf Mittelhitze garen, bis das Fleisch von allen Seiten braun ist. Das Wasser dazugießen und das Fleisch darin weich kochen. Das Weiße und das Grüne der Schalotten klein schneiden und zu der fast gargekochten Suppe geben. Weiterkochen, bis die Zwiebeln weich sind, mit Salz abschmecken, vom Herd nehmen und heiß servieren.

## Hühnersuppe

*1 mittelgroße Poularde · 2 Schalotten · 1 Knoblauchzehe · 1 Prise Pfeffer · 6 EL Sojasauce · 1 TL Salz*

Das Hühnerfleisch von den Knochen lösen, in kleine Würfel schneiden und in eine Schüssel geben. Die Knochen mit 5 Tassen Wasser 1 Stunde lang kochen lassen. Während die Brühe kocht, kleingeschnittene Zwiebeln, die zerdrückte Knoblauchzehe, Pfeffer und Sojasauce zum Hühnerfleisch geben und gut vermengen. In einer Pfanne von allen Seiten anbraten, bis das Hühnerfleisch leicht gebräunt ist. Die Hühnerknochen aus der Brühe nehmen, die Brühe abmessen und so viel Wasser dazugießen, daß es zwei Liter ergibt. Das Hühnerfleisch und etwas Salz dazugeben und so lange weiterkochen, bis das Fleisch zart ist. Vom Herd nehmen und sofort servieren.

## Shikumchi kuk

***Spinatsuppe***

*250 g Rindfleisch · 1 TL zerdrückte Knoblauchzehen · 1 EL vorbereitete Sesamsamen (siehe Seite 207) · 2 Schalotten · 1 TL Salz · ¼ TL Pfeffer · 4 EL Miso (siehe Anhang) · 6—7 Tassen Wasser · 500 g frischer Spinat*

Das Rindfleisch in lange, dünne Streifen schneiden und in eine Schüssel geben. Knoblauch, Sesamsamen, feingeschnittene Zwiebeln, Salz, Pfeffer und Miso dazugeben, das mit etwas Wasser aufgelöst worden ist, und alles gut vermengen. In eine Kasserolle geben und auf Mittelhitze so lange garen, bis das Fleisch von allen Seiten braun ist. Das Wasser dazugießen, aufkochen, die Hitze dann vermindern und so lange simmern, bis das Fleisch weich ist. Den gut ausgelesenen, gewaschenen Spinat dazugeben und weitere 5 Minuten kochen, bis der Spinat weich ist. Vom Herd nehmen und heiß servieren.

## Kong namul kuk

***Bohnensprossensuppe***

*3 Tassen frische Bohnensprossen · 250 g mageres Rindfleisch · 1 TL zerdrückte Knoblauchzehen · 2 TL vorbereitete Sesamsamen (siehe Seite 207) · ¼ TL Pfeffer · 1 feingewiegte Schalotte · 4 EL Sojasauce · 6 Tassen Wasser · Salz nach Geschmack*

Die dünnen Härchen an den Enden der Bohnensprossen entfernen und die Bohnensprossen gut waschen. Wenn Bohnensprossen aus Dosen verwendet werden, auf ein Sieb schütten und gut abtropfen lassen. Das Rindfleisch in dünne Riemchen schneiden, mit Knoblauch, Sesamsamen, Pfeffer und Schalotte in einen Topf geben, die Hälfte der Sojasauce dazugießen und gut umrühren. Das Fleisch anbräunen, dann die Bohnensprossen hinzufügen, umrühren und ein paar Minuten auf Mittelhitze kochen. Das Wasser und die restliche Sojasauce dazugießen und eine halbe Stunde im geschlossenen Topf kochen. Mit Salz abschmecken, vom Herd nehmen und heiß servieren.

## Reis und Bohnensprossen

*1 Tasse Bohnensprossen · 1 Knoblauchzehe · 2 Schalotten · 2 TL vorbereitete Sesamsamen · 1 TL Sesamöl · 2 Tassen Reis · 3 EL Sojasauce · 3 Tassen kaltes Wasser*

Wenn frische Bohnensprossen verwendet werden, die feinen Härchen abzupfen und die Bohnensprossen gut waschen. Sprossen aus Dosen auf ein Sieb schütten und gut abtropfen lassen. Den Knoblauch zerdrücken, die Schalotten fein schneiden oder hacken und mit Sesamsamen, Bohnensprossen und Öl in eine Pfanne schütten. Unter ständigem Rühren ein paar Minuten auf Mittelhitze garen. Den Reis, die Sojasauce und das Wasser dazugeben, den Topf fest zudecken, das Wasser rasch aufkochen, dann die Hitze vermindern und im fest geschlossenen Topf und unter Umrühren eine halbe Stunde lang garen. Vom Herd nehmen und heiß servieren.

## Reis und Datteln

*½ Tasse entsteinte Datteln · 2 Tassen Reis · 3 Tassen Wasser*

Die Datteln in Scheiben schneiden und mit dem Reis in einen Topf geben. Das kalte Wasser darübergießen und rasch aufkochen lassen. Die Hitze verringern und den Topf zudecken. Fest verschlossen und ohne Umrühren auf schwacher Hitze 35 Minuten lang gar quellen lassen. Vom Herd nehmen und heiß servieren.

## Reis und grüne Erbsen

*3 Tassen kaltes Wasser · 2 Tassen Reis · ½ Tasse frische grüne Erbsen*

Wasser und Reis in einen Topf füllen und rasch aufkochen. 10 Minuten lang kochen lassen, dann die Erbsen dazugeben. Die Hitze so weit wie möglich vermindern, den Topf fest zudecken und 20 Minuten garen. Vor dem Servieren vorsichtig umrühren.

## Reis mit Pilzen

*1½ EL Öl · 125 g Hack · 1 Tasse in Scheiben geschnittene Champignons · 1 Tasse in Scheiben geschnittene Zwiebeln · 1 Prise Pfeffer · 3 EL Sojasauce · 2 EL vorbereitete Sesamsamen (siehe Seite 207) · 2 Tassen Reis · 3 Tassen kaltes Wasser · ½ TL Salz*

Das Öl in einen großen Schmortopf geben, Hack, Pilze, Zwiebelscheiben, Pfeffer, Sojasauce und Sesamsamen dazugeben und gut vermengen. Unter ständigem Rühren ein paar Minuten lang auf Mittelhitze garen. Den Reis, das kalte Wasser und das Salz zufügen. Rasch aufkochen, den Topf zudecken, die Hitze verringern und eine halbe Stunde im fest verschlossenen Topf garen. Vom Herd nehmen und heiß servieren.

## Reis mit Graupen

*2 Tassen kochendes Wasser · ½ Tasse Perlgraupen · 1½ Tassen Reis · 2 Tassen kaltes Wasser*

Das kochende Wasser auf die Perlgraupen gießen und über Nacht eingeweicht stehenlassen. Die Graupen am nächsten Tag im selben Wasser eine halbe Stunde auf schwacher Hitze kochen. Den Reis mit dem kalten Wasser zu den Graupen geben. Den Topf gut verschließen, das Wasser rasch aufkochen, die Hitze so weit wie möglich vermindern und das Gericht eine halbe Stunde garen. Während des Garens den Topf fest verschlossen halten und nicht umrühren. Heiß servieren.

## Reis mit Kartoffeln

*1 Tasse rohe Kartoffelwürfel · 2 Tassen Reis · 1 TL Salz · 3 Tassen kaltes Wasser*

Die Kartoffelwürfel mit dem Reis in einen Kochtopf schütten, Salz und Wasser dazugeben, den Topf zudekken und das Wasser aufkochen. Die Hitze verringern und eine halbe Stunde garen, ohne umzurühren oder den Deckel abzunehmen. Heiß servieren.

## Rüben- und Mohrrübensalat

*4 Mohrrüben · 2 weiße Rübchen · 3 EL Essig · 1 TL Salz · 4 EL Zucker · 1 Prise roter Pfeffer*

Mohrrüben und Rüben putzen und abschaben, in fingerlange Stücke schneiden und raspeln oder in lange dünne Streifen schneiden. Das Gemüse in eine Schüssel geben, den Essig darübergießen, mit Salz, Zucker und rotem Pfeffer würzen und gut umschwenken.

## Grüne Bohnen

*4 Tassen grüne Bohnen · 250 g Beefsteakhack · 3 EL Sojasauce · 2 EL Sesamsamen · 1½ TL Zucker · 2 feingewiegte Schalotten · 2 TL Sesamöl*

Die grünen Bohnen putzen und in etwa fünf Zentimeter lange Stücke schneiden. Ein paar Minuten lang blanchieren, dann auf ein Sieb schütten und gut abtropfen lassen. Sojasauce, Sesamsamen, Zucker, Schalotten und Öl mit dem Fleisch in einen Schmortopf geben, gut vermengen und auf Mittelhitze so lange schmoren, bis fast alles gar ist. Die Bohnen hinzufügen und weiter garen, bis die Bohnen zart, aber noch nicht weich sind. Vom Herd nehmen und heiß servieren.

## Gebackene süße Kartoffeln

*4 süße Kartoffeln · 3 EL Mehl · 1 Ei · 3 EL Öl · Salz nach Geschmack · Essig-Sojasauce (siehe Seite 208)*

Die Kartoffeln waschen, schälen und in dünne Scheiben schneiden. In kochendes Salzwasser geben und 5 bis 10 Minuten vorkochen. Auf ein Sieb schütten, gut abtropfen lassen, jede Kartoffelscheibe in Mehl wälzen und durch verquirltes Ei ziehen. Das Öl in einer Bratpfanne erhitzen und die Kartoffelscheiben darin auf beiden Seiten goldbraun ausbacken. Herausnehmen, auf Küchenkrepp abtropfen lassen, salzen und heiß mit Essig-Sojasauce servieren.

## Gefüllte Paprikaschoten

*250 g Beefsteakhack · 2½ EL Sojasauce · 1 Prise Pfeffer · 2 EL vorbereitete Sesamsamen · 1 zerdrückte Knoblauchzehe · 8 kleine Paprikaschoten · 1 EL Mehl · 1 Ei · 3 EL Öl · Essig-Sojasauce (siehe Seite 208)*

Das Hack in einer Schüssel mit Sojasauce, Pfeffer, Sesamsamen und Knoblauch zu einem Fleischteig verarbeiten. Die Paprikaschoten waschen, halbieren und vom Kernhaus befreien. Die halben Schoten mit dem Fleischteig füllen, im Mehl wälzen und durch das verquirlte Ei ziehen. Langsam in heißem Öl ausbacken, bis die Paprikaschoten fast weich sind. Die Pfanne zudecken und die Schoten weiterschmoren, bis die Füllung gar ist. Vom Herd nehmen und heiß mit Essig-Sojasauce servieren.

## Kongnamul

***Bohnensprossen***

*4 Tassen Bohnensprossen · 2 EL Sesamsamen · 3 Schalotten · 3 EL Sojasauce · 2 TL Öl · 1 Prise roter Pfeffer · 1 TL Salz*

Die Bohnensprossen waschen und von den feinen Härchen am Stiel befreien. Mit kochendem Wasser bedekken und auf Mittelhitze weich kochen. Auf ein Sieb gießen und abtropfen lassen. Sesamsamen, feingewiegte Schalotten, Sojasauce, Öl und Pfeffer dazugießen, gut vermengen und so lange weiter garen, bis die Gewürze sich gut entfaltet haben. Salzen, vom Herd nehmen und heiß servieren.

## Salat aus Mohrrüben, Bleichsellerie und Chinakohl

*1 Chinakohl · 250 g Mohrrüben · 3 Stangen Bleichsellerie · 2 TL Salz · 1 TL Öl · 2 EL Essig · 3 EL Zucker*

Den Chinakohl in sehr feine Streifen schneiden. Die Karotten raspeln oder in feine Stifte schneiden. Beides 3 bis 4 Minuten in kochendem Salzwasser blanchieren. Auf ein Sieb schütten, abtropfen und abkühlen lassen. Den Bleichsellerie in feine Streifen schneiden, mit 1 TL Salz bestreuen und 10 Minuten beiseite stellen. Dann abspülen und abtropfen lassen. In einer Pfanne das Öl erhitzen und den Bleichsellerie unter ständigem Umrühren ein paar Minuten andünsten. Beiseite stellen und abkühlen lassen. Alles Gemüse in einer Schüssel vermengen und mit dem Rest Salz, Essig und Zucker würzen. Gut durchschwenken und servieren.

## Gebackene Aubergine

*1 mittelgroße Aubergine · 1 Ei · Salz nach Geschmack · ¼ Tasse Mehl · Öl · Essig-Sojasauce (siehe Seite 208)*

Die Aubergine waschen, schälen und in dünne Scheiben schneiden. Das Ei mit dem Salz in einer Schüssel verquirlen, die Auberginenscheiben in Mehl wälzen und dann durch das verquirlte Ei ziehen. In wenig heißem Öl langsam von beiden Seiten golden ausbacken. Aus der Pfanne nehmen und heiß mit Essig-Sojasauce servieren.

## Spinat mit Rindfleisch

*1 kg Spinat · 125 g Beefsteakhack · 2 Schalotten · 1 Prise roter Pfeffer · 1½ EL vorbereitete Sesamsamen · 1 Knoblauchzehe · 2 EL Sojasauce · 1 TL Öl · 1 EL Zucker · Salz nach Geschmack*

Den Spinat auslesen und gut waschen. In wenig Salzwasser und nacheinander in kleinen Portionen rasch garen, aber nicht zu weich werden lassen. Gut abtropfen, grob hacken und in eine Schüssel füllen. Das Beefsteakhack mit den feingewiegten Schalotten, dem roten Pfeffer, Sesamsamen, der zerdrückten Knoblauchzehe, Sojasauce, Öl und Zucker in einen Schmortopf geben, gut verrühren und kräftig anbräunen. Den Spinat dazumengen und mit Salz abschmecken. Vom Herd nehmen. Kann kalt oder warm serviert werden.

## Rüben mit Rindfleisch

*6 weiße Rüben · 3 EL Salz · 250 g gemischtes Hack · ¼ TL rotes Chilipulver · 3 Schalotten · 3 EL vorbereitete Sesamsamen (siehe Seite 207) · 1 Knoblauchzehe · 3 EL Sojasauce · 1 Prise schwarzer Pfeffer · 2 TL Öl · 5 EL Wasser · 3 EL Zucker · Salz nach Geschmack · 1 TL eingelegter Ingwer*

Die Rübchen säubern, schälen oder abbürsten und in kleine Würfel schneiden. Mit Salz bestreuen und 15 Minuten lang zugedeckt stehenlassen. Das Hack mit Chilipulver, feingewiegten Schalotten, Sesamsamen, zerdrückter Knoblauchzehe, Sojasauce, Pfeffer und Öl in einen Schmortopf geben, gut vermengen und das Fleisch bräunen. Das Salz von den Rübenwürfeln spülen, diese zur Hackmischung geben. Das Wasser, Zucker, Salz und den feingehackten Ingwer dazugeben und alles auf Mittelhitze gar kochen. Vom Herd nehmen und heiß servieren.

## Gebackene Hacksteaks

*500 g gemischtes Hack · 2 EL vorbereitete Sesamsamen (siehe Seite 207) · ¼ Tasse Sojasauce · 1 Prise Pfeffer · ½ TL Salz · 3 Schalotten · 1 Knoblauchzehe · ¼ Tasse Mehl · 2 Eier · Öl zum Ausbacken · Essig-Sojasauce (siehe Seite 208)*

Das Hack mit Sesamsamen, Sojasauce, Pfeffer, Salz, feingewiegten Schalotten und Knoblauchzehen in eine Schüssel geben und zu einem Fleischteig verarbeiten. Flache Laibchen formen, in Mehl wälzen, dann durch die verquirlten Eier ziehen. In wenig heißem Öl von beiden Seiten ausbacken. Heiß mit Essig-Sojasauce servieren.

## Gegrilltes Rindfleisch

*500 g Rindsfilet · ¼ Tasse Zucker ·
2 EL Öl · 2 gehackte Schalotten · 1 zerdrückte
Knoblauchzehe · ½ Tasse Sojasauce ·
1 Prise Pfeffer · ¼ Tasse vorbereitete Sesamsamen
(siehe Seite 207) · 1 EL Mehl*

Das Rindfleisch in dünne Rechtecke schneiden und in eine Schüssel füllen. Zucker und Öl dazugeben und gut vermengen. In einer zweiten Schüssel die restlichen Zutaten verrühren, über das Fleisch gießen und wieder gut verrühren. Eine halbe Stunde in der Marinade ziehen lassen, auf Grillspieße stecken und über Holzkohlenfeuer gar grillen.

## Geschmortes Rindfleisch

Wie im vorhergehenden Rezept Rindsfilet würfeln und marinieren. Dann die Fleischwürfel in etwas heißem Öl von allen Seiten kräftig anbraten. Den Rest der Marinade und etwas heißes Wasser dazugeben, aufkochen, Hitze vermindern, den Topf zudecken und das Gericht gar schmoren lassen. Heiß servieren.

## Gegrilltes oder geschmortes Huhn

*2 Brathähnchen von je 1 knappen kg ·
¼ Tasse vorbereitete Sesamsamen (s. Seite 207) ·
3 feingehackte Schalotten · 2 EL Zucker ·
½ Tasse Sojasauce · Pfeffer nach Geschmack ·
2 zerdrückte Knoblauchzehen*

Das Fleisch von den Knochen lösen, in dünne Scheiben schneiden und in eine Schüssel legen. Alle anderen Zutaten verrühren und über das Hühnerfleisch gießen. Eine halbe Stunde darin ziehen lassen. Dann rasch gar grillen. Man kann das Hühnerfleisch auch in etwas heißem Öl langsam anbraten, den Rest der Beize und etwas Wasser dazugeben, aufkochen, zudecken und auf schwacher Hitze gar schmoren. Heiß servieren.

## Hähnchen pok-kun

*1 Brathähnchen von 1,5 kg · 3 Schalotten · 2 Knoblauchzehen · 1 Prise Pfeffer · 3 EL Sesamsamen · 2 EL Zucker · ¼ Tasse Sojasauce · ½ Tasse in Scheiben geschnittene Pilze · Salz nach Geschmack*

Das Hühnerfleisch von den Knochen lösen und in mundgerechte Würfel schneiden. Mit so viel kochendem Wasser in einen Topf geben, daß das Fleisch gerade bedeckt ist, und etwa 10 Minuten leise köcheln lassen. Feingewiegte Schalotten und Knoblauchzehen, Pfeffer, Sesamsamen, Zucker und Sojasauce in einer Schüssel verrühren. Hühnerfleisch und Brühe durch ein Sieb gießen und die Brühe aufheben. Die Pilze in dünne Scheibchen schneiden, mit den Gewürzen zum Hühnerfleisch geben und so viel Hühnerbrühe aufgießen, daß Fleisch und Pilze fast bedeckt sind. Dann simmern lassen, bis das Hühnerfleisch sehr weich ist. Mit Salz abschmecken, vom Herd nehmen und heiß servieren.

## Gegrillter Fasan

*1 Fasan · 2 feingehackte Schalotten · Pfeffer nach Geschmack · 1 zerdrückte Knoblauchzehe · 2 EL vorbereitete Sesamsamen · ¼ Tasse Sojasauce · 1 TL Salz · 1 EL Zucker · 1 TL Öl*

Den Fasan säubern, das Fleisch von den Knochen lösen und in dünne Scheiben schneiden. Die übrigen Zutaten in einer Schüssel verrühren, das Geflügelfleisch in die Würzmischung legen und 15 Minuten ziehen lassen. Grillen oder das Fleisch in der Marinade in eine flache Auflaufform legen und im auf 200°C vorgeheizten Ofen gar braten.

## Gegrilltes oder geschmortes Schweinefleisch

*500 g Schweinefleisch · 3 EL Zucker · 1 zerdrückte Knoblauchzehe · Pfeffer nach Geschmack · ½ Tasse Sojasauce · 3 feingewiegte Schalotten · 2 EL vorbereitete Sesamsamen (siehe Seite 207) · 1 TL feingewiegter eingelegter Ingwer · 1 EL Öl*

Das Schweinefleisch in dünne Rechtecke schneiden und in eine Schüssel legen. Alle anderen Zutaten außer dem Öl verrühren, auf das Schweinefleisch gießen und gut vermengen. Eine halbe Stunde ziehen lassen, dann grillen oder im Öl schmoren. Das Fleisch zuerst von allen Seiten knusprig braun braten, dann den Rest der Beize und etwas heißes Wasser dazu geben, den Topf gut zudecken und das Fleisch weich schmoren. Heiß servieren.

## Gekochtes Schweinefleisch

*1 kg Schweinefleisch aus der Schulter · 3½ Tassen kochendes Wasser · 2 TL Salz · ¼ Tasse Sojasauce · Essig-Sojasauce* *(siehe Seite 208)*

Das Schweinefleisch in einen Topf legen und mit kochendem Wasser übergießen. Salzen und fast weich simmern. Die Sojasauce dazugießen und weitere 20 Minuten leise kochen. Aus der Brühe nehmen und ganz und gar abkühlen lassen, in hauchdünne Scheiben schneiden und mit Essig-Sojasauce servieren.

## Gekochtes Rindfleisch

Gleiche Zubereitung wie »Gekochtes Schweinefleisch« mit 1 kg Rinderbrust.

## Leber

*2 Knoblauchzehen · ¼ Tasse Sojasauce · Pfeffer nach Geschmack · 2 EL Sesamsamen · 3 EL Zucker · 2 TL Öl · 500 g Rinds- oder Ochsenleber · 2 mittelgroße Zwiebeln · 1 Tasse Wasser · Salz nach Geschmack*

Die zerdrückten Knoblauchzehen, Sojasauce, Pfeffer, Sesamsamen, Zucker und Öl in einer Kasserolle verrühren, die Leber in sehr dünne kurze Streifen schneiden und in die Würzmischung geben. Die Zwiebeln in dünne Scheiben schneiden und zufügen. 5 Minuten lang auf Mittelhitze anbraten, dann das Wasser dazugießen und die Leber weiterschmoren, bis sie weich ist. Vor dem Servieren salzen.

## Sinsollo

Das Gericht wird in einem *sinsollo* zubereitet, worunter man ein Gefäß wie den chinesischen Feuertopf versteht: Es ist ein großer runder Messingtopf, der in der Mitte einen kaminartigen Schornstein hat, unter dem ein Holzkohlenfeuer glüht. Über dieser Glut wird das Essen bei Tisch zubereitet. Statt eines *sinsollo* kann man sehr gut einen Fonduetopf aus Keramik, feuerfestem Glas oder Edelstahl wie zur Fondue Orientale benutzen.

*150 g Beefsteakhack · 150 g Rindfleisch aus der Keule · 6 EL Sojasauce · 1 EL Zucker · 2 Knoblauchzehen · Pfeffer · 2 EL vorbereitete Sesamsamen (siehe Seite 207) · ¼ Tasse Öl · 2 EL Pinienkerne · ¼ Tasse Mehl · 3 Eier · 4 Rübchen · 2 Tassen Salzwasser · 150 g Rinds- oder Ochsenleber · 1 TL Salz · 4—6 Champignons · 2 Eier · 10 Pistazien · 3 Walnüsse*

Das Rindfleisch in ca. 2 cm große Würfel schneiden, die Hälfte in einer Mischung aus 1 EL Sojasauce, 1 TL Zukker, ½ zerdrückten Knoblauchzehe, 1 Prise Pfeffer, 2 TL Sesamsamen 15 bis 20 Minuten beizen. Dann in etwas Öl weich schmoren. Beiseite stellen.
Die übrigen Rindfleischwürfel mit 3 EL Sojasauce, 2 TL Zucker, 1 zerdrückten Knoblauchzehe, etwas Pfeffer, 1 TL Sesamsamen und ½ EL Öl gründlich vermengen und beiseite stellen.
Das Hack mit 2 EL Sojasauce, ½ zerdrückten Knoblauchzehe, 1 Prise Pfeffer, 1 EL Sesamsamen und 1 TL Öl zu einem Fleischteig verarbeiten und zu kleinen Fleischbällchen formen. Die Pinienkerne abziehen und in jedes Fleischbällchen 1 Pinienkern drücken. Die 3 Eier verquirlen, die Fleischbällchen in Mehl rollen und durch die Ei-

mischung ziehen. In etwas heißem Öl ausbacken und beiseite stellen.
Die Rübchen schälen oder sauber schaben und im ganzen in 2 Tassen Salzwasser gar kochen. Die Rübchen herausnehmen, das Wasser aber nicht fortgießen. Die Rübchen in längliche dünne Scheiben schneiden und beiseite stellen.
Die Leber in kochendes Wasser geben und 3 Minuten lang simmern. Herausnehmen, von eventuell vorhandenen Hautresten befreien und in kleine Stücke schneiden. Mit Salz bestreuen, in Mehl wälzen, durch das Ei ziehen und in etwas Öl ausbacken. Beiseite stellen.
Die Pilze in Scheiben schneiden und in Öl andünsten. Beiseite stellen.
1 Ei trennen, zum Eiweiß und Eigelb je 1 Prise Salz und ¼ TL Mehl geben und jedes für sich etwas schaumig schlagen. Nacheinander in einer heißen ausgefetteten Bratpfanne auf beiden Seiten zu dünnen Fladen ausbakken. In Stücke schneiden und beiseite stellen.
1 Ei hart kochen und als Dekoration in Scheiben schneiden und beiseite stellen.
Die Pistazien blanchieren, die Walnüsse vorsichtig halbieren und ebenfalls blanchieren. Beides beiseite stellen.
Wenn alles vorbereitet ist, legt man den Sinsollo mit einer Schicht Rübenscheiben aus, darauf eine Schicht von rohen Rindfleischwürfeln, das kleingeschnittene weiße und gelbe Omelett, die Pilze, die Leberwürfel und das geschmorte Rindfleisch, bis der Sinsollo voll ist. Die kleinen Fleischbällchen werden um den Kamin des Sinsollo gelegt, und alles wird mit den Nüssen und mit Eischeiben dekoriert. Das Rübenkochwasser in den Sinsollo gießen, zudecken, die glühende Holzkohle einfüllen und alles bei Tisch gar kochen lassen.

## Gebackene Leber

*500 g Rinds- oder Ochsenleber · 2½ Tassen kochendes Wasser · 2 TL Salz · 3 EL Mehl · 1 Ei · 2—3 EL Öl · Essig-Sojasauce (siehe Seite 208)*

Die Leber 4 bis 5 Minuten lang in sprudelndem Wasser kochen, dann herausnehmen und gut abtropfen lassen. Alle Hautreste entfernen, in sehr dünne Scheiben schneiden, salzen, in Mehl wälzen und durch das verquirlte Ei ziehen. In heißem Öl auf beiden Seiten ausbacken, aus der Pfanne nehmen und heiß mit Essig-Sojasauce servieren.

## Gekochte Zunge

*1 Kalbszunge von 500 g · 2½ Tassen kochendes Wasser · 2 EL Sojasauce · 1 TL Salz*

Die Zunge waschen, in einen Topf legen, mit dem kochenden Wasser übergießen und fast weich kochen. Die Haut abziehen, die Zunge wieder zurück in den Topf geben, die Sojasauce dazugießen, salzen und nochmals 20 Minuten weiterkochen. Aus der Brühe nehmen und vollkommen abkühlen lassen. Vor dem Servieren in hauchdünne Scheiben schneiden. Auch dazu paßt Essig-Sojasauce.

## Gebackener Fisch

*500 g Fischfilet · 1 TL Salz · 4 EL Mehl · 2 Eier · ¼ Tasse Öl · Essig-Sojasauce (siehe Seite 208)*

Den Fisch entgräten, in mundgerechte Bissen zerschneiden, salzen, in Mehl wälzen und durch die verquirlten

Eier ziehen. Im heißen Öl ausbacken, bis er gar und von beiden Seiten golden braun ist. Aus der Pfanne nehmen und heiß mit Essig-Sojasauce servieren.

## Gebackene Krabben

*½ Tasse Mehl · 1 TL Salz ·*
*500 g Krabbenfleisch · 2 Eier · ¼ Tasse Öl ·*
*Salz nach Geschmack · Essig-Sojasauce*
*(siehe Seite 208)*

Mehl und Salz vermischen, die Krabben in Mehl wälzen und durch die verquirlten Eier ziehen. Im heißen Öl ausbacken, salzen und heiß mit Essig-Sojasauce servieren. Statt Krabben kann man auch Austern oder Muscheln (Dose) verwenden.

## Gesalzener Fisch

*500 g Flußbarsch oder Makrele ·*
*¼ Tasse Wasser · 1 EL Zucker · 4 EL Sojasauce ·*
*¼ TL Pfeffer · 1 Stange Lauch · 1 Knoblauchzehe · ½ TL eingelegter Ingwer*

Den Fisch häuten und entgräten, in kleine Würfel schneiden und in eine Kasserolle geben. Lauch und Knoblauchzehe fein wiegen, mit den übrigen Zutaten gut vermengen und auf den Fisch füllen. Auf Mittelhitze kochen, bis der Fisch gar ist. Vom Herd nehmen und zu Reis servieren.

# Gewürzbeilagen

## Sojasaucenkimchi

*3 Köpfe Chinakohl · 1½ Tassen Sojasauce · 1 Tasse Rübenwürfel · 1 mittelgroße Gurke · 1 EL Salz · 3 zerdrückte Knoblauchzehen · 3 gehackte Schalotten · 1 TL feingewiegter eingelegter Ingwer · 1 EL feingewiegte Chilischoten · Pfeffer · ¼ Tasse Brunnenkresse · 1—2 feste Birnen · 6 Datteln · 4 Eßkastanien · ¼ Tasse Pinienkerne · ⅓ Tasse Zucker*

Die welken Blätter von den Kohlköpfen entfernen, den Kohl waschen und in 5 cm breite Stücke schneiden. In einen Steintopf schichten. ¼ Tasse Sojasauce darübergießen und gut vermischen. Ein paar Stunden ziehen lassen, oder bis der Kohl weich geworden ist. Ein paarmal umwenden, damit die Sojasauce den Kohl gut würzen kann. Die Rüben in sehr dünne Scheibchen schneiden. Die Gurke waschen, aber nicht schälen, halbieren, entkernen und in dünne Scheiben schneiden. Rüben und Gurke mit ½ Tasse Sojasauce gründlich vermischen. Etwa 3 Stunden beiseite stellen, bis das Gemüse weich geworden ist. In dieser Zeit ein paarmal umdrehen. Die überschüssige Sauce von den Rüben, Gurken und vom Kohl abgießen und aufbewahren. Die Gemüse salzen und mischen. Knoblauch, Schalotten, Ingwer, Chilischoten und Pfeffer dazugeben, die Kresse fein wiegen und zu den Gemüsen geben. Die Birne schälen und in dünne Scheiben schneiden. Die Datteln entkernen und klein schneiden. Die Kastanien enthäuten und in dünne Scheiben schneiden. Birnen, Datteln, Kastanien und Pinienkerne zum Gemüse geben und gründlich vermengen. Die Mischung zuckern, die abgegossene Sojasauce eventuell durch frische Sojasauce ergänzen, so daß man immer ½ Tasse Sojasauce auf 2 Tassen Wasser hat. Nach diesem Schlüssel so viel Sojasauce und Wasser verrühren, wie man braucht, um die Gemüsemischung knapp mit Wasser zu bedecken. Zudecken und 3 Wochen im Steintopf reifen lassen.

## Gurkenkimchi

*5 mittelgroße Gemüsegurken ·*
*1 EL Salz · 2 Schalotten · 1 Knoblauchzehe ·*
*¾ TL feingewiegte Chilischote · 1 TL Salz ·*
*½ Tasse Wasser*

Die Gurken waschen, ungeschält der Länge nach in Viertel schneiden und die Kerne herausschaben. Jedes Gurkenviertel in daumenlange Stücke schneiden und in eine Schüssel schütten. Salzen, gut vermengen und 20 Minuten lang ziehenlassen. In einer anderen Schüssel die feingewiegten Schalotten, die zerdrückte Knoblauchzehe und die Chilischote verrühren. Das Salz von den Gurken abwaschen und abtrocknen. Zwiebelmischung, Salz und Wasser darübergeben, gut durchschwenken, in ein Glas füllen, zudecken und 2 Tage bis 1 Woche lang marinieren, bzw. ziehen lassen.

## Rübenkimchi

*8 mittelgroße weiße Rüben · 2 EL Salz · 1 rote Chilischote · 1 TL eingelegter Ingwer · Wasser*

Die Rüben waschen, schälen und in Viertel schneiden. In eine Schüssel legen. 1 EL Salz mit 1 Tasse Wasser verrühren, über die Rüben gießen und 48 Stunden lang stehenlassen. Die Rüben aus dem Salzwasser nehmen, das Salzwasser aufheben. Die Rüben in ½ cm große Würfel schneiden, in einen Steinkrug füllen und feingehackte Chilischote und den Rest Salz dazugeben. Das gesalzene Rübenwasser so weit auffüllen, daß es 2 Tassen ergibt, und auf die Rüben gießen. Gründlich vermengen, zudecken und 2 Wochen im Kühlschrank reifen lassen.

## Frühlingskimchi

*3 Tassen kleingeschnittener Chinakohl · ¼ Tasse Salz · 4 Schalotten · 1 EL feingewiegter eingelegter Ingwer · 1 EL feingewiegte rote Chilischoten · 1 zerdrückte Knoblauchzehe · 1 EL Salz · mindestens 1½ Tassen Wasser*

Den Kohl waschen und in eine Schüssel geben. Mit Salz bestreuen und 20 bis 30 Minuten stehenlassen. Die Schalotten fein wiegen und in einer zweiten Schüssel mit Ingwer, Chilischoten und Knoblauch vermengen. Den Kohl dreimal gründlich waschen und mit der Zwiebelmischung durchschwenken. 1 EL Salz dazugeben und das Gemüse in einen Krug oder in einen Steintopf füllen. So viel Wasser darübergießen, daß der Kohl bedeckt ist. Eine Woche lang zugedeckt reifen lassen. Hält sich im Kühlschrank mehrere Wochen.

# Desserts

## Kastanienbällchen

*5 Tassen frische Eßkastanien ·*
*¼ Tasse Zucker · 4 EL Honig · 2 TL Zimt ·*
*4 EL gemahlene Pinienkerne*

Die Maronen weich kochen, enthäuten und zerstampfen oder durch den Wolf drehen. In einer Schüssel mit Zukker, Honig und Zimt zu einem Teig verarbeiten und zu kleinen Kugeln formen. In den gemahlenen Pinienkernen wälzen.

## Dattelkonfekt

*1 Tasse Datteln ohne Steine · 3 EL Honig ·*
*½ TL Zimt · ½ Tasse gemahlene Pinienkerne*

Die Datteln mit der Küchenschere klein schneiden und in einer Schüssel zu Brei zerstampfen. Honig und Zimt dazugeben und gut durcharbeiten. Den Teig zu Rollen oder Kugeln formen, auf jedes einen Pinienkern drükken und in den gemahlenen Pinienkernen wälzen.

### Gebackene Küchlein

*1 Tasse Mehl · 1 TL Backpulver · ½ TL Salz · 3 EL Zucker · Wasser · 6 kleingeschnittene Datteln · Ausbackfett*

Mehl, Backpulver, Salz und Zucker in eine Schüssel geben und so viel Wasser dazugießen, daß man einen festen Teig arbeiten kann. ½ cm dick ausrollen und mit einem Wasserglas runde Plätzchen ausstechen. In jedes Plätzchen etwas vom Dattelhack pressen und auf beiden Seiten golden ausbacken. Heiß servieren.

## Süße Getränke

### Süßes Fruchtgetränk

*1 Grapefruit · 1 Tasse Zucker · 5 Tassen Wasser · ¼ Tasse Pinienkerne · frische oder kandierte Kirschen und/oder Zitronen*

Die Grapefruit halbieren, das Fleisch aus den Hälften schaben, mit ¼ Tasse Zucker in eine Schüssel geben und eine halbe Stunde zugedeckt beiseite stellen. Den restlichen Zucker mit dem Wasser aufkochen, beiseite stellen und abkühlen lassen. In kleine Glasschalen je 1 Löffel Grapefruitfleisch füllen und mit je 1 Tasse Zuckerwasser aufgießen. Mit Pinienkernen, Kirschen und/oder dünnen Zitronenscheiben dekorieren. Mit einem Löffel servieren.

## Erdbeertrunk

*2 Tassen Erdbeeren • $1\frac{1}{2}$ Tassen Zucker •*
*1 l Wasser • 3 EL Pinienkerne*

Die Erdbeeren waschen, die Stiele abzupfen und die Beeren in Scheiben schneiden. Mit 1 Tasse Zucker bestreuen und zugedeckt beiseite stellen. Das Wasser mit der restlichen $\frac{1}{2}$ Tasse Zucker ein paar Minuten lang durchkochen und abkühlen lassen. Die Erdbeeren in Dessertschalen löffeln und mit dem Zuckerwasser auffüllen. Jede Schale mit ein paar Pinienkernen dekorieren. Mit einem Löffel servieren.

# Malaysia

Der Reisende in Malaysia findet sich einer faszinierend vielfältigen Gesellschaft gegenüber, die mit zahlreichen farbenfrohen Fäden nationaler Traditionen und kulinarischer Gewohnheiten verbunden ist. Es gibt viele Einflüsse von außen, aber die meisten von ihnen sind so alt und so gut eingespielt, daß sie schon längst nicht mehr fremd erscheinen. Malaysia kann tatsächlich mehr als jede andere Nation das Recht für sich in Anspruch nehmen, der Schmelztiegel Südostasiens zu sein. Auf den Straßen, in den Läden und auf den Marktplätzen drängen sich Malaien, Inder, Chinesen, Europäer und Eurasier, und die Gerichte, auf die man stößt, sind manchmal typisch für den einen und manchmal eine Kombination aus allen. Viele Völker haben diese Gegend beeinflußt, aber nur den Engländern ist es gelungen, keine Spur ihrer Küche zu hinterlassen.

Trotz all dieser Kreuz- und Querverbindungen gibt es zwischen der malaiischen Küche und denen der Nachbarländer ganz bestimmte Unterschiede, und in ihnen zeigen sich die wahren Vorteile der malaiischen Gerichte. Es beginnt mit der Fülle frischer Nahrungsmittel. Der Besucher oder der Feinschmecker, der ein einheimisches Restaurant sucht, muß beinahe unweigerlich über einen Marktplatz gehen, und dabei springt ihm schon die bunte Üppigkeit der frischen und der zubereiteten Eßwaren ins Auge. Nirgendwo ist die grüne Fruchtbarkeit des Landes fern: in der Stadt zeugen Verkaufsstände davon, die von exotischen Früchten mit unbekannten Namen, von leuchtenden Blumen und kleinen verlockenden Kuchen, von Gemüsesorten und Kartoffeln jeglicher Art fast überquellen. Das könnte man dort entdecken: Palmkerne, Johannisbrot, Passionsfrüchte, Balsampflaumen und chinesische Birnen, Bananen aller Art und Farbe, Reis und Tapioka, Ananas, Kokosnüsse, eßbare Wurzeln und Knollen, Kaffee, Tee, Zucker und Pfeffer und außer dem Pfeffer eine Fülle andere Gewürze. Das sind Alltagsnahrungsmittel, zu denen auch der Reis gehört, der das wichtigste ist. Er ist das Brot der Malaien und die unentbehrlichste Zutat aller Gerichte. Es gibt jedoch auch viele eiweißreiche Nahrungsmittel: Rinder, Schafe, Geflügel und Fische. Kein Wunder, daß bei diesen Zutaten die malaiische Küche so gut ist.

Das Klima in den elf malaiischen Staaten, die sich zur Föderation Malaysia zusammengeschlossen haben, ist heiß und feucht, und man nimmt die Mahlzeiten lässig ein und ohne Hast. Der Tourist, der sich den Kopf darüber zerbricht, was er in diesem gewürzfrohen Land als erstes essen soll, wird es aller Wahrscheinlichkeit nach mit einem *satay* versuchen. *Satay,* das bei den Malaien ungefähr genauso beliebt ist wie der Hot dog bei den Amerikanern, kann man in den besten Restaurants und in den bescheidensten Eßbuden einer Seitenstraße angeboten bekommen. Fast in jeder Straße wird man auf einen Verkäufer mit seinem Holzkohlenofen stoßen und auf den unwiderstehlichen Duft der *satays,* die über der roten Glut langsam knusprig und braun werden.

Das *satay* besteht aus kleinen Würfeln von Rind- oder Hühnerfleisch, die auf einen Spieß, meist aus Bambus, gesteckt und in einer Art von Barbecuesauce gegrillt werden. Das klingt einfach, aber diese Sauce übertrifft alle anderen der westlichen Welt. In Gewürzen gebeizt und mit Saucen vollendet — das ist das Geheimnis des *satay.* Die Schärfe seiner würzigen Sauce stammt von den Chilischoten und von den gerösteten und zerstoße-

nen Erdnüssen. Es ist ein köstliches Gericht für einen Abend in Malaysia oder für ein Sommerwochenende in einem westlichen Garten.
Gewürze tauchen in fast jedem malaiischen Gericht auf, wobei es sich meist um frische Gewürze handelt, die in einem Mörser zu Curry verrieben werden und Fleisch, Fisch und Gemüsen ihr Aroma verleihen. Selbst verhältnismäßig milde Gerichte wie Krabben und Glasnudeln werden mit Knoblauch und Chilischoten angerichtet, und ein Rinder- oder Hammelcurry enthält meist eine Mischung aus Chilischoten, schwarzem Pfeffer, Koriander, Kardamom, Dill, Anis, Senfkörnern, Kumin und Kurkuma, die von der Hausfrau oder vom Hotelkoch immer selbst zerrieben und gemischt werden.
Die Stars der Speisekarte sind bei Einheimischen und bei Gästen die Hühnersuppen, die Fischcurries, die Fische in Folie und die gewürzten Fleischgerichte, die zu Reis serviert werden. Leicht zuzubereiten und köstlich im Geschmack sind *rendan santan,* ein Kokosnußhühnchen mit Zwiebeln und Gewürzen, Hummercurry mit Kokosnuß, *opor,* ein würziges Hühnerfrikassee, oder *rendang kering,* ein Curry aus Rindfleisch und Kokosnuß. Das Kokosnußfleisch dient in den meisten Fällen dazu, die scharfe Würze der Currymischungen auszugleichen und zugleich zu betonen.
Die Malaien ziehen ebenso wie viele andere orientalische Völker die verschiedenen Obstarten allen anderen Desserts vor. Von Zeit zu Zeit servieren sie allerdings auch kleine Kuchen oder leichte schmackhafte Kokosgerichte, wie zum Beispiel *sarikauja,* ein Eierstich mit Kokosnuß.
Der westlichen Köchin wird es nicht schwerfallen, die Zutaten für eine malaiische Mahlzeit zusammenzubekommen. Selbst wenn sie eine Originalzutat nicht in Spezialgeschäften kaufen kann, so schadet es nichts, wenn sie ihrer eigenen Kochfantasie folgt und einen Ersatz erfindet. Dann hat sie ein fremdländisches Gericht mit ein-

heimischen Einschüben — und genau das bringt die malaiische Hausfrau seit Generationen auf den Tisch.

# Hauptgerichte

## Fisch in süß-saurer Sauce

*1 TL frischer feingewiegter Ingwer · Pfeffer und Salz nach Geschmack · 1 Barsch von 750 g bis 1 kg · 2 TL Speisestärke · Fett zum Ausbacken · 2 EL Tomatenketchup · 1 Tasse Wasser · 1 TL Zucker · Salz · Pfeffer · 1 kleine feingewürfelte Gurke*

Ingwerwurzel mit Salz und Pfeffer verrühren. Den gesäuberten und bratfertigen Fisch damit bestreuen und 15 Minuten stehenlassen. Den Fisch dann mit 1 TL Speisestärke bepudern und abermals 15 bis 20 Minuten stehenlassen. Das Ausbackfett erhitzen und den Fisch darin auf beiden Seiten vorsichtig ausbacken, bis er golden braun ist. Aus dem Fett heben und auf einem Papiertuch abtropfen lassen. Auf eine vorgewärmte Platte legen.
Die restliche Speisestärke, Ketchup, Wasser, Zucker, Salz und Pfeffer in eine kleine Kasserolle geben und auf schwacher Hitze kochen, bis die Sauce dick ist. Auf den warmgehaltenen Fisch gießen, mit den Gurkenwürfeln dekorieren und heiß servieren.

## Reis und Fisch

*2 mittelgroße Zwiebeln · 50 g Butter oder Margarine · 500 g Kabeljau, Dorsch oder Schellfisch · 1 TL Salz · ¼ TL Pfeffer · 4 EL feingehackte geröstete Mandeln · 2 hartgekochte Eier · ½ Tasse Wasser · 2 Tassen frischgekochter Reis*

Die Zwiebeln in Scheiben schneiden und in heißer Butter anbraten. Den Fisch in mundgerechte Stücke schneiden, zu den Zwiebeln geben und so lange weiterbraten, bis die Zwiebeln weich sind. Salz, Pfeffer, Mandeln und gehackte Eier dazugeben, dann das Wasser über alles gießen, einmal durchdünsten und mit dem heißen Reis vermischen. Vom Herd nehmen und heiß servieren.

## Krabbencurry

*1 kleine Zwiebel · 2 EL Butter oder Margarine · 2 EL feingehackter Ingwer · 2 EL Currypulver · Salz nach Geschmack · ⅓ Tasse Rindfleischbrühe · 1 Prise Paprikapulver · 1 kleine Gemüsegurke · 1 Zitrone · etwas Chilipulver · 1 Tasse Milch · 500 g Krabbenfleisch*

Die Zwiebel würfeln und in der heißen Butter golden anbraten, Ingwer, Currypulver und Salz in der Rindfleischbrühe verquirlen, über die Zwiebeln gießen und 20 Minuten lang simmern lassen. Die ungeschälte gewürfelte Gurke, 1 Prise Paprikapulver und den Saft der Zitrone dazugeben, zum Schluß das Krabbenfleisch und die Milch. Alles zusammen heiß werden lassen. Vom Herd nehmen und auf frischgekochtem Reis servieren.

## Hummercurry

*2 Hummer von 600—700 g oder 2 Dosen Crabmeat · 2 Tassen gehackte Zwiebeln · 2 zerdrückte Knoblauchzehen · 100 g Butter oder Margarine · 3 EL Currypulver · 2 TL Ingwerpulver · 1½ TL Salz · 2 TL Zucker · 1 Prise Cayennepfeffer · 3 Tassen Kokosmilch (siehe Anhang) · 2 mittelgroße Gemüsegurken · 2 EL Zitronensaft*

Die Hummer kochen und die Kochflüssigkeit aufbewahren. Wird Crabmeat verwendet, das Fleisch aus der Dose nehmen, eventuell abtropfen lassen und von den Lamellen, knorpelähnlichen Sehnen, befreien. In einer großen Bratpfanne das Fett erhitzen, Zwiebeln und Knoblauch darin golden andünsten. Currypulver, Ingwer, Salz, Zucker, Cayennepfeffer und Kokosmilch dazugeben, gut verrühren und 15 Minuten simmern lassen. Das Fleisch der unterdessen abgekühlten Hummer aus der Schale lösen oder das Crabmeat zerpflücken. Die Gurken schälen, entkernen und in Würfel schneiden. Beides in die Pfanne schütten, etwas von der Hummerbrühe dazugeben und simmern lassen, bis die Gurken weich sind. Hat man Crabmeat verwendet, so nimmt man statt der Hummerbrühe Hühnerbrühe oder in heißem Wasser aufgelöste Krebspaste. Zum Schluß den Zitronensaft dazugeben, einmal aufkochen, vom Herd nehmen und mit frischgekochtem Reis servieren.

## Lammcurry

*2 TL Currypulver · 3 TL Salz · 500 g Lammfleisch · etwa ½ l kochendes Wasser · 500 g frisch geraspeltes Kokosnußfleisch · ¼ Tasse gehackte Zwiebeln · Öl oder Margarine · Zitronensaft*

Das Lammfleisch in kleine Würfel schneiden, in einer Schüssel mit Currypulver und Salz bestreuen und gut vermengen. In einer zweiten Schüssel das Kokosnußfleisch mit dem kochenden Wasser übergießen und 5 Minuten lang einweichen. Die Kokosnuß durch ein Tuch gießen und die Milch gut auspressen. Beiseite stellen. Etwas Fett in einer Pfanne erhitzen, die Zwiebeln darin golden andünsten, das Lammfleisch dazugeben, von allen Seiten anbraten und 15 Minuten auf schwacher Hitze weitergaren. Die Kokosnußmilch darübergießen und das Gericht eine halbe Stunde lang zugedeckt simmern lassen. Wenn das Lammfleisch weich ist, den Zitronensaft dazugießen und einmal aufkochen. Die Sauce sollte jetzt cremig sein. Vom Herd nehmen und mit Reis servieren.

# Hühnercurry

*1 Poularde von 1,5 kg · ¾ Tasse frisch geraspeltes Kokosnußfleisch · 50 g Butter oder Margarine · 2 Tassen in Scheiben geschnittene Zwiebeln · ¾ TL Safran · ½ TL zerriebene getrocknete Chilischoten · 1 EL gemahlener Koriander · 1 TL Salz · 2 zerdrückte Knoblauchzehen · 2 TL Ingwerpulver · 1 EL Zitronen- oder Limonensaft · 1½ TL Zucker · 1 EL Speisestärke · 2 Tassen Kokosmilch (siehe Anhang)*

Die Poularde säubern, das Fleisch von den Knochen lösen und in kleine Stücke schneiden. 2 EL Butter oder Margarine in einer Pfanne heiß werden lassen und die Kokosflocken leicht darin anbräunen. Aus der Pfanne nehmen und aufheben. Die restlichen 2 EL Fett in die Pfanne geben und die Zwiebeln anbraten. Das Hühnerfleisch dazugeben, von allen Seiten anbraten, Safran, Chilischote, Koriander, Salz, Knoblauch, Ingwerpulver, Zitronensaft und Zucker darüberstreuen und unter häufigem Umrühren 5 Minuten auf schwacher Hitze andünsten. Die Stärke mit der Kokosmilch verquirlen, in die Pfanne gießen und umrühren. Leise köcheln lassen, bis das Hühnerfleisch zart ist. Mit gerösteten Kokosflocken bestreuen.

## Biryani

***Schmorhuhn mit Kokosnuß***

*3 Tassen Wasser · 250 g geraspeltes Kokosnußfleisch · 1 EL zerriebener frischer Ingwer · 1 TL Paprikapulver · ½ TL Chilipulver · ½ TL gemahlener Kurkuma · 1 Brathähnchen von 750—1000 g · 3 mittelgroße Zwiebeln · 3 EL Fett · 5 Nelken · 1 Knolle Knoblauch · 1 daumenlanges Stück Zimtrinde · ½ Tasse Cashewnüsse · 1 Tasse Rosinen · 3 Kardamomkapseln · 4 Tassen Reis · Salz nach Geschmack · 2 mittelgroße Tomaten · 2 grüne Paprikaschoten*

Das Kokosnußfleisch in eine Schüssel geben und in 1 Tasse Wasser einweichen. Mit den Fingerspitzen ein paarmal auspressen, dann durch ein Tuch oder ein Sieb gießen und den gleichen Vorgang mit den restlichen 2 Tassen Wasser wiederholen. Die Kokosmilch beiseite stellen. Das Huhn in mundgerechte Bissen schneiden, Ingwer, Paprikapulver, Chilipulver und Kurkuma verrühren und über das Hühnerfleisch streuen. Die Zwiebeln in dünne Scheiben schneiden, das Fett heiß werden lassen und die Zwiebeln darin anbraten. Nelken, zerdrückte Knoblauchzehen und Zimt dazugeben und mit anbraten. Nüsse, Rosinen und Kardamom dazugeben, dann das Hühnerfleisch. Alles gut verrühren und das Fleisch leicht bräunen. Den Reis darüberstreuen, nach Bedarf salzen, wieder umrühren und die Kokosmilch darübergießen, den Topf gut zudecken und den Inhalt rasch aufkochen. Die Tomaten waschen und in Viertel schneiden, die Paprikaschoten entkernen und in Streifen schneiden. Beides auf das Gericht legen, ohne umzurühren. Den Topf wieder gut zudecken, die Hitze vermindern und alles so lange garen, bis die Flüssigkeit aufgesaugt ist. Kann gelegentlich vorsichtig umgerührt werden. Vom Herd nehmen und heiß servieren.

## Hühnerfrikassee

*1 Poularde von 1,5 bis 2 kg · ½ TL gemahlener Kumin · ½ TL gemahlener Anis · 2 TL Zimt · 2 EL gemahlener Koriander · ⅛ l gemahlene Nelken · ⅛ TL gemahlener Kardamom · 1 TL frischgemahlener schwarzer Pfeffer · 2 TL Salz · ¼ TL geriebener Muskat · 50 g Butter oder Margarine · ¼ Tasse frisch geraspelte Kokosnuß · ½ Tasse gehackte Zwiebeln · 2 zerdrückte Knoblauchzehen · 4 in Scheiben geschnittene Zwiebeln · 1 TL Zitronensaft · ½ Tasse Kokosnußcreme (siehe Anhang)*

Das Hühnerfleisch vom Knochen lösen und in kleine Stücke schneiden. In einer Schüssel mit Kumin, Anis, Zimt, Koriander, Nelken, Kardamom, Pfeffer, Salz und Muskatnuß vermengen, dabei das Hühnerfleisch mit einer Gabel durchstechen und ungefähr 1 Stunde in den Gewürzen ziehen lassen. Die Butter in einem Schmortopf heiß werden lassen, das Kokosnußfleisch, die gehackten Zwiebeln, den Knoblauch und das Hühnerfleisch darin anbraten. Dann die in Scheiben geschnittenen Zwiebeln, den Zitronensaft und die Kokosnußcreme dazugeben. Auf schwacher Hitze so lange garen, bis das Hühnerfleisch und der Saft eingekocht sind. Vom Herd nehmen und heiß servieren.

## Rindersatay

***Gegrilltes Rindfleisch***

*500 g mageres Rindfleisch ohne Knochen · 1 EL Zucker · 5 feingewiegte Schalotten · 2 EL Currypulver · 1 Prise Knoblauchpulver · 1 Prise gemahlener Kreuzkümmel · 3 Nelken · 1 EL Erdnußbutter · Grillspieße*

Das Rindfleisch in kleine Streifen oder Würfel schneiden; die übrigen Zutaten in eine Schüssel geben und so viel Wasser hinzufügen, daß sie sich zu einer festen Paste verrühren lassen. Das Fleisch sorgfältig darin wälzen oder damit bepinseln und 1½ Stunden ziehen lassen. Dann das Fleisch auf Grillspieße stecken und auf Holzkohlenglut grillen. Mit der folgenden Sauce servieren.

Für die Sauce:

*Chilipulver nach Geschmack · 2 TL Erdnußbutter · 1 TL Krabbenpaste · ½ Tasse Öl · 2 TL Zucker · 1 EL Zitronensaft*

Das Öl heiß werden lassen, Chilipulver, Erdnußbutter und Krabbenpaste dazugeben und auf mittlerer Hitze gut verrühren. Zucker und Zitronensaft dazugeben, auf schwacher Hitze etwa 1 Stunde leise köcheln lassen. Vom Herd nehmen und heiß servieren.

## Rendang kering

### *Malaiisches Rindercurry*

*2 Knoblauchzehen · ½ TL Chilipulver · 1 Tasse gehackte Zwiebeln · 1 EL Ingwerpulver · ½ TL gemahlener Koriander · 2 TL Salz · 3 EL Öl · ¼ Tasse geraspeltes Kokosnußfleisch · 1 kg Rindfleisch · 2 Tassen Kokosmilch (siehe Anhang) · 2 EL Zitronensaft · 1 TL brauner Zucker*

Knoblauch, Chilipulver, Zwiebeln, Ingwer, Koriander und Salz im Mörser zu einer dicken Paste verarbeiten. Das Öl in einem Schmortopf erhitzen, das Kokosnußfleisch hineingeben und leicht anbräunen. Die Gewürzpaste dazugeben. Das Rindfleisch in kleine Würfel schneiden, in den Schmortopf schütten und alles gut verrühren. 10 Minuten lang auf Mittelhitze braten. Die Kokosmilch und den Zitronensaft darübergießen, den braunen Zucker dazugeben, den Topf zudecken und das Gericht auf schwacher Hitze 45 bis 60 Minuten simmern lassen, bis das Fleisch weich ist. Die gerösteten Kokosflocken darüberstreuen, vom Herd nehmen und heiß servieren.

## Salat

*1 mittelgroßer Salatkopf · 1 Salatgurke · 2 Tassen gewürfeltes Ananasfleisch · 250 g Bohnensprossen · 4—6 Stück Sojabohnenquark*

Die Bohnensprossen blanchieren, den Bohnenquark in Würfel schneiden und rasch von allen Seiten anbraten, beides abkühlen lassen. Unterdessen die Salatblätter klein schneiden, die ungeschälte Gurke in Scheiben hobeln und beides mit dem Ananasfleisch in eine Salatschüssel geben. Bohnensprossen und -quark dazugeben, mit der Salatsauce durchschwenken.

Für die Sauce:

*250 g geröstete, gemahlene Erdnüsse · 1 EL Essig · 1 TL Limonensaft · 1 EL zerriebene Chilischoten · 2 EL Zucker · 1 TL Sojasauce*

Die gemahlenen Erdnüsse mit Essig, Limonensaft, Chillies und Zucker verrühren, zum Schluß die Sojasauce dazugeben, etwas durchziehen lassen und über den Salat gießen.

# Desserts

## Kokosnußkonfekt

*4 Tassen frisch geraspeltes Kokosnußfleisch · 3 Tassen Zucker · 2 TL Butter · 1 Tasse Sahne · 1 Prise Salz · 1 TL Vanillepulver*

Alle Zutaten außer der Vanille in eine Kasserolle geben und unter ständigem Umrühren auf schwacher Hitze zum Kochen bringen. Weiterkochen, bis sich der Zucker aufgelöst hat. Dabei ständig rühren, damit nichts anbrennt. Wenn die Mischung anfängt, fest zu werden, die Hitze vermindern. So lange weiterrühren und kochen, bis die Mischung fest wird und sich vom Topfboden löst.

Das Vanillepulver dazugeben, noch einmal gut umrühren und den heißen Teig auf eine gebutterte Platte streichen. Etwas abkühlen lassen, in Würfel schneiden, aber erst auseinanderbrechen, wenn das Konfekt ganz kalt und hart geworden ist.

## Sarikauja

***Kokosnußeierstich***

*6 Eier · ¼ TL Salz · 2 Tassen Zucker ·*
*2 Tassen Kokosnußcreme (siehe Anhang) · ½ Tasse*
*frisch geraspeltes Kokosnußfleisch*

Den Ofen auf 180 °C vorheizen. Eier, Salz und Zucker in einer Schüssel schaumig schlagen, die Kokosnußcreme dazugießen und weiter schlagen. Das Kokosnußfleisch unterheben und die Creme in eine große, flache ausgefettete Auflaufform oder in einzelne ausgefettete Auflaufförmchen gießen. Das tiefe Backblech mit kaltem Wasser füllen, die Auflaufform oder die Auflaufförmchen hineinsetzen und in den Ofen schieben. 25 Minuten garen, dann die Garprobe machen. Falls das Wasserbad zu heftig kocht, etwas kaltes Wasser dazugießen. Abkühlen lassen und dann servieren.

# Japan

Der einfache Begriff »Kochen« reicht nicht aus, um die entsprechenden Tätigkeiten eines japanischen Kochs zu beschreiben. Kulinarische Kunstfertigkeiten wäre ein besserer Ausdruck, denn die Gänge einer japanischen Mahlzeit gleichen den Sätzen einer Sinfonie. Es spiegelt die Liebe Japans zur beherrschten Schönheit wider und seine Verehrung aller Künste.
Die Eßgewohnheiten der Japaner sind tief in ihrer Geschichte, dem Land und dem Meer verwurzelt. Fisch, Reis und grüner Tee sind jahrhundertelang die Hauptnahrungsmittel gewesen. Weil nur ein kleiner Teil des Landes bebaut werden kann, haben die Früchte des Feldes im Vergleich zu den Früchten des Meeres immer nur eine Nebenrolle gespielt. Die große Ausnahme ist allerdings der Reis, der den Japanern seit ältesten Zeiten als Grundnahrungsmittel diente und heute noch zum Frühstück, zum Mittagessen und zum Abendessen auf den Tisch kommt.
Trotzdem stellen die bewirtschafteten Gebiete des Landes nicht nur ein einziges riesiges Reisfeld dar. Seit über tausend Jahren hat es Gemüse, Früchte und Nüsse in Hülle und Fülle gegeben. Das verhältnismäßig milde Klima bringt üppige Ernten an Beeren, Waldpilzen, Birnen, Äpfeln, Mandarinen, Pfirsichen und Weintrauben, außerdem Tee, Weizen, Gerste und Kartoffeln hervor.
In den alten Zeiten waren die Japaner an diese Produkte gebunden, sie mußten das Beste aus ihnen machen. Während reiche Müßiggänger sich dem Genuß von

Chrysanthemenblättern hingaben, hielten sich die Bauern an so handfeste Nahrungsmittel wie Hafer und Hirse, süße Kartoffeln und *daikon,* den großen mohrrübenförmigen japanischen Rettich, der auch heute noch in den elegantesten Gerichten auftaucht. Schon im 6. Jahrhundert hatten die höheren Stände die genußvolle Kunst des Essens entdeckt und bis zum 14. Jahrhundert die alltägliche Arbeit des Kochens und Essens zu einer erlesenen Kunst stilisiert. Mit den vorhandenen Materialien — vom Tintenfisch über den Reis bis zu den Lotuswurzeln — und mit Geschick und Geschmack entwarfen sie eine Nationalküche von höchster Qualität, die nicht nur dem Wohlgeschmack huldigte, sondern auch einem anderen Wert, der in manchen Ländern bis heute noch nicht berücksichtigt wird: der Schönheit. Eine Schönheit, die nicht nur den Gaumen, sondern auch das Auge entzückt. In jener Zeit wurde die berühmte Teezeremonie entwickelt und viele andere ungeschriebene Gesetze, die sich auf die Zubereitung und das Anrichten und auf die Tischsitten beziehen.

In vielen Fällen hat das heutige Japan seine Küchentraditionen den modernen Bedürfnissen angepaßt. Aber überall kann man noch die Spuren der alten Sitten erkennen. So hat sich zum Beispiel die Gewohnheit, das Essen nach einer besonderen Ordnung anzurichten, als unsterblich erwiesen: zuerst kommen die Produkte der Berge, dann die des Meeres, danach die der Felder und als letztes die der Stadt. Von der Mußegesellschaft des 14. Jahrhunderts ersonnen, lebt der Geist dieser Ordnungen bis heute fort.

In einem Fischgericht namens *sashimi* werden die Zutaten noch oft in einem Muster angerichtet, das eine Landschaft mit Hügeln, Acker und Wasser darstellt, und das Gericht *kuchi-gawara* besteht gewöhnlich aus den Saisonfrüchten von Meer, Feld und Hügel, die appetitlich zusammen in einem Gefäß angerichtet werden.

Japanische Mahlzeiten sind leicht und gut für die Taille.

Auch das hat mit der Geschichte zu tun: die Edelleute durften keine Handarbeit leisten und hatte infolgedessen nur einen geringen Kalorienbedarf. Sie zogen Gerichte vor, die arm an tierischen Fetten, außer dem unvermeidlichen Reis auch arm an Kohlehydraten und außerdem mild gewürzt waren. Gewürze wurden nicht gebraucht, weil die Zutaten von so erlesener Qualität waren, daß ein Gewürz den natürlichen Geschmack nur beeinträchtigt hätte, und abgesehen davon war die Zunge eines Edelmanns natürlich so fein, daß ihm nur die zartesten und exquisitesten Aromen angemessen waren. Damals wurde auch festgestellt, daß eine kurze Garzeit den natürlichen Duft einer Speise am besten bewahrt und daß ihn zurückhaltendes Würzen am besten betont.
Dieses Betonen wurde zum Schlüsselwort der japanischen Küche. Ihr Hauptziel ist es, den frischen, echten Geschmack aller Zutaten und gleichzeitig die natürliche Schönheit der Speisen zu bewahren. Durch den erfahrenen Umgang mit natürlichen Würzstoffen, wie getrocknete Makrele, Seetang, getrocknete Pilze, Sojasauce, Sojabohnenpaste kann der geübte Koch das einfachste Gericht zu einem kulinarischen Erlebnis machen, ohne den Charakter der Zutaten zu verändern. Um diesen natürlichen Geschmack der einzelnen Nahrungsmittel zu betonen, verwendet man fast in jedem Gericht *ajinomoto,* was das gleiche ist wie Glutamat.
Fisch, Reis, grüner Tee, frische oder eingelegte Gemüse und Suppe — das waren und sind die Hauptbestandteile einer japanischen Mahlzeit. Die beiden Gerichte, die außerhalb Japans am bekanntesten sind, tauchten erst relativ spät auf der japanischen Speisekarte auf. Es sind *tempura* und *sukiyaki. Tempura* ist eine Mischung aus Fischen, Meeresfrüchten und knusprigen Gemüsen, die durch einen federleichten Teig gezogen und in Pflanzenöl ausgebacken werden. Das Öl muß eine konstante Temperatur besitzen und darf nach dem Rat der japanischen Köche nicht zu heiß sein, weil sonst der Ausback-

teig verkohlt, ehe der Inhalt gar ist, noch darf es zu wenig heiß sein, weil dann die kleinen ausgebackenen Bissen zuviel Öl aufsaugen und fettig schmecken. Zuviel Mehl im Teig macht die *tempura* schließlich zu fest und gehaltvoll. Das klingt vielleicht kompliziert, kann aber in jeder westlichen Küche ohne Schwierigkeiten nachgekocht werden.

In den traditionellen japanischen Restaurants kniet der Koch auf dem Fußboden, den Gästen gegenüber, die an einem langen Eßtisch Platz genommen haben. So kann er gleichzeitig für die Gäste kochen und servieren, wobei er sein Tempo dem Appetit der Gäste anpaßt. So zahlreich wie die Zutaten der *tempura* sein können, Krabben dürfen niemals fehlen. Außerdem gehören Fische dazu, winzige Muscheln, Aalstückchen, Jakobsmuscheln und Tintenfische, Lachs, Seezunge und manchmal Hühnerfleisch, Pilze, mildwürzige Kräuter, Frühlingszwiebeln, Bohnen und Paprikaschoten, bis zu den süßen Kartoffeln. Man kann bei einem *tempura*-Fest alles auf einmal angeboten bekommen, während man ein andermal nur eine delikate Kombination von Taschenkrebsen, Chrysanthemenblättern und Seetang vorfindet. Eine typische Durchschnittstempura besteht aus Krabben, Scholle, Aal, Muscheln, Tintenfisch, Ingwerwurzeln, Lotuswurzeln und fünf bis sechs Gemüsen.

*Sukiyaki* sollte man genau wie *tempura* im großen Kreise essen, denn es entspricht seiner Natur, daß es in der Mitte eines großen Tisches zubereitet wird, so daß sich jeder Gast nach Belieben bedienen kann. *Sukiyaki* besteht aus frischem Fleisch, das mit Gemüse in *shoyu,* japanische Sojasauce, und Zucker gebraten oder geschmort wird. Dabei liegt das Geheimnis des Gerichtes in der ausgewogenen Komposition der einzelnen Zutaten.

Der Ursprung des *sukiyaki* ist unbekannt, es kann jedoch von einer Lieblingsmahlzeit der jagenden Mongolenstämme abgeleitet sein. Der Überlieferung nach haben sie das frisch erlegte Wild in kleine Stücke zerteilt, auf das Ende eines *suki,* eines kleinen Spatens, gelegt und auf dem offenen Holzkohlenfeuer gebraten, das sie *yaki* nannten. Heutzutage wird das Gericht im Hause zubereitet, und jede Köchin hat eine genaue Vorstellung von den erforderlichen Zutaten. Die Chefköche in Tokio bestehen meist darauf, das Fleisch von Koberindern zu benutzen, das den Hauptbestandteil der Mahlzeit ausmacht. Huhn, Schwein und Ente werden jedoch auch als verwendbar betrachtet. Früher gehörte eine Schale Holzkohlenglut dazu, über der eine große Pfanne steht. Heute kocht man auf Strom und Gas, benutzt auch steinerne Pfannen. Wichtig ist immer noch das beste Fleisch, das mit dem schärfsten Messer in die hauchdünnsten Scheiben geschnitten wird. Dazu kommen Lauch oder Zwiebelscheiben, *shoyu,* Zucker oder *mirin,* süßer Reiswein, möglichst auch Bambussprossen und frische Pilze, *shirataki,* eine Nudelart, Karottenscheiben, Bohnen und Spinat oder chinesischer Bleichsellerie und *tofu,* der Sojabohnenquark. Jeder Gast wird außerdem mit Reis und Eigelb versorgt.

Wenn Sie ein *sukiyaki* im japanischen Stil zelebrieren, so zieht man die Zutaten durch *shoyu* und *mirin* und gart sie rasch in der leicht ausgefetteten heißen Eisenpfanne. Die Gäste bedienen sich mit Hilfe ihrer Stäbchen direkt aus der Pfanne, ziehen ihren Bissen durch das verquirlte Ei, wo es einen Augenblick lang abkühlt, und wälzen ihn dann in Reis. Die Japaner lehnen bei diesem Gericht Gabeln ab, weil sie finden, daß das Gefühl des kalten Metalls an den Lippen den Geschmack der Speisen beeinträchtigt.

Ein Lieblingshappen der Japaner ist *sushi,* das als Imbiß oder Vorspeise serviert wird. Sushibars oder -karren sieht man in Japan fast überall, und es gibt *sushi* in vielen Formen. Fast immer bestehen die Grundzutaten aus rohem Fisch, mit Essig gesäuertem Reis und etwas geraspelter Wasabiwurzel, die im Geschmack dem Meerrettich ähnelt. Manche lieben ihr *sushi* am meisten in Form von *shirashi-sushi,* einer Mischung aus Reis, Gemüse und Fisch. Die meisten ziehen jedoch *nigiri-sushi* vor, kleine Reisbällchen, die mit etwas Wasabi bestreut werden und mit einem köstlich gewürzten Fischstückchen bedeckt sind.

Ebenso beliebt ist *sashimi.* Das ist roher Fisch ohne Reis, obgleich der Reis im Laufe einer Mahlzeit sowieso vorhanden ist. *Sashimi* ist ein einfaches Gericht, nichts als eine kleine dünne Scheibe frische Makrele, Thunfisch, Aal, Krabbe, Barsch, Hummer oder ein anderes Meerestier, das, mit Seetang und *daikon* garniert, durch eine milde Essigsauce gezogen und als Vorspeise gegessen wird.

*Kabayaki,* gegrillter Aal, ist ebenfalls sehr bekannt. Der Aal muß immer frisch sein; er kommt direkt aus dem Meer oder aus dem Fischbecken zum Koch, der ihn mit geübten Griffen zerlegt und abwechselnd grillt und mit einer würzigen Sauce aus *shoyu* und *mirin* und verschiedenen Gewürzen bepinselt, bis der Aal gar und durch und durch mit Sauce getränkt ist.

Dann gibt es Suppen, klare und dicke. *Soumono* ist eine klare Suppe, die aus getrockneten Fischflocken gekocht wird. Sie wird mit verschiedenen Einlagen serviert, die je nach Jahreszeit und Gelegenheit wechseln. Manchmal kann man auf dem Grund der Suppenterrine ein Bild bewundern, einen kleinen Fisch, der durch wehende Wasserpflanzen schwimmt, oder Wolken, die über einen Fels treiben. All diese Muster sind eßbar, denn sie stellen ein kunstfertiges Arrangement aus Fisch- und Gemüsestücken dar, auf die die Suppe gegossen wird. Die kräftigere *miso-shiru*-Suppe besteht aus der gleichen Brühe, in die *miso,* Sojabohnenpaste, gerührt und sehr viel Gemüse gegeben wird. Bei festlichen Mahlzeiten wird *soumono* am Anfang und *miso-shiru* am Ende der Speisenfolge zusammen mit Reis serviert.

Andere beliebte japanische Gerichte sind gegrillte Hühnerspieße, Buchweizennudeln in Suppe, gegrilltes Rind-

fleisch, Fisch oder Huhn, eine Kasserolle aus Hühnerfleisch, Krabben und Kraut. Dazu kommen die vielen verschiedenen Arten von *tsukemono,* die japanischen eingelegten Gewürzbeilagen.
Heute essen die Japaner im Gegensatz zu vielen anderen orientalischen Völkern drei Hauptmahlzeiten, zwischen die man gelegentlich einen kleinen Imbiß schiebt. Zum Frühstück betrachtet man eine Schüssel mit *Miso*suppe als die beste Grundlage. Sie wird oft mit *Tofu*würfel oder grünen Zwiebeln serviert. Oder man ißt eine Portion Reis, unter den man sich einen mit *shoyu* gewürzten Eidotter rührt. Oder zwei bis drei dünne getrocknete Seetangblätter mit einer kleinen Portion süßsauer eingelegtem Gemüse.
Das Mittagessen kann einfach aus einer Tasse Nudeln in heißer Suppe bestehen, zu der man vielleicht etwas Fleisch und eine Handvoll Gemüse gibt; es kann aber auch eine vollständige Mahlzeit sein, die aus Reis, Fisch, Gemüsen, einer dicken oder einer klaren Suppe, Salat, Pickles und einem Fleischgericht besteht. Das Abendessen hängt weitgehend vom Anlaß ab. Ein offizielles Essen für einen geehrten Gast besteht mindestens aus zwei Suppen und fünf Beilagen. Wenn das Abendessen besonders wichtig genommen wird, so muß man sich durch drei Suppen und elf Gerichte durcharbeiten, wobei die eingelegten Gemüse und der immer nachgefüllte warme *sake* oder Reiswein samt dem grünen Tee gar nicht berücksichtigt wird. Es klingt freilich gewaltiger, als es ist, denn die Portionen sind klein, und es gibt keine fetten Saucen oder überwältigenden Gewürze, die den Appetit lähmen.
Am erträglichsten ist ein ganz normales Durchschnittsabendessen, das eine Mittelklaßfamilie auf den Tisch bringt, wenn sie keine Gäste erwartet. Es besteht aus einer klaren Suppe mit einer Einlage aus wenig Fisch und Gemüse, aus einer kleinen Portion *sashimi,* einer etwas größeren Portion Fisch oder Fleisch samt der unvermeid-

lichen Reisschüssel. Vielleicht gibt es auch Salat oder Pickles und manchmal einen leichten Nachtisch, ein Fruchtgelee oder eisgekühlten Tofu.

Außer bei offiziellen Anlässen werden die verschiedenen Gänge eines japanischen Menüs nicht nacheinander, sondern gleichzeitig auf den Tisch gebracht. Jeder Gast bekommt ein rechteckiges Lacktablett, auf dem verschiedene Schüsseln oder Lackgefäße stehen, die die einzelnen Gänge enthalten, wobei eine Schüssel immer Reis und eine zweite die Suppe enthält. Dazu gibt es ein Paar Eßstäbchen auf einem Keramikbänkchen und einen Becher für den Reiswein. Das japanische Geschirr ist so entworfen, daß es zum betreffenden Gericht und nicht zueinander paßt. Die Farbe ist das wichtigste, danach kommt die Form. Schlichtes weißes Geschirr wird kaum verwandt. Die meisten japanischen Teller und Schüsseln sind mit Fischen und Früchten und Gemüsesorten in verschiedenen Farben bemalt. Die Leitidee ist dabei, daß Farbe und Form von Geschirr und Gericht einander harmonisch entsprechen. So wird das Gefäß immer danach ausgesucht, ob es seinem Inhalt entspricht, wobei nicht nur die Hauptzutat eines Gerichtes ausschlaggebend ist, sondern auch die Ergänzungen und Dekorationen. Was auch für ein Gericht verwendet wird, die Nahrungsmittel müssen schon auf dem Küchenbrett ein ebenso schönes Bild wie später auf der Anrichteplatte darstellen. Jeder Schnitt muß gleichmäßig sein, jedes schmückende Element muß interessanten Farbeffekten dienen, und alles zusammen muß das Auge entzücken.

# Grundrezepte

## Dashi

***Fischbrühe***

Dashi ist eine klare Fischbrühe, die für die japanische Küche unentbehrlich ist. Man kocht nicht nur Suppen daraus, man braucht es auch für viele andere Gerichte. Dashi I wird immer für Suppen verwendet. Dashi II gehört zu solchen Gerichten wie *tempura* oder *shawan-mushi.* Beides kann im Kühlschrank bis zu 2 Tagen aufbewahrt werden.

Dashi I:

*1 daumengroßes Stück Nori (siehe Anhang) · 5 Tassen Wasser · 1 Tasse getrocknete Fischflocken* (katsuobushi, *getrockneter Blaufisch, oder* hanakatsuo, *getrockneter Thunfisch) · 2 EL Salz · 1 TL Sojasauce*

Nori gut waschen und mit dem Wasser in eine Kasserolle geben. Rasch aufkochen und das Nori wieder herausnehmen. Für Dashi II aufheben. Die Fischflocken in die noch kochende Brühe schütten, dann sofort vom Herd nehmen und 2 Minuten ziehen lassen. Durch ein Tuch in einen anderen Topf gießen und mit Salz und Sojasauce abschmecken. Die Fischflocken für Dashi II aufheben: aus einer Portion kann man immer zweimal Suppenbrühe machen. Wird sie zu schwach im Geschmack, so gibt man etwas frische Fischflocken dazu.

Dashi II:

*⅓ Tasse getrocknete Fischflocken • 1 daumengroßes Stück Nori • 3 Tassen Wasser • ½ TL Glutamat*

Fischflocken und Nori mit dem Wasser in eine Kasserolle geben, aufkochen und sofort vom Herd nehmen. Durch ein Tuch gießen und mit Glutamat würzen.
Statt Dashi kann man selbstgemachte Fischbrühe, entfettete Hühnerbrühe oder eine milde Fleischbrühe verwenden. In manchen Spezialgeschäften erhält man *dashi no moto,* ein schnellösliches Dashi in Pulverform.

## Gedämpfter Reis

*1 Tasse Reis • 1½ Tassen Wasser*

Den Reis in eine schwere Kasserolle füllen, die mindestens 1 Liter faßt. Das Wasser dazugießen und auf starke Hitze stellen. Sprudelnd aufkochen, die Kasserolle zudecken, die Hitze vermindern und den Reis 10 Minuten kochen. Die Hitze noch mehr reduzieren und den Reis weitere 10 Minuten quellen lassen. Der Topf muß die ganze Zeit geschlossen bleiben. Die Hitze zum Schluß ganz abschalten und den Topf noch 10 Minuten stehenlassen. Bis zum Servieren geschlossen halten und den Reis nicht umrühren.

# Suppen

## Ebi no suimono

***Krabbensuppe***

Die Suimonos sind klare Suppen aus etwas Fischbrühe und einer sparsamen, eßbaren Einlage. Für die meisten japanischen klaren Suppen werden Brühe und feste Bestandteile getrennt gekocht und erst vor dem Servieren zusammengegeben. So bewahrt jedes seinen Originalgeschmack besser.

*4 Blätter Spinat · schwach gesalzenes Wasser · 4 chinesische schwarze Pilze oder Champignons · 8 Krabben- oder Langustenschwänze · 3 Tassen Fisch- oder Hühnerbrühe (Dashi I, siehe Seite 258)*

Die Spinatblätter waschen, abtrocknen und beiseite stellen; die Pilze 1 bis 2 Minuten im kochenden Salzwasser garen, herausnehmen und abtropfen lassen. Die Krabben im Pilzwasser erhitzen. Die Brühe heiß werden lassen. In jede Suppenschüssel 1 Blatt Spinat, 2 Krabben und 1 Pilz legen, die heiße Brühe darübergießen und sofort servieren.

## Hühnersuppe

*1 ganze Hühnerbrust · ½ Tasse Sojasauce · 6 feingehackte Schalotten · 4 chinesische schwarze Pilze oder Champignons · 3 Tassen Dashi I (siehe Seite 258) oder Hühnerbrühe · 1 Stück frische Ingwerwurzel*

Das Hühnerfleisch vom Knochen lösen, in kleine Würfel schneiden und in einer Kasserolle mit der Sojasauce vermengen. Das Fleisch in der Sauce weich kochen. Dann aus der Sauce nehmen. Hühnerfleisch, Schalotten und Pilze in vier Suppenschalen verteilen, die Brühe kochend heiß werden lassen. Die Ingwerwurzel in der Knoblauchpresse auspressen und in jede Suppenschüssel zwei Tropfen Ingwersaft geben. Die heiße Brühe darübergießen und sofort servieren.

## Eiersuppe

*3 TL Speisestärke · 2 EL Wasser · 4 Tassen Dashi I (siehe Seite 258) oder Fleischbrühe · 1 TL Salz · 3 EL Sojasauce · ½ TL Glutamat · 2 Eier · 1 Stück frische Ingwerwurzel · 15 g Mitsuba (siehe Anhang) oder 2 EL feingewiegte Schalotten*

Die Speisestärke mit Wasser verquirlen und mit der Brühe in eine Kasserolle gießen. Salz, Sojasauce und Glutamat dazugeben, unter ständigem Rühren aufkochen. Die Eier gut verquirlen und in die Brühe tropfen lassen. So lange leise simmern, bis die Eier in Streifen auf der Oberfläche schweben. In Suppenschüsseln gießen, den Saft aus der Ingwerwurzel pressen und 2 Tropfen davon in jede Suppenschüssel geben. Wenn Sie Mitsuba bekommen haben, dazugeben, sonst mit den Schalotten bestreuen und sofort servieren.

## Suppe aus Eiern und Schalotten

*6 Tassen Dashi I (siehe Seite 258) · 1 EL Sojasauce · 4 Eier · 4 feingewiegte Schalotten*

Dashi aufkochen, Sojasauce hineinrühren. Die Eier in einer kleinen Schüssel gut verquirlen, die Hitze unter dem Dashi-Topf aufstellen und die Eiermischung unter ständigem Quirlen in die heiße Brühe gießen. Jede Suppenportion mit feingewiegten Schalotten dekorieren.

## Uwo dango no shiru

***Suppe mit Fischbällchen***

*500 g Schollenfilet · 2 EL Miso (siehe Anhang) · 1 kleines Stück geraspelter Ingwer · 3 feingewiegte Schalotten · ¼ TL Salz · ⅛ TL Pfeffer · 3 EL Speisestärke · 6 Tassen Dashi I (siehe Seite 258) oder Muschelsaft oder Fleischbrühe · 200 g frischer Spinat · 1½ EL Sojasauce · 1 EL Essig*

Das Fischfilet fein wiegen und in eine Schüssel geben. Miso, Ingwer und Schalotten dazugeben und alles gut vermengen. Mit Salz und Pfeffer würzen, mit Speisestärke zum Teig kneten. Die Brühe aufkochen und mit einem Teelöffel Nocken vom Fischteig hineingleiten lassen. Auf schwacher Hitze 5 Minuten ziehen lassen. Die Hitze etwas erhöhen und den feingehackten Spinat zufügen; 3 Minuten weitergaren, dann Sojasauce und Essig dazugießen. Vom Herd nehmen und, wenn nötig, abschäumen. Heiß servieren.

## Ushio-jiru

***Muschelsuppe***

*12 große frische Muscheln · 5 Tassen Wasser · 1 TL Salz · 1 TL Sojasauce · 1 EL Sake · 8 Stück Ingwer*

Die Muscheln gut sauberbürsten. Das Wasser in einem großen Topf aufkochen, die Muscheln hineinschütten und kochen, bis sich die Schalen öffnen. Die Muscheln mit dem Sieblöffel herausholen, aus den Schalen lösen und die Muschelbrühe mit Salz, Sojasauce und Sake würzen. In jede Suppenschüssel 3 Muscheln legen und mit der durchgesiebten Brühe auffüllen. Mit je 2 Ingwerstückchen dekorieren.

## Eierstichsuppe

*½ Tasse Hühnerfleisch · 4 dünne Scheiben Bambussprossen · 4 dünne Scheiben Kamaboko (Fischkugeln, siehe Seite 266) · ½ Tasse feine Erbsen (Dose) · 4 schwarze chinesische Pilze oder Champignons · 4 Eier · 4 Tassen kaltes Dashi I (siehe Seite 258) · Salz nach Geschmack*

In vier Suppenschalen gleich viel gekochtes Hühnerfleisch, Bambussprossen, Kamaboko, Erbsen und Pilze legen. Die Eier verquirlen und in das kalte Dashi rühren. Nach Geschmack salzen. Die Eier-Dashi-Mischung auf das Hühnerfleisch und die Gemüse gießen und 25 Minuten lang im Wasserbad garen. Heiß servieren.
Statt der Erbsen kann man grünes Blattgemüse verwenden. Das Kamaboko kann durch Krabben ersetzt werden.

## Satsuma-jiro

***Misosuppe mit Huhn und Gemüse***

*6 Tassen Dashi I (siehe Seite 258) · ½ TL Glutamat · 125 g Hühnerbrust · ½ Tasse geraspelte Mohrrüben · 1 Tasse kleingewürfelte Kartoffeln · 2 feingewiegte Schalotten · ½ Tasse Miso (siehe Anhang) · grobgehackter japanischer Pfeffer (Sansho)*

Dashi in einem Topf aufkochen, mit Glutamat würzen. Das Hühnerfleisch vom Knochen lösen und in kleine Würfel schneiden. Gemüse und Hühnerfleisch in die Suppenbrühe geben und auf schwacher Hitze gar kochen. Miso hineinrühren und weitere 5 Minuten leise köcheln lassen. Vom Herd nehmen, mit dem Pfeffer bestreuen und heiß servieren.

# Vorspeisen

## Sashimi

***Rohe Fischhappen***

*250 g Thunfischfleisch, Schwertfisch, Lachs oder Seebarsch · Petersilie · etwas Sojasauce · scharfer Pfeffer · frischgeriebener Meerrettich · hauchdünn geschnittene Ingwerwurzel*

Einen möglichst festen Block Fischfleisch ohne Haut und Gräten wählen. Ins Kühlfach oder ins Tiefkühlfach geben, damit das Fleisch fest wird, aber nicht friert. Dann auf ein Holzbrett legen und mit einem sehr scharfen Messer quer zur Faser in regelmäßige dünne Scheiben schneiden, die nicht dicker als drei Millimeter sein dürfen. Die Scheiben dachziegelartig auf ein Brett oder eine Platte in Fischform schichten und mit feingewiegter Petersilie garnieren. Rundherum kleine Schälchen mit den Gewürzen stellen. Jeder Gast würzt sich seine Fischscheibe nach eigenem Geschmack.

## Hummer-Sashimi

*1 ungekochter Hummerschwanz · Salat · Kraut · Rettiche · ½ Tasse Sojasauce · 1 TL Glutamat · 2 TL Zitronensaft · Meerrettich*

Das Hummerfleisch aus dem Schwanz lösen, ohne die Schale zu verletzen, die Unterseite der Schale abschneiden. Das Fleisch von Adern und Darm befreien und gut unter laufendem kalten Wasser abspülen. In 10 bis 12 dünne Scheiben schneiden, diese in Eiswasser legen und für 15 Minuten kalt stellen. Aus dem Wasser nehmen und mit einem Küchentuch oder Küchenkrepp gründlich abtrocknen.

Die leere Schale kochen, bis sie rot wird, ausspülen, abtropfen lassen und kühlen. Mit gleich viel feingeschnittenen Salat- und Krautblättern und feingeraspelten Rettichen ausfüttern. Das Hummerfleisch auf das Gemüsebett legen.

Sojasauce, Glutamat und Zitronensaft verrühren und in kleine Portionsschälchen füllen. Jeden Gast außerdem mit einer kleinen Schüssel mit geriebenem Meerrettich versorgen. Jeder verrührt sich Meerrettich und Sauce nach eigenem Geschmack und zieht das Hummerfleisch vor dem Essen durch diese Mischung.

## Kamaboko

***Fischkugeln***

*500 g Seezungen- oder Schollenfilet · 2 EL Speisestärke · 1 TL Salz · 1 TL Sojasauce · ¼ TL Glutamat · 1 TL Zucker · ⅓ Tasse kaltes Wasser · Fett zum Ausbacken*

Den Fisch von Haut und Knochen befreien und fein wiegen. Speisestärke, Salz, Sojasauce, Glutamat und Zucker dazugeben und gut verarbeiten. So viel Wasser hinzufügen, wie der Teig schluckt, ohne die Form zu verlieren. In mundgerechte Bällchen formen und golden ausbacken. Auf Küchenkrepp abtropfen lassen und heiß servieren.

## Sashimi to kyuri

***Vorspeise aus Gurken und rohem Fisch***

*4 kleine Gemüsegurken · 4 TL Salz · 500 g Seezungenfilet · ⅓ Tasse Sojasauce · ⅓ Tasse Essig · 1 EL Zucker · 1 TL geraspelte Ingwerwurzel oder ½ TL Ingwerpulver · 1 EL Sake oder Weißwein*

Die Gurken schälen, halbieren und die Kerne herausschaben. In dünne Scheiben schneiden, auf ein Brett legen und mit 2 TL Salz bestreuen. Ziehen lassen. Den Fisch in Eiswasser spülen und abtrocknen. In hauchdünne Scheiben schneiden, die dünner als die Gurkenscheiben sein sollen. Mit den restlichen 2 TL Salz bestreuen und ½ Stunde lang stehenlassen. Die anderen Zutaten zur Sauce verrühren. Nachdem der Fisch gezogen hat, auf jedes Gurkenstück eine Fischscheibe legen, zu kleinen Röllchen rollen und mit einem Zahnstocher zustecken.

Alle Röllchen in eine Schüssel legen und mit der Sauce übergießen. 1 Stunde im Kühlschrank stehenlassen, dann als Vorspeise servieren.

## Nigiri sushi

***Vorspeise aus Reis und rohem Fisch***

*2 Tassen Reis · 3 Tassen Wasser · 3 EL Essig · 1 TL Salz · 1 EL Sojasauce · 1 EL Mirin (siehe Anhang) oder Sherry · ¼ TL Glutamat · 30 g Meerrettich · 200 g frisches Thunfischfleisch · 200 g frischer Tintenfisch*

Den Reis mit dem Wasser aufkochen, die Hitze vermindern und ihn 20 Minuten garen. Unterdessen die Sauce zubereiten: Essig, Salz, Sojasauce, Mirin und Glutamat in eine kleine Kasserolle geben, bis kurz vors Kochen erhitzen, vom Herd nehmen und gründlich unter den Reis heben. Den Reis auf eine große Platte füllen und abkühlen lassen. Wenn er kühl genug ist, um bearbeitet zu werden, in längliche Würstchen formen und auf jede Wurst etwas Meerrettich streuen.
Das gekühlte Thunfischfleisch in hauchdünne Rechtecke schneiden, die so lang wie die Reisküchlein sein sollen. Auf den Reis legen. Das Tintenfischfleisch in dünne, schmale Streifen schneiden und auf das Thunfischfleisch legen. Im Kühlschrank gründlich durchkühlen lassen und auf einer großen Platte servieren.

# Gomoku-sushi

***Feines Gemüse-Sushi***

*2 Tassen Reis · 3 Tassen Wasser · ¼ Tasse Essig · 3 TL Salz · 5 EL Zucker · 15 g chinesische Pilze · ½ Tasse Wasser · ½ Mohrrübe · 2 EL Sojasauce · ½ TL Glutamat · 2 Eier · 200 g weißes Fischfleisch · rote Speisefarbe · 60 g zarte grüne Böhnchen · ½ TL eingelegter Ingwer · 1 Blatt Nori (siehe Anhang)*

Den Reis im Wasser gar kochen und in eine Schüssel schütten. Mit Essig, 2 TL Salz und 3 EL Zucker durchschwenken. Die Pilze in der halben Tasse Wasser einweichen, bis sie aufgequollen sind. In dünne Streifen schneiden und das Wasser aufheben. Die Mohrrübe in dünne Streifen schneiden, Mohrrübe und Pilze in eine kleine Kasserolle geben, das Pilzwasser dazugießen, außerdem Sojasauce, Zucker und Glutamat. Auf Mittelhitze kochen, bis die Flüssigkeit verschwunden ist. Abkühlen lassen und unter den Reis heben.

Die Eier mit ¼ TL Salz in einer Schüssel verquirlen, etwas Öl in einer Pfanne heiß machen, hauchdünne Eierküchlein ausbacken und in dünne Streifen schneiden.

Das Fischfleisch mit Wasser bedecken und gar köcheln. In kleine Stücke brechen und abtropfen lassen. Wieder in den Topf geben, etwas Wasser, den Rest Zucker und Salz und die Speisefarbe dazugeben und vorsichtig in allem umschwenken, bis der Fisch gleichmäßig gefärbt ist.

Die Böhnchen putzen, kochen und in kleine Stücke schneiden. Den Ingwer fein wiegen. Die Reismischung auf eine Platte streichen, mit dem gekochten Fisch belegen und mit Nori, Eierkuchenstreifen, Bohnen und Ingwer dekorieren.

## Chawan-mushi

### *Gefüllter Eierstich*

*100 g chinesische Pilze (siehe Anhang) · 3 Eier · 3 Tassen Dashi II (siehe Seite 259) · 1 TL Salz · 1 EL Sojasauce · ½ Tasse gekochtes Hühnerfleisch · 6 Langustenschwänze · 6 Wasserkastanien (Dose) · 1 EL Mirin (siehe Anhang) oder Sherry · 4 Spinatblätter*

Die Pilze waschen, einweichen und 1 Stunde lang quellen lassen. Die Eier, Dashi, Salz und die Hälfte der Sojasauce in einer Schüssel verquirlen. Die Pilze abgießen und in Würfel schneiden. In einer zweiten Schüssel mit dem feingewiegten Hühnerfleisch, Krabben, feingewiegten Kastanien und Mirin vermengen. Den Rest Sojasauce dazugießen und gut verrühren. Die Mischung in vier Chawan-mushi-Schüsseln oder in vier kleine feuerfeste Förmchen verteilen. Die Eiermischung auf die Fülle gießen, die Spinatblätter waschen und ein Blatt in jede Schüssel legen. Im Wasserbad 13 bis 15 Minuten garen. Wenn Chawan-mushi-Schüsseln benutzt werden, deckt man sie während des Garens mit ihren Deckeln zu, Auflaufförmchen werden mit Alufolie verschlossen. Garprobe machen, als Hauptgericht oder als Beilage zu einem Fleischgericht servieren.

## Odamaki-mushi

***Hühnereierstich mit Nudeln***

*1 Tasse dünne Eiernudeln · 125 g Hühnerfleisch · 1 EL Sojasauce · 4 chinesische Pilze · ⅓ Tasse feingewiegter Spinat · 2 Eier · 1½ Tassen Dashi II (siehe Seite 258) · 1 TL Salz · 1 EL Mirin (siehe Anhang) oder Sherry · ½ TL Glutamat · 8 dünne Scheiben Kamaboko (siehe Seite 266)*

Die Nudeln weich kochen, abgießen und in eine große Reisschüssel mit Deckel oder in eine feuerfeste Form schütten, die einen Deckel hat. Das Hühnerfleisch in kleine, sehr dünne Scheiben schneiden, in eine Schüssel legen, die Sojasauce darübergießen. Die Pilze einweichen, bis sie aufgequollen sind, und die Stengel abschneiden. Jeden Pilz vierteln und zum Hühnerfleisch geben. Die Eier mit Dashi, Salz, Mirin und Glutamat verquirlen und über die Nudeln gießen. Hühnerfleisch, Pilze, Kamaboko-Scheibchen und Spinat darauffüllen, zudecken und im Wasserbad 15 bis 20 Minuten lang garen. Heiß servieren.

# Hauptgerichte

## Tendon

***Hummerkrabben und Reis***

*3 Tassen gekochter Reis · 8 frische Hummerkrabben · 1 Ei · ¼ Tasse Wasser · ⅓ Tasse Mehl · Ausbackfett*

Den Reis kochen und in eine zugedeckte Schüssel geben. Die Hummerschwänze aus der Schale lösen, den Darm entfernen und an der Unterseite ein paarmal einschneiden, damit sie sich beim Ausbacken nicht zusammenkrümmen. Aus Ei, Wasser und Mehl einen Teig quirlen, die Krabben am Schwanz nehmen, durch den Teig ziehen und im heißen Öl golden ausbacken. Auf Küchenkrepp abtropfen lassen.

*½ Tasse Dashi I (siehe Seite 258) oder Fleischbrühe · 3 EL Sojasauce · 1 TL Zucker · 3 EL Mirin (siehe Anhang) oder Sherry · ⅓ TL Glutamat*

Alle Zutaten in einer Kasserolle kräftig kochen, vom Herd nehmen, die gebackenen Krabben hineinlegen und ein paar Minuten ziehen lassen. Krabben und beliebig viel Sauce auf den Reis füllen, alles etwas vermengen und auf schwacher Hitze einige Minuten durchdünsten. Zugedeckt servieren.

## Sakana nitsuke

***Muscheln in Sojasauce***

*1 Tasse Sojasauce · 2 EL Zucker · 1 EL Mirin (siehe Anhang) oder Sherry · 2 TL feingeraspelte Ingwerwurzel · ½ TL Glutamat · 500 g Muscheln (Dose)*

Alle Zutaten außer den Muscheln in einer Kasserolle kurz aufkochen, die Muscheln dazugeben und auf schwacher Hitze heiß werden lassen. Vom Herd nehmen und entweder als Vorspeise oder als eine der Beilagen zum Hauptgericht servieren.

## Hamaguri yaki

***Gegrillte Muscheln***

*½ Tasse Sojasauce · 2 EL Miso (siehe Anhang) · ½ Tasse Sake oder Sherry · 1 TL Salz · 1 TL Zucker · ½ TL Glutamat · 500 g Jakobsmuscheln*

Tiefgefrorene Jakobsmuscheln auftauen lassen. Unterdessen alle anderen Zutaten in einer Kasserolle kurz aufkochen. Die Hitze vermindern und die Muscheln durch die Sauce ziehen. Die Sauce auf schwacher Hitze stehenlassen, die Jakobsmuscheln auf Grillspieße stecken und über der offenen Glut grillen. Die Sauce heiß als Dip dazu servieren.

Die Muschelspieße können auch in der Pfanne gegart werden: eine große Pfanne heiß werden lassen, leicht ausfetten und die Spieße 1 bis 2 Minuten auf jeder Seite braten.

# Yakitori

## *Gegrilltes Hühnchen*

*250 g Hühnerfleisch ohne Knochen · 125 g Hühnerleber · 8 oder mehr Schalotten · ½ Tasse Sojasauce · 3 EL Zucker · ½ Tasse Sake · ½ TL frischgeraspelter Ingwer · ¼ TL Glutamat · japanischer oder Cayennepfeffer*

Hühnerfleisch und Leber in mundgerechte Stücke schneiden. Die grünen Zwiebeln in daumenlange Stücke schneiden. Sojasauce, Zucker, Sake, Ingwer und Glutamat in eine kleine Kasserolle geben und über schwacher Hitze erwärmen. Abwechselnd Hühnerfleisch, Schalotten und Leber auf Grillspieße stecken, mit der Sauce bepinseln und 12 cm über der Glut grillen. Häufig umwenden, damit alles gut durchgart, und immer wieder mit der Sauce bepinseln. Nicht zu lange grillen, sonst wird das Hühnerfleisch trocken. Mit Pfeffer bestreuen und sofort servieren.

Yakitori schmeckt am besten, wenn man es über der offenen Glut oder auf einem Hibachi grillt, obgleich man es auch in einer großen Pfanne braten kann. Die Zutaten sollten dicht aneinandergeschoben werden, und man kann sie nach Belieben abwandeln.

## Lachs teriyaki

### *Gegrillter Lachs*

*½ Tasse Sojasauce · ⅓ Tasse Mirin (siehe Anhang) oder Sherry · ¼ Tasse Zucker · ½ TL Glutamat · 4 Lachskoteletts à 125 g*

Alle Zutaten außer dem Lachs zu einer Sauce verrühren; den Fisch eine halbe Stunde darin ziehen lassen. Herausnehmen und auf den vorgeheizten Grill legen. Die Sauce erhitzen und den Fisch während des Grillens damit bepinseln. Die Fischkoteletts auf jeder Seite 10 Minuten grillen. Dann etwas Grillsauce darübergießen und servieren.

## Gebackener Fisch mit Pilzen

*4 große frische Pilze · 4 Blatt Alufolie à $25 \times 20$ cm · Salatöl · 500 g Schollenfilet · Salz · Pfeffer · ¼ TL Glutamat · 4 TL Sake oder Sherry · 12 Ginkgo-Nüsse (siehe Anhang)*

Die Pilzstiele abschneiden, die Köpfe waschen, abtrocknen und in Scheiben schneiden. Die Folie mit Salatöl bepinseln, die Schollenfilets auf die vier Folien verteilen, mit Salz, Pfeffer, Öl, Glutamat und Sake bestreuen und beträufeln, mit Pilzscheiben und Nüssen bedecken und die Pakete sorgfältig verschließen. Den Herd auf 180 °C vorheizen, die Silberpakete aufs Backblech legen und 15 bis 20 Minuten backen. Mit Zitronen- und Tomatenvierteln dekoriert in der Folie servieren.

## Krabben onigara

***Gegrillte Hummerkrabben***

*12 Hummerkrabben in der Schale · ½ Tasse Sojasauce · ½ Tasse Mirin (siehe Anhang) oder Sherry · gemahlener japanischer Pfeffer (Sansho)*

Die Hummerkrabben auf der Unterseite der Länge nach aufschneiden, auf Grillspieße stecken und auf starker Hitze grillen, zuerst auf der Oberseite. Wenn die Krabben fast braun sind, Sojasauce und Mirin verrühren und vorsichtig über das Krabbenfleisch in die Schalen gießen. Weitergrillen, bis die Sauce eingekocht ist. Mit Pfeffer bestreuen und sofort servieren.

## Uni-yaki

***Gegrillter Fisch mit Uni-Sauce***

*1 Seebarsch von 750 g oder ein anderer Salzwasserfisch mit festem weißen Fleisch · 2 EL Mirin (siehe Anhang) oder Sherry · ¾ TL Salz · 2 EL Uni-Paste (getrockneter Seeigel) · 1 Eidotter*

Den Fisch säubern, häuten, die Mittelgräte herauslösen und das Fleisch in die vier Filets teilen. Die Filets auf zwei parallele Grillspieße ziehen und kurz auf beiden Seiten angrillen. Die restlichen Zutaten in einer Schüssel gut verrühren, die Filets damit bepinseln und weitergrillen. Drei- oder viermal abwechselnd bepinseln und grillen, bis das Fleisch gar ist. Die Grillspieße herausziehen und den Fisch servieren.

## Yosenabe

### *Huhn, Krabben und Gemüse*

*2 kleine Brathähnchen · 250 g Krabbenfleisch · 4 große Stücke Shiitake (siehe Anhang) oder 240 g Dosenpilze · 1 Tasse Zuckererbsen · 1 Chinakohl · 1 große Mohrrübe · 1 Dose Bambussprossen · 2½ Tassen Dashi II (siehe Seite 259) · 1 EL Sojasauce · 2 TL Mirin (siehe Anhang) oder Sherry · Salz*

Die Pilze einweichen. Die Hähnchen häuten und vom Knochen lösen, das Fleisch in Stücke schneiden. Die Krabben eventuell abbrausen und abtropfen lassen. Zuckererbsen in der Schote kochen, vom Herd nehmen und stehenlassen. Die äußeren Blätter von Chinakohl abschneiden, die Herzblätter in daumenlange Streifen schneiden. Die Mohrrübe säubern und in dünne längliche Streifen schneiden. Die Bambussprossen abtropfen lassen. Chinakohl, Mohrrübenstreifen und Bambussprossen in schwach gesalzenes kochendes Wasser geben und 3 Minuten kochen. Vom Herd nehmen und mit den Erbsen abtropfen lassen. Auch die Pilze in ein Sieb schütten, abtropfen lassen und in schmale Streifen schneiden.
Alle Zutaten auf eine Platte legen und auf den Eßtisch stellen. Die Fischbrühe in einen Topf oder eine Schüssel gießen, die auf ein Holzkohlenfeuer, auf eine Petroleumflamme oder auf eine Elektrokochplatte gestellt wird. Das Dashi kräftig aufkochen, Hühnerfleisch, Pilze, Chinakohl, Mohrrüben und Bambussprossen dazugeben und umrühren. Die Sojasauce und Mirin dazugießen, 5 Minuten kochen. Das Krabbenfleisch zufügen und weitere 2 Minuten kochen. Die Erbsen dazugeben, 1 bis 2 Minuten kochen oder bis das Hühnerfleisch gar ist. Alle Zutaten dürfen nicht zu lange gegart werden, weil sie sonst

ihr Aroma verlieren. Mit Reis oder Chawan-mushi (siehe Seite 269) als Beilage servieren.

## Hühner mizu-taki

***Hühnerkasserolle***

*5 Stück Shiitake (siehe Anhang) · 3 Tassen Wasser · 1 Stück Kombu (siehe Anhang) · 2 ganz entbeinte Hühnerbrüste (500—750 g) · 2 Schalotten · 5 Blatt Chinakohl · ½ Tasse Bambussprossen · ½ Tasse feingewiegter Spinat · ¼ TL Glutamat · Salz oder Sojasauce nach Geschmack · 125 g Tofu*

Die Pilze einweichen und das Wasser aufheben. Einweichwasser und Wasser in eine feuerfeste Kasserolle gießen, bei starker Hitze aufkochen und das Kombu hineingeben. Die Hitze vermindern und 10 bis 12 Minuten leise köcheln lassen. Unterdessen das Hühnerfleisch in mundgerechte Stücke schneiden, die Schalotten fein wiegen, die Kohlblätter klein schneiden, die Bambussprossen in Scheiben schneiden, den Spinat waschen und abtropfen lassen. Das Kombu aus der Brühe nehmen, statt dessen Glutamat und 1 Prise Salz dazutun. Hühnerfleisch und Schalotten in die Brühe geben und 15 Minuten leise kochen. Die restlichen Gemüse hineinschütten und auf Mittelhitze weitere 15 Minuten köcheln lassen. Mit Salz und Sojasauce abschmecken, den Tofu in kleine Würfel schneiden und in die Kasserolle geben, wenn alle anderen Zutaten gar sind. Vom Herd nehmen und so, wie es ist, servieren.

## Huhn teriyaki

### *Gegrilltes Würzhuhn*

*500 g Hühnerbrust ohne Knochen · 3 EL Sojasauce · ½ TL feingeraspelter Ingwer · 2 EL Mirin (siehe Anhang) oder Sherry · 2 EL Speisestärke · 2 EL Öl*

Das Hühnerfleisch in vier bis sechs Stücke schneiden. Sojasauce, Ingwer und Mirin verrühren, über das Hühnerfleisch gießen und eine halbe Stunde ziehen lassen. Aus der Beize nehmen, gut trockentupfen und mit Speisestärke bepudern. Öl in einer schweren Pfanne oder in einer Schale über der Holzkohlenglut heiß werden lassen. Das Hühnerfleisch 3 Minuten auf jeder Seite anbraten, umwenden, die Beize dazugeben und weitere 3 Minuten schmoren. Wieder umwenden, das Fleisch mit der Sauce bepinseln und abermals 2 Minuten schmoren. Das Hühnerfleisch aus der Sauce nehmen, gut abtropfen lassen und in dünne Scheiben schneiden. Mit Tomatenscheiben und Bleichsellerie servieren.

## Kamo no koma-giri

### *Entenbällchen*

*750 g rohes Entenfleisch · ½ TL Glutamat · 2 TL Sojasauce · 2 TL Sake · 1 TL Speisestärke · 1 EL Wasser · Ausbackfett*

Das Entenfleisch sehr fein wiegen und mit allen anderen Zutaten in einer Schüssel vermengen. Der feste Teig sollte sich leicht zu Bällchen formen lassen. Wenn nötig, etwas mehr Speisestärke oder etwas mehr Wasser hinzufügen. Bällchen von 3 bis 5 cm Durchmesser formen und auf einer schwachen Holzkohlenglut grillen oder im heißen Öl in einer Pfanne ausbacken. Heiß als Hauptgericht servieren.

## Oyako-domburi

***Reis mit Huhn und Ei***

Oyako heißt Eltern und Kind und bezieht sich auf das Huhn und das Ei. Domburi ist die große Reisschüssel, in der das Gericht serviert wird. Wem die Reismenge ausschweifend erscheint, der muß berücksichtigen, daß es sich um ein Reisgericht mit Huhn und Ei handelt und nicht um ein Hühnergericht mit Reis.

*200 g Hühnerfleisch · 3 mittelgroße Zwiebeln · 250 g frische Pilze · 1½ Tassen Dashi I (siehe Seite 258) oder Hühnerbrühe · 6 EL Sojasauce · 4 EL Mirin (siehe Anhang) oder Sherry · 1 Blatt Nori (siehe Anhang) · 6 Eier · 6 Tassen gekochter Reis*

Das Hühnerfleisch und die Zwiebeln in dünne Scheiben schneiden, die Pilze putzen, waschen und in Scheiben schneiden. Dashi, Sojasauce und Mirin in eine Kasserolle gießen und aufkochen. Hühnerfleisch, Zwiebeln und Pilze hineinschütten und leise köcheln lassen. Den Seetang in einer Pfanne leicht anbraten und in kleine Stücke zerbrechen. In dieser Form heißt er *momi-nori.* Beiseite stellen. Die Eier etwas schaumig schlagen. Wenn das Hühnerfleisch gar ist, alle festen Zutaten in eine große tiefe Pfanne umfüllen und mit so viel Brühe begießen, daß der Boden bedeckt ist. Die restliche Brühe aufheben. Die verquirlten Eier über die festen Zutaten gießen, die Pfanne zudecken, die Hitze abstellen, die Pfanne aber auf dem Herd stehenlassen. Den heißen, frisch gekochten Reis in ein *domburi* oder eine andere längliche Schüssel füllen und die restliche Brühe darübergießen. Wenn die Eier fast gestockt sind, die festen Zutaten auf den Reis füllen, mit *momi-nori* bestreuen und servieren. Japaner bestehen bei diesem Gericht darauf, daß die Eier nur halb gestockt sind. Das sollte niemanden daran hindern, die Eier nach seinem Geschmack zu servieren.

## Schweinefleisch und Sojasauce mit Zwiebeln

*500 g Schweinefleisch · 3 mittelgroße Zwiebeln · 4 EL Öl · 4 TL Zucker · 1 TL Salz · 3 EL Sojasauce · 2 Tassen Hühnerbrühe · 2 TL Sake · 1/3 TL Glutamat · Pfeffer nach Geschmack · 2 EL Speisestärke · 2 EL kaltes Wasser · 4 EL gekochte grüne Bohnen*

Fleisch und Zwiebeln in dünne Scheiben schneiden. Das Öl in einer Pfanne erhitzen, Schweinefleisch und Zwiebeln anbraten und auf Mittelhitze weitergaren, bis beides weich ist. Zucker, Salz, Sojasauce, Fleischbrühe, Sake und Glutamat dazugeben und 10 bis 15 Minuten weiterschmoren. Mit Pfeffer nach Geschmack würzen. Die Speisestärke mit kaltem Wasser verquirlen und die Sauce damit binden. Die grünen Bohnen dazuschütten und so heiß wie möglich servieren.

## Schweinefleisch mit Bambussprossen

*250 g Schweinefleisch · 500 g Bambussprossen (Dose) · ¼ Tasse grüne Erbsen · 3 EL Öl · 4 EL Sojasauce · 2 EL Zucker · 3 EL Sake · 1 knapper TL Glutamat*

Das Schweinefleisch in daumendicke Würfel, die Bambussprossen in dünne Scheiben schneiden. Die Erbsen rasch in kochendem Salzwaser gar kochen. Öl erhitzen und Schweinefleisch und Bambussprossen darin anbraten. Sojasauce, Zucker, Sake und Glutamat dazugeben und leise köcheln lassen. Wenn das Fleisch weich ist, die Erbsen hinzufügen, alles gut durchmischen, vom Herd nehmen und heiß servieren.

## Sukiyaki

*½ Tasse Sojasauce · 3 EL Zucker · ¾ Tasse Hühnerbrühe · ½ Chinakohl · 250 g frischer Spinat · 12 Schalotten · 1 große Zwiebel · 2 große Pilze · 10 Würfel Tofu · 2 Bambussprossen (Dose) · 1 Tasse gekochte dünne Nudeln · 500 g Rindsfilet oder Roastbeef · Fett oder Öl zum Ausbacken*

*Eine Stunde vor der Ankunft der Gäste:*
Sojasauce, Zucker und Hühnerbrühe in einem Krug verquirlen und beiseite stellen. Den Chinakohl in schmale Streifen schneiden, Spinat und Schalotten in daumenlange Stücke schneiden, die Zwiebel, die Pilze und Bambussprossen in dünne Scheiben schneiden, Gemüse, Nudeln und hauchdünn geschnittenes Fleisch auf einer Platte arrangieren. Fett und den Krug mit der Sojasaucenmischung auf den Eßtisch stellen, auf dem ein

Rechaud, ein Elektrobrenner oder ein Gefäß mit Holzkohlenglut steht.

*Wenn alle Gäste sitzen:*
Das Fett in der Pfanne oder Schale über dem Feuer heiß werden lassen und alle Zutaten außer dem Fleisch und dem Spinat mit einer langen Gabel von der Schale in die Pfanne tun. Die Sauce darübergießen und 8 Minuten lang auf starker Hitze gar schmoren. Dann den Spinat und das Fleisch zum Gemüse geben und noch weitere 2 Minuten garen. Fleisch und Spinat fest auf den Pfannengrund drücken und weitere 3 Minuten garen. Mit heißem Reis und grünem Tee servieren.

## Sukiyaki auf mongolische Art

Fleisch und Gemüse werden nicht in einer würzigen Brühe gar gekocht, sondern in Butter oder Öl gebraten. 1 Tasse Sojasauce mit 2 EL Sherry und 1 TL Zucker verquirlen und die dünnen Fleischscheibchen darin ziehen lassen. Öfters in der Beize umdrehen. Öl und Butter heiß werden lassen und die Fleischscheiben braten. Danach das Gemüse braten: Zwiebelringe, Scheiben von frischem Ingwer, Ringe von Paprikaschoten, Auberginenscheiben, Chinakohl, Pilze. Die Pfanne muß ununterbrochen gut gefettet und gleichmäßig heiß sein.

## Rinder-Teriyaki

*3 EL Sojasauce · 3 EL Mirin (siehe Anhang) oder Sherry · ½ TL feingeraspelter Ingwer · 500 g Rindsfilet oder Roastbeef · 2 EL Öl*

Sojasauce, Mirin und Ingwer verrühren, das Fleisch in die Beize legen und 1 Stunde ziehen lassen. Das Öl in der Pfanne erhitzen und das Rindfleisch auf beiden Seiten anbraten. Die Beize darübergießen und weiterschmoren, bis das Fleisch einen braunen Überzug hat. Vom Herd nehmen, in dünne Scheiben schneiden und mit ausgebackenen oder gekochten Gemüsen servieren.

# Gemüsegerichte

## Spinat mit Sesam und Miso

*500 g Spinat · 3 EL Sesamsamen ·*
*1 EL Zucker · 2 EL Sojasauce · 3 EL Miso*
*(siehe Anhang) · ⅓ TL Glutamat*

Den Spinat waschen und ohne Wasser gar dünsten. Wenn sein Saft zu kochen beginnt, aus dem Topf heben und in einer Schale mit kaltem Wasser abkühlen lassen. Gut abtropfen, in daumenlange Streifen schneiden und in eine Schüssel legen. Die Sesamsamen anrösten, bis sie dreimal so groß sind, gründlich im Mörser zerreiben und mit Zucker, Sojasauce, Miso und Glutamat gut vermengen. Unter die Spinatblätter heben und servieren. Dieser Salat muß im letzten Moment zubereitet werden.

## Süß-saurer Blumenkohl

*1 mittelgroßer Blumenkohl · 1 mittelgroße Paprikaschote · 1 TL Salz · 1 Stange Bleichsellerie · ½ Tasse Essig · 2½ EL Zucker · ⅓ Tasse Wasser · ¼ TL Glutamat*

Den Kohl in Röschen zerbrechen und abspülen. Jedes Röschen rasch in kochendes Wasser tauchen und abtropfen lassen. Die Paprikaschote in dünne Streifen schneiden, ebenfalls blanchieren und zum Blumenkohl geben. Mit ⅓ TL Salz bestreuen und durchschwenken. Den Bleichsellerie in kleine Riemchen schneiden, in eine Schüssel geben, ⅔ TL Salz darüberstreuen, die entstehende Flüssigkeit abgießen. Essig, Zucker, Wasser und Glutamat in einer Kasserolle verquirlen, heiß werden und wieder abkühlen lassen. Alle Gemüse in eine große Schüssel, nicht aus Metall, füllen, die Essigsauce darübergießen, mit einem Teller und einem Stein beschweren und 5 Stunden stehenlassen, ehe das Gericht — eiskalt — serviert wird.

## Broccolibeilage mit Senf

*500 g Broccoli · ½ TL Salz · 1 Tasse Essig · ¼ TL Glutamat · 2 EL und ½ TL Senf · 4 TL Zucker*

Broccoli grob hacken, mit Salzwasser auffüllen, daß er bedeckt ist, und aufkochen. Vom Herd nehmen, abgießen und zum Abkühlen mit kaltem Wasser überbrausen. Abtropfen lassen und in eine Schüssel füllen. Die restlichen Zutaten miteinander verrühren und über den Broccoli gießen. In ein Glasgefäß füllen, verschließen und 2 Tage stehenlassen, ehe er eiskalt serviert wird.

## Auberginen shigiyaki

### *Gegrillte Auberginen mit Miso*

*5 kleine Auberginen · ¼ TL Salz · ½ TL Glutamat · 2 EL Öl · 2 EL Dashi I (siehe Seite 258) · 3 EL Miso (siehe Anhang) · 3 EL Zucker · 2 EL Mirin (siehe Anhang) oder Sherry*

Die Auberginen waschen und in dünne Scheiben schneiden. Mit Salz und Glutamat bestreuen und auf beiden Seiten mit Öl bepinseln. Die übrigen Zutaten zu einer dünnen Paste verrühren und langsam zum Kochen bringen. Die Auberginen auf beiden Seiten grillen, bis sie goldbraun sind. Dann mit der Paste bestreichen und eine weitere Minute lang grillen.

## Gebratene Auberginen mit Sauce

*4 kleine Auberginen · 4 EL Öl · 3 EL Dashi I (siehe Seite 258) · 3 EL Zucker · 1 EL Sake (siehe Anhang) · 125 g feingewiegtes Hühnerfleisch · 4 EL Miso (siehe Anhang)*

Die Auberginen längs halbieren, die Haut kreuzweise einschneiden, langsam und unter ständigem Umwenden im heißen Öl gar schmoren. Dashi, Zucker und Sake in einer Kasserolle verquirlen und langsam zum Kochen bringen. Das Hühnerfleisch hineingeben und gar kochen. Miso darin verrühren. Die Auberginen mit der Haut nach unten auf eine Platte legen, die Hühnersauce darübergießen und heiß servieren.

## Marinierter Chinakohl

*1 kg Chinakohl · 2 Schalotten ·*
*1 rote Chilischote · ½ Zitrone · 3 EL Essig ·*
*4 TL Sojasauce · ¼ TL Glutamat*

Den Chinakohl in 5 cm breite Streifen schneiden, blanchieren und abtropfen lassen. Die Schalotten fein wiegen, die Chilischote und die Zitrone in dünne Scheiben schneiden. Alle Zutaten in einer Schüssel vermischen, Essig, Sojasauce und Glutamat darübergeben, beschweren und vor dem Servieren eine Stunde stehenlassen.

# Dessert

## Japanische Küchlein

Für die Füllung:

*2 Tassen Azukibohnen (siehe Anhang) ·*
*2 Tassen Zucker · 1 Tasse Kastanien gekocht,*
*geschält und püriert*

Azukibohnen mit Wasser bedecken und mindestens acht Stunden einweichen. Weich kochen, abtropfen lassen und durch ein Sieb streichen. Auf starker Hitze unter ständigem Umrühren einmal durchdünsten, bis alle Flüssigkeit verkocht ist. Den Zucker dazugeben und rühren, bis er aufgelöst ist. Die Kastanien dazugeben, vermengen und abkühlen lassen.

Für den Teig:

*2 Tassen Mehl · 1 Tasse Zucker · ½ TL Salz · 1 TL Backpulver · 1 Ei · 2 EL Öl*

Die trockenen Zutaten in eine Schüssel sieben. Das Ei verquirlen und dazugeben. So viel Öl und Wasser dazugießen, daß ein ziemlich fester Teig entsteht. Auf einem bemehlten Backbrett gut durchkneten, dünn ausrollen und in verschiedene Formen ausradeln oder ausstechen. Auf jedes Teigstück einen gehäuften Eßlöffel der Füllung legen, zuklappen, den Rand gut andrücken und alle Küchlein in einem Dämpfeinsatz über leise kochendem Wasser in 45 Minuten garen. Dann gut abtropfen und rasch im heißen Ofen braun werden lassen.

# Nachwort der Übersetzerin

Als Pearl S. Buck ihre ersten großen China-Romane schrieb, war Ostasien für viele Europäer und Amerikaner noch ein Paradies voller Freiheiten und exquisiter Schönheit. Der Reichtum war alt und durch noch ältere Kultur matt und abgeschliffen wie die Edelsteine aus den Schatzkammern sagenhafter Könige, und alles, was aus Ostasien kam, besaß den heimlichen Abglanz dieser hochmütigen edlen Weisheit, die schon müde war, als bei uns die Kreuzritter noch als ärmliche Barbaren in winters verschimmelten, zugigen Burgen hausten, Kraut und Rüben verschlangen, weder lesen noch schreiben konnten und ein einziges Stückchen Brokat oder einen Goldgürtel aus dem Morgenland schon als Schatz betrachteten.

Ein wenig von diesem Traum hat wohl auch über Mrs. Bucks Erinnerungen geschwebt, als sie dieses Kochbuch zusammenstellte. Ihr Asien ist das Asien ihrer Kindheit, das Asien Jahrzehnte vor den Korea- und Vietnamkriegen. Was sie zum Beispiel als klassische chinesische Küche beschreibt, lebt — zumindest bis heute — nur noch in den chinesischen Restaurants der westlichen Welt und in Nationalchina weiter.

Mrs. Buck sagt es selbst: Ihr Buch will kein Kompendium der Asien-Küche sein. Es ist darüber hinaus kein Buch für Koch-Eleven, ganz im Gegenteil: wer es benutzt, muß über gewisse Erfahrungen am Herd und im Eßzimmer verfügen. Das beginnt schon bei den Mengenangaben.

Zwar sagt Mrs. Buck in ihrer Vorbemerkung, daß alle Rezepte für zwei bis vier Personen bemessen seien, wenn die betreffende Mahlzeit aus einem Gang besteht, und daß sechs bis acht Personen ausreichend bedient werden könnten, wenn das Gericht zu einem Menü mit vier bis fünf Gängen gehört. Doch sollte man sich darauf nicht blindlings verlassen, sondern jeweils ungefähr vergleichen, wie sich die angegebenen Mengen zu dem verhalten, was man sonst für sich und die Familie oder Gäste zu kochen gewohnt ist. Das nächste ist das Problem der Garzeit. Mrs. Buck gibt sie in vielen Fällen gar nicht an. Das ist verständlich. Die Formel »... kochen, bis es gar ist« stammt aus früheren Jahrhunderten, als man sich weder auf die Qualität der Schlachttiere noch auf die der Gemüse verlassen konnte. Man mußte alles nehmen, wie es kam, und mal war es eine alte Kuh und mal ein junger Ochse. Im Kochtopf konnte das einen Unterschied von einer oder zwei Stunden bedeuten — je nachdem, wie zäh die Kuh-Großmutter war. Man muß also wissen, wie lange die Zutaten garen, mit denen man täglich — oder sonntäglich kocht.
Man muß auch entscheiden: will ich wirklich wie eine Asiatin kochen, wie eine Bäuerin am Rande des Urwalds, die gemächlich eine Zwiebel nach der anderen schält, ein Fleischstück nach dem anderen zerschneidet und fein schabt und eins nach dem anderen in den offenen Kessel wirft, der über der Glut schaukelt, und alles darin simmern und schmurgeln läßt, bis es köstlich riecht oder bis die Familie zum Essen zusammenkommt? So kochen nach Mrs. Bucks Rezepten zum Beispiel der Reis (Garzeit: 20 Minuten) in einem Topf mit den Linsen (Garzeit: 40 bis 60 Minuten) oder Kartoffeln (Garzeit: 20 bis 25 Minuten) zusammen mit Tomaten (Garzeit 5 bis 10 Minuten). Das ist wie beim Gulyas: es muß ein paar Stunden lang auf dem Herd stehen, dann entwickelt es erst seinen richtigen Geschmack. Aber es gibt Köchinnen, die es nicht ertragen können, Nahrungsmittel länger als

korrekt zu kochen. Zu streng wird uns immer wieder von Ernährungsfachleuten befohlen, Nährstoffe nicht verkochen zu lassen. Eine Entscheidung zwischen Vernunft und Tradition und Geschmack.
In manchen Rezepten entdeckt man außerdem ein Übermaß an Zutaten, die weder vom Geschmack noch von der Ernährungsvernunft gerechtfertigt sind. In koreanischen Salaten wird ungeheuer mit Essig gewürzt, dafür fehlt das Öl fast ganz. In indischen Gerichten wird reichlich tief in den Buttertopf gelangt. Inder können sich diese Kost wohl leisten. Bei uns gibt es morgens und abends Brote und Brötchen mit Butterbelag — das wäre insgesamt zuviel.
Daß die Gewürzmengen nach persönlichem Geschmack variieren sollten, betont Mrs. Buck oft genug. Man sollte vielleicht auch dieses bedenken: wir sind allein schon durch die Lebensmittelindustrie daran gewöhnt, Fleischbrühe (Würfelbrühe) als Suppen-, Dünst- und Kochflüssigkeit zu verwenden. Für uns ist das einfach, und es verleiht mancher Kasserolle, mancher Suppe erst den herzhaften Geschmack. Diese küchentechnische Erleichterung kennt man in den Dörfern Pakistans und im Hochland von Luzon (noch) nicht. Deshalb taucht in allen Rezepten klares, vermutlich noch sauberes süßes Wasser auf. Auch hier steht es der westlichen Küche frei, statt dessen ihre gewohnte Fleischbrühe zu verwenden.
Insgesamt ist das Kochbuch ein reines Vergnügen für alle Köchinnen und Köche, die Fantasie und Abenteuerlust besitzen. Es hält sich nicht mit den allzu bekannten Rezepten auf — China wird zum Beispiel nicht überbewertet —, bringt dafür viel aus den Ländern, die sonst im Schatten dieser mächtigen Küche kaum beachtet werden.
Ich bin sicher, daß Pearl S. Bucks Rezeptschatz bei vielen Anklang finden wird.

*Sybil Gräfin Schönfeldt*

# Anhang

## Worterläuterungen

*Abalone:* große Seeschnecke, auch als Seeohr bekannt. Eine Abalone wiegt zwischen 30 und 100 g. Als Konserve erhältlich. Den Saft mitbenutzen, da er sehr aromareich (Pfirsichgeruch) ist.

*Ajinomoto:* japanische Bezeichnung für Glutamat. Siehe dort.

*Austernsauce:* wird aus Austern, Sojasauce und Speisestärke zubereitet. Wichtige chinesische Sauce. Fertig in Flaschen erhältlich.

*Azuki:* kleine asiatische Bohne, dunkelrot bis cremefarbig. Kann durch rote Kidneybohnen ersetzt werden.

*Bleichsellerie:* Stangen- oder Staudensellerie.

*Bohnen:* siehe Sojabohnen.

*Bohnensprossen* oder -sprößlinge: dünne weißgrüne Keimlinge, die täglich frisch gezogen werden. Sehr vitaminreich. Stammen meistens aus Mungobohnen — siehe dort —, können aber auch aus Sojabohnen gezogen werden. Sind dann als gelbe Sojabohnensprößlinge im Handel. Sie sind größer und derber als Mungobohnensprößlinge und müssen enthülst werden. Bohnensprossen gibt es in Dosen, man kann sie aber auch selbst ziehen. Wenn es chinesische Restaurants in Ihrer Stadt gibt, so erkundigen Sie sich, woher der Koch die frischen Sprossen bezieht.

*Cassave:* tropischer Strauch, aus dessen dicken Wurzelknollen Tapiokastärke gewonnen wird, aus der wiederum Perlsago, Sago, Tapiokasago hergestellt werden.

*Chili (Mz.: Chillies), Chilipfeffer:* Paprikaart. Frische grüne Pfefferschoten (Peperoni) sind die unreifen Früchte des Chilipfeffers. Chilipfeffer oder roter Pfeffer ist sehr scharf und wird meist zerkleinert oder pulverisiert (Chilipulver) verwandt. Die Samen und die Spitzen der Schoten sind besonders scharf. Cayennepfeffer ist eine Abart des roten Pfeffers.

*Chinakohl:* gibt es in China in etwa 80 verschiedenen Arten. Hier mittlerweile in allen Lebensmittelgeschäften erhältlich. Kann aber auch durch Weißkraut ersetzt werden.

*Chinesische Pilze:* siehe Pilze.

*Chorizos:* scharf gewürzte spanische Schweinswürstchen. Können durch alle Schweinsbratwürste im Nürnberger Stil ersetzt werden.

*Congee:* dicke Reissuppe oder Porridge.

*Crabmeat:* Krebsfleischkonserve, aus einer dem Taschenkrebs ähnlichen Krebsart (Kamtschatka-Krabbe, Alaska-Krabbe) hergestellt. Ähnelt im Geschmack dem Hummerfleisch.

*Daikon:* großer japanischer Rettich.

*Duk-Sauce:* süße Würzsauce mit Pfirsicharoma. In Spezialitätengeschäften manchmal erhältlich.

*Ginkgonuß:* Kern der Ginkgofrucht (pflaumenähnlich); wird geröstet wie Nüsse oder als Gewürz verwendet. In Dosen erhältlich.

*Glutamat:* weißes Pulver zur Verstärkung der Eigenaromen. In Streuwürze wie Fondor und Aromat enthalten.

*Horapablätter:* südostasiatisches Kraut, auch süßes Basilikum genannt. Kann durch Basilikum ersetzt werden.

*Ingwer:* die Wurzel kann frisch oder getrocknet verwendet werden. Frischer Ingwer ist am aromatischsten. Die Wurzel wird geschält oder abgeschabt und in Scheiben geschnitten. Nach Rezeptvorschrift weiterverwenden. Frischen Ingwer kann man manchmal auf dem Markt oder in Spezialgeschäften erstehen. Wird auch in Dosen oder kandiert angeboten.

*Roter Ingwer:* in rotem Sirup konservierter Ingwer, kann auch mit Salz und Zucker rötlich gekocht sein. Wird zum Färben und Würzen von süßen Gerichten, Salaten, Fisch und Gongee verwandt.

*Getrockneter Ingwer:* grüner oder schwarzer Ingwer. Wird mit dem Küchenmesser zerschlagen, um die Fasern zu zerbrechen und das Aroma zu befreien. Ausgangsprodukt von Ingwerpulver.

*Jakobsmuscheln:* große Muscheln mit festem, kräftigem Fleisch und rotem Rogen. Werden tiefgekühlt angeboten und angebaut oder aufgetaut verwendet.

*Kardamom:* die in der Sonne oder über Feuer getrockneten Kapseln sind blaßgrün oder braun, meist dreieckig, und enthalten den leicht klebrigen, dunklen Samen, der reich an ätherischen Ölen ist. Würzt am stärksten, wenn er frisch zerrieben ist. Die Kapseln nach dem Aufbrechen wegwerfen.

*Kartoffeln, süße:* in gut sortierten Feinkost- und Gemüsegeschäften erhältlich; auch weiße Kartoffel (Batate) genannt.

*Kimchi:* koreanische Würzsauce. In Flaschen erhältlich.

*Kokoscreme:* frisches Kokosnußfleisch im Mixer zerkleinern oder Kokosflocken verwenden. Zwei Tassen Kokosfleisch mit einer Tasse heißem Wasser übergießen und eine halbe Stunde stehenlassen. Dann durch ein Mulltuch gießen und gut ausdrücken. Gibt es auch als gepreßten Block in gut sortierten Lebensmittelgeschäften.

*Kokosflocken:* frische, nicht entölte Kokosraspeln. In Reformhäusern und Naturkostläden das ganze Jahr über erhältlich, sonst meist nur zur Backzeit vor Weihnachten.

*Kokosmilch:* wenn man frische Kokosnüsse kaufen kann, so raspelt man das Fleisch, bis man vier Tassen voll hat, läßt es etwa eine halbe Stunde lang in zwei Tassen kochendem Wasser weichen, gießt das Ganze dann durch ein Mulltuch und preßt die Flüssigkeit aus. Hat man nur getrocknetes, geraspeltes Kokosnußfleisch zur Verfügung, weicht man es ebenfalls eine halbe Stunde ein, und zwar mit zwei Tassen Wasser auf eine Tasse Kokosnußfleisch. Dann preßt man die Flüssigkeit aus.

*Kombu:* getrockneter Blatt-Tang (Seetang). In Spezialläden erhältlich.

*Koriander:* wichtige Curryzutat; der Samen ist rund, läßt sich leicht zerdrücken und variiert in der Farbe zwischen Oliv und Braun. Frisch und gemahlen zu verwenden.

*Korianderblätter:* petersilienähnliches Kraut, das man sich sehr leicht aus Korianderkörnern im Blumenkasten ziehen kann.

*Krabben, getrocknet:* in Ostasienläden im Päckchen zu kaufen.

*Kreuzkümmel:* wichtige Zutat von Gewürzmischungen wie Curry und Garam Masala; meist unter dem englischen Namen Cumin gemahlen angeboten.

*Kumin:* Bezeichnung für Kreuzkümmel.

*Kurkuma:* auch »indischer Safran« genannt. Currygewürz, vor allem zum Gelbfärben des Currys verwendet. Die getrocknete Knolle wird gemahlen auch unter der Bezeichnung Gelbwurz, Turmeric (englisch) oder Haldi angeboten.

*Laospulver:* Javawurzel, Galgant.

*Lumpia:* indonesische und philippinische Version der chinesischen Frühlingsrollen. Wenn man tiefgekühlte fertige Frühlingsrollen-Teigblätter kaufen kann, verwendet man sie auch für Lumpias.

*Makrut:* getrocknete Blätter der wilden Limone; in Spezialgeschäften erhältlich. Kann durch Limonenschale ersetzt werden.

*Milchreis:* Bezeichnung für kurzkörnigen Reis aus Italien,

Spanien (Valencia-Reis), USA *(blue rose)* oder Asien (Rangoon, Saigon, Japan). Siehe Stärkereis.

*Minze:* meist ist die grüne Minze gemeint, die man im eigenen Garten anbauen kann. Getrocknet unter dem englischen Namen »spearmint« erhältlich.

*Mirin:* süßer Sake, Reiswein. Kann durch Sherry ersetzt werden.

*Miso:* japanische Sojabohnenpaste aus gesalzenen, vergorenen, gekochten Sojabohnen, Weizen und Reis; in den Sorten *aka miso* (rötlich) und *shiro miso* (gelblichhell) erhältlich.

*Mitsuba:* asiatisches Würzkraut; kann durch großblättrige Petersilie ersetzt werden.

*Mörser:* wer viel mit frischen Gewürzen kocht, zerreibt oder zerstampft sie sich wie in alten Zeiten im Glas- oder Porzellanmörser. Wenn man Kräuter und Gewürze im Mixer zerkleinert, muß man etwas Flüssigkeit (Wasser, Fleischbrühe oder Saft) dazugeben.

*Mungobohnen:* grüne kleine getrocknete Hülsenfrüchte, Ausgangsprodukt von Bohnensprossen.

*Nam pla:* Fischwürzsauce aus Thailand oder Indonesien. Als Fischsauce in Spezialitätengeschäften erhältlich. Kann durch Sojasauce mit etwas Sardellenpaste ersetzt werden.

*Nori:* japanischer Purpurtang (Seetang). Getrocknet zu kaufen.

*Nudeln:* können aus Mehl und Eiern, aus Seetang, aus Reismehl, aus Mungobohnenmehl, in Japan auch aus Buchweizenmehl und der Stärke einheimischer Knollen hergestellt sein. In vielen Lebensmittelgeschäften erhältlich. Können durch Fadennudeln oder italienische Vermicelli ersetzt werden.

*Palmzucker:* wird durch Anzapfen von Dattel-, Kokos- oder Palmyrapalmen gewonnen. Der Saft wird zu einem hellen Sirup eingekocht, den man dann kristallisieren läßt. In Spezialläden erhältlich. Kann jedoch durch braunen Zucker ersetzt werden.

*Pilze:* Winterpilze oder schwarze Pilze, Wolkenohr (Muerr) oder Braun-Baumpilz, Holzohr, Shiitake (wächst an japanischen und chinesischen Baumstämmen), japanischer getrockneter Pilz — sie alle werden nach Vorschrift eingeweicht und quellen zum fünf- bis sechsfachen Umfang auf.

*Rosenwasser:* aus Rosenöl und destilliertem Wasser in einem komplizierten Verfahren hergestellt. In Apotheken erhältlich.

*Sake:* als »Reiswein« bekanntes alkoholisches Getränk, das im Brauverfahren aus vermaischtem Reis hergestellt wird. Enthält 16—17 Vol. % Alkohol.

*Sansho:* japanischer Bergpfeffer. In Asien- und Gewürzläden erhältlich.

*Schalotten:* feine, aromatische Zwiebelart, die in Büscheln wächst; auch Zwiebelgrün oder Sommerzwiebel genannt. Kann durch Frühlingszwiebeln oder jungen Lauch (Porree) ersetzt werden.

*Schwalbennester:* Nester einer Seeschwalbe, die ihr Nest an die Klippen klebt, indem sie bestimmte Meerespflanzen und -getier zu einer gelatineähnlichen Substanz verarbeitet und als Baumaterial benutzt. Getrocknete Nester vor Gebrauch sorgfältig auswaschen, reinigen und einweichen. Nester aus Dosen nach Vorschrift verwenden. Bei uns fast nur als fertige Suppe in Feinkostgeschäften erhältlich.

*Shiitake:* siehe Pilze.

*Sojabohnen:* Ausgangspunkt für viele Gewürze und Pflanzenmilchprodukte

*Gelbe Bohnenpaste:* salzige, scharfe Würze.

*Rote Bohnenpaste:* gesüßtes Püree; in Dosen erhältlich.

*Bohnenquark (Tofu):* gestocktes Bohnenpüree, weiß und weich. Wird in rechteckigen Stücken eingeschweißt angeboten.

*Bohnenquarkhaut in Platten oder Stäben:* getrockneter Bohnenquark, bzw. getrocknete »Sahne« (Yuba) der Sojabohnenmilch. Muß eingeweicht werden, ob es sich um die dünne, gelatineähnliche Haut oder die festeren Platten oder Stäbe handelt.

*Braune Bohnensauce:* halbweich fermentierte Paste aus gelben Bohnen, Mehl und Salz. Muß immer mitkochen.

*Rote Bohnensauce:* aromatisches Püree aus roten Bohnen.

*Schwarze, gesalzene Bohnen:* fermentierte, stark gesalzene, kräftig schmeckende Sojabohnen. Müssen meist eingeweicht, aber immer abgespült werden. In Gläsern, Dosen und Plastikbeuteln erhältlich.

*Sojasauce, hell:* Würzsauce aus Sojaextrakt, Salz und Zucker, sehr aromatisch; *dunkel:* zusätzlich mit Karamel verrührt, dicker, dunkler und würziger; *schwarz:* mit Melasse verrührt, zum Färben von Fleischgerichten und Saucen, nicht als Würzsauce gedacht.

*Simmern:* sieden, ganz leise köcheln lassen.

*Stärkereis:* kurzkörnige Sorte, die beim Kochen klebrig wird. Kann durch Milchreis ersetzt werden.

*Tamarinde:* Hülsenfrucht eines Tropenbaumes, deren süßliches braunes Fruchtmus getrocknet als Gewürz verwendet wird, vor allem für indische Gerichte. Schoten und Samen werden zerkleinert angeboten. Die dunkelbraune, klebrige Mischung wird mit heißem Wasser übergossen. Den Saft benutzt man zum Säuern von Curries.

*Tapioka:* siehe Cassave.

*Taro:* Wasserbrotwurzel; importierte Ware in Spezialgeschäften offen erhältlich.

*Tofu:* japanischer Sojabohnenquark.

*Uni:* Seeigel.

*Vindaloo:* Gewürzmischung für die gleichnamigen Gerichte; in Asienläden erhältlich.

*Vogelnester:* siehe Schwalbennester.

*Wasserkastanien:* maronenähnliche Früchte einer ostasiatischen Schwimmpflanze; in Dosen konserviert im Handel.

*Wolkenohren:* siehe Pilze.

*Zitronengras:* auch *Sereh;* aus Kambodscha stammendes Gras, das das gleiche ätherische Öl wie die Zitronenschale enthält, Zitral. Kann also durch diese ersetzt werden. Getrocknet, manchmal auch frisch im Handel erhältlich.

# Wo bekommt man die Zutaten?

Chinesisch, indonesisch oder japanisch zu kochen ist in den letzten Jahren auch in Europa gebräuchlich geworden. Dem entspricht die Tatsache, daß man auch fast alle notwendigen Zutaten bekommen kann, wozu man freilich manchmal außer Geld etwa Spürsinn braucht.
Im Prinzip führen *Warenhäuser* und *Supermärkte* in den meisten Großstädten in ihren Lebensmittelabteilungen auch fernöstliche Zutaten. Suchen Sie bitte nicht nur nach Schildern mit »China« oder »Korea«. Sehr oft entdeckt man die Glasnudeln und die schwarzen getrockneten Pilze zusammen mit Konserven aus Griechenland und Jugoslawien unter Bezeichnungen wie »aus fremden Küchen« oder »Exotisches«.
Etwas leichter hat es der Käufer in großen gut assortierten *Lebensmittel-* oder *Delikatessengeschäften:* dort stößt er auf Verkäufer, die er fragen kann und die ihn in die betreffende Ecke oder vor das richtige Regal führen. Manche Delikatessengeschäfte besitzen gedruckte oder abgezogene Listen ihres Ostasiatika-Angebots, die sie auch verschicken, so daß man danach bestellen kann.
Bestimmte Zutaten wie Ingwer, chinesischen Tee und Reiswein bekommt man auch in *Tee-Spezialgeschäften.*
Gewürze aus dem ostasiatischen Bereich kann man auch in *Apotheken* — meist preiswerter als im Lebensmittelhandel — erhalten. Sie sind dann freilich nicht so perfekt zerkleinert oder gemahlen oder ausgelesen, dafür aber oft frischer.
Wer viel ostasiatisch kochen will und einen Garten oder

Platz für ein paar Blumentöpfe auf der Fensterbank hat, sollte sich in einem *Gärtnergeschäft* oder von einem *Kräutersachbuch* beraten lassen und selbst die Kräuter ziehen, die man am meisten braucht.

Gibt es in Ihrer Stadt chinesische, indonesische, indische oder andere asiatische *Restaurants?* Dann erkundigen Sie sich dort, von wem der Koch seine Zutaten bezieht. Oder schauen Sie im Telefonbuch nach, ob es ein *Trade Center,* eine *Handelsdelegation* oder eine *diplomatische Vertretung* des Landes gibt, dessen Rezepte Sie nachkochen wollen. Manchmal gibt es auch einen *Kochklub* oder ein *Touristik-Unternehmen,* bei denen Sie begeisterte Köche und Kenner finden, die mit Rat und Tat und noch zusätzlichen Rezepten einspringen.

# Alphabetisches Register

# Register der Länderspezialitäten

INDONESIEN

THAILAND



BURMA



INDIEN/PAKISTAN

CHINA



DIE PHILIPPINEN

INDOCHINA



KOREA

MALAYSIA



JAPAN